"全球史与澳门"系列编辑委员会

主任：许敖敖

委员（以姓氏笔画为序）：
许敖敖　余秋雨　吴志良　陈乃九　张曙光　唐嘉乐　钱乘旦

澳门科技大学人文社会科学研究丛书

本丛书获澳门基金会资助，谨此致谢

社会科学文献出版社
SOCIAL SCIENCES ACADEMIC PRESS (CHINA)

澳门研究丛书 MACAU STUDIES
"全球史与澳门"系列
主编 钱乘旦

澳门纪事
18、19世纪三个法国人的中国观察

MACAU ACCOUNTS
Three Frenchmen's Observations
in 18 &19 Centuries

许平 陆意 等/著

社会科学文献出版社
SOCIAL SCIENCES ACADEMIC PRESS (CHINA)

总序　全球史与澳门

钱乘旦

本系列研究包括两个主题，一是"全球史"，二是"澳门"，这两个主题都不新鲜，但把二者对接起来进行研究结果会怎样？这是个有趣的问题。

"全球史"已经出现几十年了，在中国也早就成为人们熟悉的话语。但什么是"全球史"？仍旧需要简单地阐述。

巴勒克拉夫（Geoffrey Barraclough）说过："现代意义上的世界历史绝不只是综合已知的事实，或根据相对重要性的次序来排列的各个大洲的历史或各种文化的历史。相反，它是探索超越政治和文化界限的相互联系和相互关系。"他非常推崇 R. F. 韦尔的说法：当人们用全世界的眼光来看待过去时，"历史学便成为对相互关系的研究，而不是对事实的研究：研究文化的、社会的和商业的相互关系，以及外交的和宗教的相互关系"。他认为这种历史叫"世界史"（world history）。[1]

威廉·麦克尼尔（William McNeill）说："交流的网络支撑了每一个社会群体，也渗透全球一切语言与文化的疆界；专注于这个网络，就能在世界范围内理解我们独一无二的历史。"[2] 他认为

---

[1] 杰弗里·巴勒克拉夫：《当代史学主要趋势》，杨豫译，上海译文出版社，1987，第 257、258 页。
[2] William McNeill, "An Emerging Consensus About World History?" www.hartford-hwp.com/archives/10/041.html.

交往与互动是世界历史的主要内容，他把它称为"整体史"（ecumenical history）。

杰里·本特利（Jerry Bentley）说："全球史观要求超越对某个社会的研究，而考察更大的地区，考察各大洲的、各半球的，乃至全世界的背景。全球史观还要考察那些对不同社会中人们之间的交流有促进作用的网络和结构。最后，全球史观要求关注各地区、各民族和社会之间的互动交流所带来的长期影响和结果。以全球史观来研究世界历史，旨在寻找一种理解过去历史的方法，为当代世界提供一个意义深远的背景。"① 他认为这样的历史是"全球史"（global history）。

无论"世界史""整体史"还是"全球史"，其表达的内涵实际上是一样的，② 就是把世界作为整体的对象，写各地区、各文明、各种群、各群体之间的影响与互动。如王晴佳所说："全球史强调文明、区域和群体间的交流和互动，这是全球化在历史观念上的体现。全球史的写作是要为全球化在人类的历史进程中定位，在这个意义上，全球史是'大写历史'的复苏和再生。"③

作为历史的一个部分，全球史其实是客观存在的，并不是人们虚幻的想象。相当长期以来，历史学家习惯于做"国家"的历史，而把历史研究置于"国家"的框架之内，所有课题似乎只有在"国家"范围内才有可能存在，"超国家"和"超地区"的问题似乎不可想象。④ 但"超国家"和"超地区"的历史确实是存

---

① 杰里·本特利、赫伯特·齐格勒：《新全球史》，魏凤莲等译，北京大学出版社，2007，第9–10页。
② 有一些学者分析了三种表达方式的差异，在此不赘述。
③ 教育部社会科学委员会秘书处组编《国外高校人文社会科学发展报告2009》，高等教育出版社，2010，第445页。
④ 如果有"超国家"的课题，那也只是在外交或国际关系史这样的领域，其他历史都被纳入"国家"框架内了。

在的，近几十年国际学术界的进展表明：这一类事例大量发生过，而且继续在发生。然而在过去，它们几乎完全被忘记，或者没有被意识到。① 举一个简单的例子：美洲的发现给世界各地的生活方式带来变化，比如粮食结构发生变化，这个变化引起人口增长，人口增长对世界很多地区的经济、政治发生影响，可能影响到这些地区的历史过程，造成制度和机制的演变。这些演变如果只放在"国家"的框架中加以研究，那么"国内的"原因是人们关注的主题；可是放在"全球史"的框架中，情况就变得复杂得多。类似例子其实很多，"蝴蝶效应"② 在历史上司空见惯，世界上任何一个地方发生的事，都可能造成超出其地域范围的意想不到的影响，只是这些影响在以"国家"为框架的历史研究中被埋没了，"全球史"则要把它们重新发掘出来。由此看来，"全球史"并非只是一种方法，也不仅仅是"史观"；它既是方法，也是史观，并且也是客观的历史存在。

我们一般把麦克尼尔的《世界史》③ 和斯塔夫里阿诺斯（L. S. Stavrianos）的《全球通史》④ 看做全球史的起点；1978 年，英国历史学家巴勒克拉夫在为联合国教科文组织主持出版的《社会科学和人文科学研究主要趋势》丛书撰写的历史学卷中，把它们说成是"用全球观点或包含全球内容重新进行世界史写作的尝

---

① 相关的情况我曾在《探寻"全球史"的理念——第十九届国际历史学科大会印象记》中有过介绍，见《史学月刊》2001 年第 2 期。
② "蝴蝶效应"是说某地方一只蝴蝶拍动翅膀，都可能在远方的喜马拉雅山上引起反响。
③ W. H. McNeill, *A World History*, Oxford University Press, USA, 1967.
④ 斯塔夫里阿诺斯（L. S. Stavrianos）的《全球通史》包括两部分，上卷《全球通史——1500 年以前的世界》（*The World to 1500, a Global History*）第 1 版，1970，下卷《全球通史——1500 年以后的世界》（*The World since 1500, a Global History*）第 1 版。1966。1988 年上海社会科学院出版社将两卷同时推出称《全球通史》，2005 年北京大学出版社根据英文第 7 版重新翻译出版。

试中"最有影响的两本书。① 这两本书的特点是打破自启蒙以来西方史学传统中以"国家"为基础的编纂体系,尽可能抛弃西方中心论,而把"世界"作为历史写作的对象,强调各文明、地区之间的影响与互动。在当时的学术界,造成很大的轰动。

此后,全球史的观点慢慢扩大影响,而逐渐被越来越多的历史学家所接受,更多的人开始用全球史的观念与方法探讨历史问题,发表了越来越多的研究成果。1995年和2000年,两届国际历史科学大会都把全球史定为大会主题,引起全世界历史学家的普遍注意。国际历史学界已成立专业性的全球史学术研究团体,也出版全球史专门学术刊物,如本特利任主编的《世界史》杂志。一时间,全球史在西方学术界形成风气,许多人都以做全球史为时髦。

国内学术界在2000年左右开始注意全球史,有一些文章发表,介绍全球史的观念与方法。② 这以后的几年中,随着知识的传播,全球史逐渐为国内学者所知悉,最终也有人开始尝试用全球史的方法研究一些问题。③ 首都师范大学组建了国内首个"全球史研究中心",并出版定期刊物《全球史评论》。2011年夏,以全球史为主旨的美国世界史学会(World History Association)与首都师大合

---

① 杰弗里·巴勒克拉夫:《当代史学主要趋势》,第245-246页。
② 我所查到的最早介绍全球史的文章包括:钱乘旦《探寻"全球史"的理念——第十九届国际历史学科大会印象记》,《史学月刊》2001年第2期;于沛《全球化和"全球历史观"》,《史学集刊》2001年第2期;王林聪《略论"全球历史观"》,《史学理论研究》2002年第3期;多米尼克·塞森麦尔《全球史——挑战与束缚》,《山东社会科学》2004年第6期;伊格尔斯、王晴佳《文明之间的交流与现代史学的走向——一个跨文化全球史观的设想》,《山东社会科学》2004年第1期;陈新《全球化时代世界历史的重构》,《学术研究》2005年第1期。
③ 比如首都师范大学出版的定期刊物《全球史评论》第2期(中国社会科学出版社,2009)上发表的专题研究有:何平《中世纪后期到近代初期欧亚大陆的科学和艺术交流》;刘健《区域性"世界体系"视野下的古代两河流域史》;赵婧《葡萄牙帝国对印度洋贸易体系的影响》。

作，在北京召开第 20 届年会，有数百名中外学者参加。

但实事求是地说，中国历史学界之于全球史，迄今仍停留在介绍阶段，真正用全球史来做研究的成果少而又少，几乎可以忽略不计。很奇怪为什么情况会是这样，也许归根究底，一个原因是人们对全球史是什么及怎么做仍感陌生，甚为茫然；第二个原因可能是大家对全球史的意义还是未理解，没有看出它对以往历史研究的空白方面所具有的填补作用。因此，相对于国际学术界，国内的全球史仍处于初步摸索阶段，真正拿出全球史的研究成果，尚需付出巨大努力。

下面谈第二个主题：澳门。

澳门是中国一个特殊的地区，如果不是 15 世纪中叶发生在世界上的某些事件，至今它都会和它周边的广阔地域一样，是广东沿海的一个小海角，不会那样引人注目。

澳门史研究澳门的历史，澳门史之所以值得研究，是因为从 15 世纪中叶起，澳门成了葡萄牙在远东的立足点。由于这种特殊情况，澳门史研究和一般的中国史研究不同，它有三个支脉：1) 中国的澳门史研究，2) 葡萄牙的澳门史研究，3) 其他国家的澳门史研究。

中国的澳门史源头可追溯到 18 世纪中期，若不算县志，最早的文献是印光任、张汝霖的《澳门纪略》。[①] 但真正的研究要到 20 世纪才开始，起初集中在粤澳划界问题上，后来才慢慢扩大到其他方面，1911 年出版的《澳门历史沿革》可能是第一部"澳门通史"。然而在三分之二个世纪中，澳门史研究并没有很大进展，1900－1979 年，只有 27 种与澳门史相关的图书出现，其中有一些没有学术意义。改革开放以后澳门史研究迅速发展，据统计，1980－2005 年，共出版澳门史著作 218 种，其中包括通史、专著、

---

① 印光任、张汝霖：《澳门纪略》，广州萃经堂，1751。

普及读物、档案集等，① 可说进入大繁荣时期。

葡萄牙的澳门史研究从 19 世纪中期以后经久不衰，按吴志良博士的说法，其中重要者有法兰萨（Bento da França）的《澳门史初探》（1888），徐萨斯（Montaltode Jesus）的《历史上的澳门》（1902），科龙班（Eudore de Colomban）的《澳门史概要》（1927），文德泉（Manuel Teixeira）的《澳门及其教区》（16 卷，1940 - 1979），雷戈（António da Silva Rego）的《葡萄牙在澳门的影响》（1946），白乐嘉（J. M. Braga）的《西方开拓者及其发现澳门》（1949），高美士（Luís Gonzaga Gomes）的《澳门历史大事记》（1954）等，② 其中有一些已经翻译成中文。葡萄牙的澳门研究比较集中于澳门的葡人群体，比如他们的政治治理、经济活动等。

其他国家的澳门史研究也是一个重要的分支，1832 年瑞典人龙思泰（Anders Ljungstedt）的《早期澳门史》首开先河，后来也有其他国家的澳门史著述问世，其中以英国、荷兰和德国为多。

总体而言，澳门史研究可以分为两大类，一类把澳门史放在中国史的背景中进行研究，因此是中国史的一个部分（澳门地方史）；一类把澳门史放在葡萄牙史的背景中进行研究，因此是葡萄牙史的一个部分（海外领地史）。中国的澳门史研究基本上属于第一类，葡萄牙的澳门史研究基本上属于第二类，其他国家的澳门史研究可能二者兼有之，但会偏向于第二类。除此之外偶或可见一些视野更宽阔的作品，比如潘日明（Benjamim Videira Pires）的《16 - 19 世纪澳门至马尼拉的商业航线》（1987），但这种情况极为稀少。

以上两类研究都放在国别史视野下，除这两种视野外，是否还有其他视野？是否可以把澳门史放在"世界"的视野下进行观

---

① 相关统计数字可参见王国强《澳门历史研究之中文书目》，《澳门史新编》第 4 册，澳门基金会，2008，第 12 章。
② 详情见吴志良《生存之道：论澳门政治制度与政治发展》，澳门成人教育学会，1998，第 4 页。

察？16世纪中期以后，澳门就处在新形成的世界贸易体系的一个关键交接点上，它连接了欧洲海上贸易网和中国陆上贸易网两大贸易体系，起着东西方文化社会对冲与沟通的作用，中西文明最早在这里接触，并开始博弈。因此澳门的历史地位非常特殊，而澳门的历史也就有了第三个背景，并且是更大的背景，即世界历史的大背景。一旦把澳门的历史放在世界历史的大背景中进行观察，就一定能发现一个新的澳门，即世界历史中的澳门。换一个方向说：如果把澳门作为观察世界史的窗口，那么世界历史也会呈现出新面孔。于是，我们设计了"澳门在全球化和东西方文化交流中的历史地位、独特作用与现实意义研究"系列课题方案，其目标是：在全球史视野下重新审视澳门史，并以澳门为基点观察全球史。

  大约十年前，我和现任澳门基金会行政委员会主席吴志良博士在上海一家咖啡馆喝茶，聊到澳门历史，我们都觉得澳门历史很特别，它既属于中国史，又属于世界史，澳门在近代以后的世界上也有过特别的作用，它既属于中国，又属于世界，因此澳门的特殊之处就在于它沟通了中国与世界，在中国与世界之间搭起一座桥。这样看待澳门，我们就觉得澳门的历史需要用一种新的框架来研究，什么样的框架呢？就是全球史框架。

  全球史在当时刚刚被国人所接触，在国外也兴盛不久。全球史明显是一个新的学科领域，有很大的发展空间。中国的世界史学科正处在发展的机遇期上，它在观点、方法、视野等方面，都需要有新的尝试。那一次谈话对我的启发很大，我觉得用全球史来做澳门史，一定能打开一个新局面。两年后，我们的设想付诸实行，我们确定了一个真正意义上的全球史课题："15-18世纪澳门在全球贸易体系中的作用"，希望把它做成一个真正的"全球史"。这是本套书中第一个子课题。

  再过一两年，澳门科技大学许敖敖校长到北京开全国政协会议，我去看望他，他当时在考虑如何推进学校的学术研究，希望能做出一些有特色的研究工作。我向他叙述澳门与全球史的关系，他听得很认真，尽管他是天文学家，与文科接触不多，但他非常敏感，很快就意识到课题与思路的超前性。当时他说他会回去想一想，想好了与我联系。不久，他就告诉我已决定要做一套全球史，一方面是追回澳门的国际地位，把遗忘的历史找回来；另一方面要推动一个新学科，让全球史也在中国结果。作为一个科学家，他的判断特别敏锐，他认识到文科和理科其实一样，要走学科前沿，才有发展空间。

这样，在2008年，由澳门基金会资助、澳门科技大学立项的"澳门在全球化和东西方文化交流中的历史地位、独特作用与现实意义研究"项目正式启动，共设11个子课题，现在，这11个子课题都可以问世了。回想项目研究的三年多时间，给我们印象最深的是许敖敖校长始终在亲自过问项目的进展，课题组成员曾多次在澳科大开研讨会，每次开会，许校长都从头听到尾，尽管他对历史的细节并不熟悉，但他对把握全球史的理念却紧抓不放——书必须做成全球史，这是他始终不渝的要求。

但正是在这个问题上，作者们面对最大的困难。尽管作者都是历史学专业出身，受过很好的史学训练，但对于什么是全球史，以及如何做全球史，确实心中无数。但一定要把这套书做成全球史，又是大家共同的心愿。所以我们花了很多时间去理解全球史，不断地讨论，相互交流，探讨每一个子课题怎样才能放到全球史的视野下。这些讨论对每一个人都有很大帮助，大家都感到：通过做这套书，自身得到很大提高。

尽管如此，各书之间还是有差异，对全球史的把握各有不同，有些把握得好一点，有些则略显弱。但所有作者都是尽心尽力做这件事的，而且都努力把书做成全球史的成果。迄今为止，中国学术界对全球史仍旧是说得多，做得少，我们希望这套书可以开始改变这个局面。

目录
CONTENTS

绪　论　欧洲人东方认识的拐点 ·················· 1
 一　向往东方 ····························· 2
 二　东方之光 ····························· 8
 三　他山之石 ····························· 16
 四　话语与权力 ··························· 23

第一篇　"东方主义"遭遇"西方主义"
   ——夏尔勒·贡斯当在澳广两地的中国观察 ········ 31
 一　终生不解的中国情结 ····················· 35
 二　家族档案与家族 ························ 45
 三　礼仪规矩与社会次序 ····················· 53
 四　官行贸易与政治潜规则 ··················· 63
 五　文明中国之"科技"缺憾 ················· 73
 六　"差序包容"与"主权平等" ············· 83
 七　"休斯女士"号商船事件 ················· 97
 八　"东方主义"与"西方主义" ············· 104
 九　结语 ································· 115

第二篇　通过澳门看中国
　　　　——画家博尔热的中国印象 …………… 121
　一　画家博尔热的中国影像 ………………… 122
　二　旅行家博尔热的中国印象 ……………… 140
　三　结语 ……………………………………… 175

第三篇　不再神奇的中国
　　　　——埃及尔的澳门掠影与中国认识 …… 185
　一　导入 ……………………………………… 185
　二　埃及尔生平 ……………………………… 192
　三　1844年埃及尔笔下的中国印象 ………… 199
　四　1844年埃及尔摄影机下的澳门和广州 … 229
　五　1862年埃及尔对中国的再思考 ………… 239
　六　结语 ……………………………………… 247

结　语　欧洲精神与中国认识 ……………… 277

后　记 ………………………………………… 288

绪　论
欧洲人东方认识的拐点

> 纵然火炬烧尽，只剩下一堆可供纪念的灰烬。可是永远的光辉会再次照耀东方，人类历史起源的东方。
>
> ——泰戈尔

有史以来，在欧洲人关于东方的认识和表述中，存在两种不同的东方认识。一种是肯定性的、令人向往的东方认识；另一种是否定性的、带有意识形态色彩的东方认识。直至18世纪中叶以前，在西方对东方的认识中，肯定的因素占主导：希腊神话中的东方伊甸园，波斯帝国的财富和美女，阿拉伯伊斯兰世界的神秘、浪漫，乃至黄金、香料遍地的印度和中国，都在欧洲人的东方想象和东方认识之中。但是，当西方人靠着对东方的向往，走向世界，又借助对东方文明的想象和自我批判，实现其自身向现代跨越的时候，情况发生了变化：神秘、富庶和优雅的东方变成停滞、愚昧和野蛮的东方，肯定的、景仰的东方认识被否定的、批判的东方认识所取代，萨义德称之为具有文化帝国主义性质的"东方主义"（Orientalism）[1]应运而生。这种变化是在

---

[1] 1978年，以色列学者萨义德发表了《东方主义》（Edward W. Said, *Orientalism*, New York: Vintage Books, 1978）一书。他在书中指出，近代以来西方人对东方的观察中存在一种预设的态度，他谓之为"东方主义"。其主要含义是，近代以来，西方人在观察东方的时候，总是戴着西方优越的有色眼镜。在他们的视野中，东西方之间文明和文化的差异，变成了预设的先进与落后之分。东方也就成了西方先进与优越的参照物——落后并低劣的代表。这里借鉴"东方主义"的概念，来表述欧洲人的东方认识。

18世纪晚期至19世纪发生的,它的发生与发展与欧洲建立"欧洲对东方的霸权"的世界体系同步。

欧洲人的东方认识不仅是知识问题,还涉及权力。如福柯所说,"文化内于权力"。权力以知识的面貌出现,知识的运用又体现了权力的使用。肯定的东方主义向否定的东方主义的转化,体现了东西方不同时期的历史进步与停滞,内含着权力的变化和力量的博弈。因此,解读欧洲人对东方的认识及其变化,不仅可以理解"欧洲人了解别人的能力"及由此而产生的发展动力,而且还能够考量东西方关系演变的更深邃内涵。

一 向注东方

东方几乎是被欧洲人凭空创造出来的地方。

——萨义德

欧洲人对东方的向往由来已久。

公元前334-前325年,马其顿国王亚历山大东征南伐,创下了前无古人的辉煌业绩。在横跨欧亚大陆的辽阔土地上,建立起了西起古希腊、马其顿,东到印度恒河流域,南临尼罗河的疆域广阔的国家。他所向无敌的战矛一直指向欧洲的东方——波斯、埃及、及至印度。打到印度河畔后,他还打算继续东进,因为其下属厌战,坚决反对,才不得不西归。他不断东征,不仅有战略考虑,还有文化向往。因为在他年幼时读过无数次的荷马史诗《伊利亚特》的传说中,东方美丽而富饶,东方是力量的中心。对征战者亚历山大大帝来说,东方代表了财富和权力,是令人神往、意欲征服的地方。恰恰是亚历山大带着东方梦想而实现的跨越欧亚非大陆的军事征服,造成了人类历史上西方与东方、欧洲与亚

绪　论
欧洲人东方认识的拐点

洲的一次大融合。亚历山大的东征把希腊的影响远播到了中亚和印度，东方的思想元素也被带回希腊世界，促进了欧亚地区民族和文明的交往和发展。因此，两千多年后的德国哲学家黑格尔，把这位亚里士多德弟子的精神比作碧空中的一轮皓月，把最灿烂的光辉传给了后世。

欧洲人的东方认识是随着历史的变化而变化的，无论是地理范围，还是文化形象。在地理上，西方人对东方的认知有一个逐渐向东的过程。古代希腊人把强大的东方邻国波斯帝国看做是东方，中世纪时期的欧洲人把中东阿拉伯伊斯兰世界认作是东方，直到地理大发现前后，欧洲人的东方认识才延伸到了印度、中国和日本。

欧洲人东方地理概念的向东扩展，还伴随着他们东方认识的变化。

在希腊神话的传说中，东方是想象中的异域空间，广阔而神秘，浩浩渺渺，烟波荡荡。在东方的尽头，是太阳升起的地方，反抗众神之父宙斯的提坦神就居住在那儿。那时，欧洲的东方印象模糊不清。希腊时期，中国的丝绸传到西欧，于是便有了用树上长出的羊毛织成丝绸的传说。希腊的作家称中国为"塞里斯"（Seres），后来英文是 silk。塞里斯处于陆地的最东端，是一个从树上采摘羊毛的富庶国度，那里的人们"向树木喷水而冲下树叶上的白色绒毛，然后再由他们的妻室来完成纺线和织布两道工序"。① 公元 3 世纪左右，希腊人又这样描述："塞里斯人平和度日，不持兵器，永无战争。他们性情安静沉默，不扰邻国，那里气候温和，空气清洁，舒适卫生，天空不常见雾，无烈风。森林甚多，人行

---
① 戈岱司：《希腊拉丁作家远东古文献辑录》，耿昇译，中华书局，1987，第 10 页。

其中，仰不见天。"① 那是一个遥远而美好的国度。此后，在古罗马时期兴起的基督教教义中，中国虽然是异教徒的世界，但那里的国家法律和人们道德都与基督教的教义相符，是大洪水到来之前的东方伊甸园。可见，这时欧洲人对东方的想象，就已经附加了西方人的理想。

直至大航海之前的很长时间内，无论是在地理概念上，还是在文化意义上，波斯、埃及，整个中东的阿拉伯世界是欧洲人东方想象的核心。美女如云，醇酒似水，宫殿华丽，变幻莫测的波斯古国；神秘的金字塔和法老，夕阳下交相辉映的萨拉丁的城堡、清真寺，还有蜿蜒流淌的尼罗河，都是让西方人着迷又向往的东方。《一千零一夜》的故事在十字军东征的时候传到欧洲。这个收集了中近东地区波斯、埃及、阿巴斯王朝，还有印度民间故事的故事集，更加丰富了欧洲人的东方想象。哈里发每天晚上娶一个妻子，第二天早上把她杀掉；宰相的女儿为了拯救千千万万的女人，每天晚上给哈里发讲一个故事，终于阻止了进一步杀戮，并形成这本故事集。在西方人看来，这故事本身就极具东方韵味——神秘而浪漫，放荡而邪恶，奢华又色情，果敢又残暴。

10世纪左右，在欧洲人眼中东方的代表阿拉伯世界走在欧洲的前面。阿拉伯世界地处西方之东，东方之西，地域辽阔，幅员广大，经济多元，特别适合各种文化的传播与交融。阿拉伯文化对欧洲文化起到了承前启后、继往开来的作用。巴格达城是当时著名的科学文化中心，波斯、希腊、犹太和阿拉伯等各种文化在这里相遇、交流。这里成立一个学府，专门翻译希腊文、叙利亚文、波斯文和梵文的哲学、文学和科学著作。古希腊亚里士多德等的著作在这里得到很好的翻译和保存。阿拉伯人汲取了东西方

---

① 张星烺：《中西交通史料汇编》第1册，台北：世界书局，1983，第69-70页。

绪　论
欧洲人东方认识的拐点

文化的营养，在数学、天文、地理、医学和光学等方面有突出的成就，对当时及后来西方的发展产生了重要影响。中国的造纸术、指南针、火药，印度的数字、十进位法也都通过阿拉伯人传播到欧洲。

而这时，欧洲正处于文化低落的"黑暗时代"，甚至古典文明也不大为人所知。欧洲人既羡慕阿拉伯世界的财富，又敌视伊斯兰教，意欲征服之。公元11-13世纪，在近200年的时间里，在天主教的旗帜下，欧洲人带着宗教狂热，揣着对中东地区世俗财富的向往，发动数次十字军东征。十字军东征给中近东的叙利亚、巴勒斯坦和拜占庭的人们带来可怕的灾难。仅君士坦丁堡一地，十字军占领后烧杀劫掠一个星期，将金银财宝、丝绸衣物、艺术珍品抢劫一空，使这座富庶繁荣的古城变成尸山火海的废墟。在东方，欧洲人发现了在欧洲已经消失却被当地人保存了的古希腊文化，这对后来的欧洲的文艺复兴产生深刻影响。同时也使得欧洲人直接接触了拜占庭文明和伊斯兰文明。在十字军东征的刀光剑影之中，欧洲人看到了更加广阔的东方世界，推动了欧洲从一个孤立黑暗的时代走向开放的世界。

就在十字军东征即将结束的1271年，15岁的威尼斯富商的儿子马可·波罗随着父亲和叔叔到蒙古帝国的钦察汗国经商。因为战争的关系，他们阴差阳错地来到更远的东方——元大都，见到了元世祖。元世祖忽必烈非常喜欢聪明伶俐的小马可，带他一起狩猎、品酒，等他长大后，还派他做过元朝的外交官和地方官。他们一家在中国一住就是20年，直到1291年才返回家乡。后来，在家乡发生的威尼斯和热那亚的海战中，马可·波罗作为战俘被投进监狱。在狱中，马可·波罗巧遇小说家鲁斯梯切诺。于是，二人合作，很快于1298年完成了轰动世界的《马可·波罗游记》。

《马可·波罗游记》被称作"世界一大奇书"。全书4卷229章，详细介绍了马可·波罗东游的沿途见闻，元代中国大都、西安、杭州、福州、泉州等地的宫殿城池，政府朝廷、节日庆典、风土人情，还有中国周边日本、印度、印度洋沿岸诸岛的基本情况。《马可·波罗游记》揭开了中国神秘的面纱，使欧洲人的眼光超越波斯、埃及和阿拉伯世界，看到了欧亚大陆的最东端。在那个叫中国的地方，元大都的宫殿"壮丽富瞻，世人布置之良，诚无逾此者。顶上之瓦，皆红黄绿蓝及其他诸色。上涂以釉，光泽灿烂，犹如水晶，致使远处亦见此宫光辉"。① 南方杭州城里南宋的宫阙，不仅为世界最大，而且"内有世界最美丽而最堪娱乐之园囿，世界良果充满其中，并有喷泉及湖沼，湖中充满鱼类。中央有最壮丽之宫室，计有大而美的宫殿二十所，其中最大者，多人可以会食。全饰以金，其天花板及四壁，除金色外无他色，灿烂华丽至堪娱目"。② 马可·波罗向欧洲描绘了一个金碧辉煌的东方，富庶无比的中国。

欧洲人被《马可·波罗游记》启迪了！

关于"他者"的认识和想象，只有在当时母体社会和文化背景中解读，才能理解其中的历史意义。《马可·波罗游记》问世的时代恰逢文艺复兴的前夜。漫长的中世纪长夜即将过去，意大利及整个欧洲社会正孕育着巨大的历史变革。随着《马可·波罗游记》的传播，遥远东方的宫阙城池、石桥流水、遍地的金银财宝、数不尽的美女美食都进入了欧洲人——上至公子王孙，下至平民百姓的想象。正如19世纪致力于研究欧洲文化史的著名历史学家、瑞典人雅各布·布克哈特所说的："他们不厌其烦地描绘契丹的财富，无外乎是在这种表现中置换地实现自己文化中被压抑的潜意识欲望。表面上看，他们在谈论一个异在的民族和土地，实质上

---

① 马可·波罗：《马可·波罗行记》，冯承钧译，上海书店出版社，2001，第201页。

② 马可·波罗：《马可·波罗行记》，第266页。

他们是在讨论他们内心深处被压抑的欲望世界。中世纪晚期出现的契丹形象，是西方人想象中的一种解放力量……"① 《马可·波罗游记》对东方富庶的描述启示、刺激了欧洲人中世纪以来长期压抑着、蛰伏着的欲望。欧洲人渴望解除压抑，释放人性，追求像东方一样的富裕的世俗生活。

欧洲人被《马可·波罗游记》搅动了！

《马可·波罗游记》向欧洲人展示了一个远比地中海更加广阔的世界，扩展了欧洲人的世界观念。对欧洲人来说，地中海不再是世界的中心，对更加遥远的东方的崇拜，对更加广阔的世界的向往转化成欧洲自身发展的一种动力。向往东方的财富，寻找到东方的航路，是那个被后人称作大航海时代的所有西方航海探险的终极目的。大航海的首创人哥伦布就十分崇拜马可·波罗，现在西班牙塞维尔市的哥伦布图书馆里还保存着他当年读过的《马可·波罗游记》。很多材料证明，他是带着对中国和印度的向往，带着对黄金和香料的渴求开辟新航路的。在航海途中，面对没有海图记载的水天一色的茫茫海域，《马可·波罗游记》不仅是他战胜苦难的动力，更是他前行的航标。哥伦布根据《马可·波罗游记》的叙述，断定沿着北纬29度航线航行就可以到达离中国东海岸2400公里的日本。幸运的是，正是这一错误判断，使得其率领的船队一直在"贸易风"带航行。当大西洋的海风把他们吹到美洲的一个小岛的时候，哥伦布以为自己踏上的土地就是《马可·波罗游记》中描写的契丹，即中国，意欲递交西班牙国王写给中国元朝大汗的国书。哥伦布到达美洲佛罗里达东南的一个岛的时候，举行了仪式，宣布西班牙王国对这里的占领。至死他都相信，他所发现的大陆就是东方，是印度，是契丹。

---

① 雅各布·布克哈特：《意大利文艺复兴时期的文化》，何新译，商务印书馆，1988，第445页。

《马可·波罗游记》对中国历历如画的精彩描述，也吸引了知识渊博又野心勃勃的葡萄牙君主若奥二世。他相信东方遍地是黄金和财宝。通过《马可·波罗游记》中讲述的模糊概念，他感觉可以有一条更近的进入亚洲的道路。15世纪上中叶，他几次派人勘察海洋、海角，寻找通往印度的道路。哥伦布发现新大陆的消息在欧洲传开之后，葡萄牙王室加快了对印度的海上探索。1497年达·伽马受葡萄牙国王派遣，从另一个方向寻找东方。达·伽马成功了，他的船队向南绕过非洲好望角，找到了通往印度的海上航线。他三次远航印度，不仅从东方带回了比航海花费的价值大60多倍的香料、丝绸、宝石，还被任命为印度总督。1511年，葡萄牙人占领了印度洋西端的马六甲。穿过马六甲海峡，就是浩瀚的太平洋。1522年，麦哲伦的船队完成环球航行，整个世界合围了。

因为仰慕东方，为了寻找中国，欧洲人像德国歌剧中永不满足、绝不栖息止步的浮士德一样，怀揣着殖民扩张的野心，完成了大航海的壮举。无形之中，东方和中国，更准确地说，是被欧洲人表述和想象了的东方和中国，成为欧洲发展和世界变化的一个推动力。

从此，欧洲不再封闭，世界彼此连接，新的时代来临了！

二　东方之光

欧洲的18世纪，即是说现代生活的开始，被人称之为哲学的世纪，看中国是第一道曙光。①

---

① 阎宗临：《传教士与法国早期汉学》，大象出版社，2003，第102页。

绪 论
欧洲人东方认识的拐点

1735 年，法国巴黎出版了一部四卷本的著作——《中华帝国志》。这部书是当时关于中国知识的大全，书的作者是温和、虔诚、兢兢业业的杜赫德神父。书的内容主要根据他 1709 年开始编辑的《耶稣会士通信集》整理而成。这本书一问世，即非同凡响。几年之内，法文版再版三次，英文版两次，此外还有德译本和俄译本问世，欧洲人了解中国的渴望于此可见一斑。欧洲人为什么这么关注中国，这遍及整个欧洲的"中国热"又包含了怎样的历史内涵？

沿着新开辟的航路刚刚走出欧洲，欧洲人就表现出极强的世界扩张性。1492 年哥伦布到达北美后，罗马教皇即宣布，"我将哥伦布已经找到并正在探寻的新地，全托付给西班牙管理"。这引起极具扩张野心的葡萄牙国王的强烈不满，西葡两国紧张对峙。为缓和两国之间的矛盾，教皇出面调解，于 1493 年 5 月在大西洋中部亚速尔群岛和佛得角群岛以西 100 里格处划出一条贯通南北极的分界线。此线以东为葡萄牙的势力范围，以西是西班牙的势力范围，是为"教皇子午线"。大体上，非洲及亚洲归葡萄牙，美洲及太平洋岛屿西半部归西班牙。1494 年，西葡两国又签订《托德西里亚斯协议》，将分界线西移 270 里格，这是欧洲殖民者瓜分世界的肇始。葡萄牙人因此获得在东方的"保教权"。据此，欧洲各国来华的传教士皆受葡萄牙节制。他们动身前必须得到葡王批准，动身时必须从里斯本搭乘葡国船只，他们的传教活动也属葡国传教区管辖。

此后，西班牙人向西行进，登足美洲大陆，葡萄牙人来到遥远的东方，在这里与欧洲人仰慕已久的中华文明相遇。正是从新航路开辟之后，欧洲人的东方视野延伸到了中国，聚焦到了中国。在这里，开始了东西方文明之间不同以往的新一轮的接触和碰撞，开始了欧洲人对东方、对中国更深程度的认识。

自从葡萄牙人以晾晒海货的名义在中国东南方的一个小

岛——澳门长期驻扎下来,澳门就成为欧洲人透视中国的一个窗口,东西方文明碰撞的一个交汇点。到这里来的,不仅有满载货物的欧洲商船上的大班,还有传播上帝福音的传教士。传教士中有方济各会、多明我会等不同修会的成员,其中以耶稣会士居多。据统计,16 - 18 世纪,在中国活动过的耶稣会士共 900 多人。入华耶稣会士来自葡萄牙、意大利、西班牙、法国等 10 余个欧洲国家和地区。

耶稣会士具有较高的文化素养,每个会员必须通过不少于 14 年的系统训练,包括神学和其他自然科学知识的专门学习,他们是当之无愧的传教士中的"知识阶层"。这些传教士来到中国以后,先在澳门学习汉语,然后进入中国内地传教。他们讲华语、读华书、穿华服、奉华俗,长期在中国居住,深入了解民情民俗,广交各界人士,活动遍及大江南北。其中优秀者,如利玛窦、汤若望、南怀仁、戴进贤等在北京侍奉朝廷多年,有的担当皇帝的老师,有的担当过钦差,有的官至二品。1644 - 1775 年间,负责掌管清朝天文历算的钦天监监正几乎全部是耶稣会士,德国耶稣会士戴进贤担任这个职务达 30 年。[①] 他们绘制中国地图,参与中国外交,把西方的科学知识引进中国,又把中国的典籍宝藏如《四书》《五经》《诗经》《易经》等翻译成欧洲文字,介绍到欧洲,大大深化了欧洲人对中国的认识。

特别值得一提的,是法国的传教士在这次中西文化交流中的突出贡献。大航海之后,西方与东方之间的接触首先是贸易。德国学者利奇温(Adolf Reichwein)认为,"约在 1660 年,欧洲航行远东的船舶估计约为二万艘,其中荷兰人占 1600 艘,而法国人所有的不过六百艘……如果说法国在对华贸易发展的方面只占微不

[①] 杜赫德编《耶稣会士中国书简集》第 1 卷,郑德第、吕一民、沈坚译,大象出版社,2001,中文版序,第 6 页。

绪 论
欧洲人东方认识的拐点

足道的地位,但是,作为中国和欧洲之间的文化媒介却具有宏伟的影响"。①

17世纪中叶,在欧洲大陆日益强盛起来的法国意欲向东方扩张,挑战葡萄牙的优势。以"朕即国家"自诩的太阳王路易十四下令在全国遴选"饱学之士",派往中国,去了解考察这个文物众多、繁荣昌盛的国家,发展在华势力。当时路易十四的重臣科尔伯召见被选中的耶稣会士洪若翰时说,"希望在你们布道福音不很忙的时候,能在当地以一个观察员的身份,去观察那些完美的艺术和科学,而这一点,正是我们所缺乏的"。② 1685年3月3日,由法国科学院精心挑选出来的洪若翰、张诚、白晋、李明、刘应和塔夏尔6人,以"国王的数学家"的名义,携带科学仪器、礼品和年金在法国布雷斯特港扬帆起航,前往中国。其路费从路易十四私人金库中拨出。他们途中几经周折,除塔夏尔一人留在暹罗传教外,其余5人于1687年7月23日抵达宁波,次年2月27日进入北京,开始了对中国的科学考察。

与以往的传教士不同的是,这5位法国传教士除了传教以外,还秉承了路易十四国王"改进科学与艺术"的指令,肩负着科学考察,了解研究中国,弘扬法兰西之国威的使命。卫青心神父称他们"既是上帝的使臣,又是法国国王的非正式代表,同时也是欧洲自然科学的盗火者"。③ 张诚和白晋被留在宫廷,为康熙讲授数学、天文、哲学、人体解剖等科学知识,深得器重。1693年,康熙命白晋以清朝皇帝"钦差"的身份返回欧洲,招募新的传教士来华服务。他随身携带着康熙赠给法国国王的珍贵礼物和49卷汉文书籍。白晋耗时近4年,历尽波折回到巴黎,向路易十四呈上

---

① 利奇温:《十八世纪中国与欧洲文化的接触》,朱杰勤译,商务印书馆,1962,第15页。
② 转引自阎纯德、吴志良《法国汉学史》,学苑出版社,2009,第37-38页。
③ 卫青心:《法国对华传教政策》,中国社会科学出版社,1991,第4页。

康熙皇帝的礼物，同时献上他自己写的介绍康熙皇帝和中国情况的报告，即著名的《中国皇帝历史画像》（*Portrait historique de l'Empereur de la Chine*）。该书出版后，在欧洲引起巨大反响。1697年，白晋在巴黎还做了一次关于中国《易经》的演讲。他告诉法国人，中国的《易经》是和古希腊柏拉图、亚里士多德的作品一样完善的哲学著作，应该从理性的角度去理解《易经》深邃的内涵。

1698年10月24日，受法国政府支持的第一艘直航中国的法国商船"安菲特利特"（女神）号抵达澳门，随后进入广州。船上有11位白晋新从法国召来的耶稣会士，其中很多人后来在中西文化交流中成绩卓著、名声斐然。可以熟练使用满、汉、拉丁、法、意、葡多种语言，参与中俄条约谈判、中国全图绘制，并留下《中国史》《六经说》《自然典则》《拉丁文字典》等译著的巴多明；写出《中国语札记》《中国古籍中之基督教主要教条之遗迹》，并翻译《诗经》《书经》《赵氏孤儿》的马约瑟等都在其列。

1687年以后，相继来华的法国传教士共120名。他们中很多人是数学家、天文学家、生物学家、地理学家和医生，还有语言学家、哲学家、历史学家和画家。1702年来华的冯秉正，著有12卷本的《中国通史》，被后来人誉为"西方唯一最全的以中国史料为基础的中国通史"。[①] 1722年来华的宋君荣，写下《元史及成吉思汗本纪》《大唐史纲》《中国天文史纲要》，翻译并注释了《书经》《易经》和《礼记》等80多部译作和著述。1750年来华的钱德明，以《乾隆帝御制盛京赋之法释》《中国兵法考》《中国音乐古今记》《孔子传》而闻名遐迩。他还编有《满语语法》《满法字典》《中国诸属国文字》等字典。钱德明亦擅长绘画，向巴黎王室图书馆赠送了25本画册，35卷画卷，它们都是关于中国的庙宇亭台、宫殿牌楼、各地风景、风土人情、陶瓷器皿的描绘。1760年

---

① 参见阎纯德、吴志良《法国汉学史》，第49页。

来到北京的韩国英留下《中国古代论》《野蚕说与养蚕说》《象形文字之转为字母文字》《论中国语言文字》《中国陶器》等60多种著、译作品。1709－1718年康熙根据法国传教士张诚的建议测量全国土地，绘制全国地图，负责此项工作的9名传教士中，7名为法国传教士。根据费赖之《在华耶稣会士列传及书目》统计，1687－1773年，在华耶稣会士与汉学有关的著作共353种，作者55人，其中法国耶稣会士占作者人数的64%，作品占总数的83%。[①] 上述这些数字说明，在华法国耶稣会士的著述和写作已经成为向欧洲提供中国知识的主要来源。与此相对应，法国也就自然成为18世纪欧洲人关注东方、认识中国的中心，欧洲"中国热"的中心。

18世纪，法国巴黎出版了欧洲汉学的三大名著。

一本是《耶稣会士通信集》，全称《若干耶稣会士传教士写自外国传教区的感化人的珍奇的书信集》（Lettres édifiants et Curieuses écrites des Missions étrangères par quelques Missionaires de la Compagnie de Jesus）。1702年，巴黎耶稣会哥弼恩神父主持出版了8卷，1709－1743年杜赫德神父主持了第9－26卷，随后，1749－1766年巴杜耶神父主持了第27－34卷。由于耶稣会创始人要求其弟子在外传教时，必须提供所传教地区的地理、风俗、物产的报告，这样，几乎所有耶稣会士传教士都与欧洲的宗教机构、家人亲戚和朋友们保持密切的信件联系。《通信集》里收录了在中国和东印度以及其他地区耶稣会士的书信。其中，在中国长期居住的耶稣会士们发回的书信，真实地记录了他们在中国的所见所闻、亲身经历和对中国的细致观察，对中国做了详细、生动、具体又丰富多彩的

[①] 杜赫德编《耶稣会士中国书简集》第1卷，中文版序，第12页。1780年到1843年法国先后出了四种改装版本。中文译本是根据1819年里昂十四卷本译出的。译出的是这个版本中第9－13卷全部及14卷部分因来自中国的通信，故称《耶稣会士中国书简集》。

报道。这些书简原本就在民间广为流传，收集出版后，很快被译成欧洲多种文字，成为欧洲人了解东方、认识中国的一个重要窗口。

第二本书是前面提到的 1735 年出版的《中华帝国全志》（*Description géographique, histoirque, chronologique, et physique de L'Empire de la Chine et de la Tartarie chinoise*）。从未到过中国的杜赫德神父在编辑《耶稣会士通信集》之余，对 100 多年来在华耶稣会士的通信、书简、著作做深入研究后，加工、整理、编辑而成此书。全书共四卷。第一卷介绍中国各省的地理，从夏朝到清朝的历史大事记；第二卷讲述中国的政治、经济、教育和科举制度；第三卷主要是中国的宗教、道德和物产风情、园林建筑；第四卷介绍中国的少数民族。书中还收录了翻成法文的《诗经》里的十几首诗歌、《今古奇观》里的几篇小故事以及马约瑟翻译的《赵氏孤儿》，可谓是中国知识的百科全书。它很快被译成英、德、俄文，在全欧洲传播。

第三本书是《北京耶稣会士中国论文集》（*Mémoires concernant L'Histoire, les Sciences, les Arts, les Moeurs, les Usages des chinois par les Missionaires de Pekin*）。出版时间是 18 世纪下半叶到 19 世纪初，1776–1814 年，共出了 17 卷。《中国论文集》先后有三位主编，其中两位主编分别是蒙古史、东方学和阿拉伯文的学者，法国文学院和法兰西学院的双料院士。《中国论文集》不是海外奇谈式的报道和全景式的描述，它收集了曾经在北京的法国耶稣会士议论中国的各种观点和文章，涉及关于中国各个领域的研究和探索，类似于今天的学术研究丛书。这表明，对中国的认识超越了直观报道和一般性著作，进入到了学术层面，但那是 18 世纪下半叶的事了。

如此大量的、密集的关于中国的报道传入法国，进入欧洲，大大扩展了《马可·波罗游记》时代欧洲人的中国认识。传教士

绪　论
欧洲人东方认识的拐点

们对中国的描述感染了欧洲，上至国王，下至庶民，引发、推动了席卷欧洲的"中国热"。一时间，欧洲劲吹中国风，中国的茶叶、丝绸、瓷器、漆器、玉器、家具、园林、建筑、戏剧风靡欧洲。中国的审美趣味被欧洲人吸吮，成就了在欧洲风行一时的洛可可艺术风格。① 连中国皇帝春耕开始时的祭祀大典也在法国得到效仿复制。1756年，路易十五模仿中国皇帝的"籍田大礼"举行了农耕仪式，其王储，后来的法王路易十六也在1768年上演了类似的一幕。

"热"表现的是一种强烈的兴趣和向往，它由羡慕和欣赏牵引出来。仅从这几乎遍及整个欧洲的非同一般的"中国热"现象中可以判断，传教士们对中国的认识基本上是肯定的、颂扬的。翻读《耶稣会士通信集》可以看到，虽然他们记载了深入中国腹地传教所经历的千辛万苦，"礼仪之争"让他们领教了东西方不同文明之间的隔阂与龃龉以及因此而遭受的种种磨难，他们也记载下他们所看到的中国不好的东西和明显的缺欠，但从总体上来说，在传教士们的眼中，这个延续了4000多年的中华古国，尽管烟雾缭绕，但还是充满光明。《耶稣会士中国书简集》的法文版前言是这样概述中国的民风、政治、经济与文化的："中国民风柔顺""中国的教育是出色的""人们因尊重而服从，君主以仁慈来统辖""所有法庭都是一级从属一级的，因此，偏见、权势或收买几乎不可能支配判决""没有任何东西比城市里所严格遵守的管理对这个广袤帝国享有的安宁所起的作用更大了，它是准确、审慎和严厉的""农业在中国极受重视，商贸发达，天文学和几何学在中国也受到关注""生活于约公元500年前的著名哲学家孔子的学说则是

---

① 关于洛可可艺术与中国艺术风格的关系，详见利奇温《十八世纪中国与欧洲的文化接触》。

一切学问之基础。"① 虽然应该考虑传教士和编辑者杜赫德神父个人的好恶取舍，但事实是，呈现在欧洲人眼前的是这样一个文明的中国。

16-18世纪来华传教士对中国的介绍，无疑是欧洲人认识中国的一个新的阶段。与之前欧洲对东方的神话和渲染相比，这时期欧洲传教士们关于中国的报道很像是新闻记者的现场报道和摄影照相，它们是直观的、平视的。在传教士平视中国的目光中，有不同于自己的差异以及由此而来的新奇，而不存在比自己落后的差距及由此而来的鄙视。这很重要的一个原因是当时欧洲与东方的中国大致处于同一水平线上，中国的康乾盛世与法国路易十四的鼎盛时代并驾齐驱。东西方历史发展的差距还没有显现，现代人对"他者"认识中的先进与落后、文明与愚昧的价值判断还没有形成。当然，既然是拍照摄影，就难免过滤掉一些在摄影人看来不美丽的东西，传教士的报道中含有美化和理想化的成分。因为那时的欧洲正是一个孕育生机、充满理想的时代。

三　他山之石

欧洲通过亚洲获得新生。②

正当传教士们关于中国的信息报道源源不断、铺天盖地地传入欧洲的时候，欧洲本土一场新的文化运动正在氤氲成形。"在这场震撼西方的运动中，中国，至少是耶稣会士们看到的中国，有它的责任。"③ 两种文化潮流交融汇合，造成了意想不到的文化和

---

① 杜赫德编《耶稣会士中国书简集》，法文版序言，第23-24页。
② 萨义德：《东方学》，三联书店，1999，第149页。
③ 阎宗临：《传教士与法国早期汉学》，第72页。

绪 论
欧洲人东方认识的拐点

历史效应。如 400 年前欧洲文艺复兴的前夜,《马可·波罗游记》的出版阅读激发了欧洲人对世俗生活的渴望和对东方财富的迷恋,催生了近代地理大发现一样,这一次的"中学西被"又在欧洲掀起轩然大波,它催生了欧洲人继地理大发现之后的又一次重大发现——文化大发现。中国绵长悠久的历史、高深玄妙的哲学、严肃井然的政治、醇厚质朴的道德以及精巧雅致的建筑风格和园林艺术,都被欧洲人作为效仿的楷模和批判的武器,参与构筑启蒙时代自由与进步的神话。

16-18 世纪欧洲人发现新世界,不仅在地理意义上,而且在文化意义上。在撒哈拉以南,欧洲人看到了一个气候极其炎热、处于原始野蛮状态的黑色大陆;在美洲丛林,欧洲人发现了淳朴、自然、田园牧歌般生活着的美洲印第安人;在太平洋塔希提岛上,欧洲人看到了在阳光和沙滩上自由地生活的"高贵的野蛮人";在印度,他们看到了信仰奇形怪状的神明,种姓等级森严,在道德、智力和体力上都低于西方人的东方人。唯有在中国,他们看到了"不再是野蛮人和处于可悲的奴役中的民族的景象。他们是久已组成社会的民族,且享有明智的立法带来的惠泽,拥有关注秩序与治安的政府"。① 16 世纪法国著名人文主义作家蒙田(Michel de Montaigne, 1533-1592)这样描述中国:"在中国,没有我们的商业性和知识性,但王国管理和艺术之超越绝伦,在若干方面超过了我们的典范,它的历史使我们觉得世界是如此广阔而且丰富多彩,这是无论我们的古人和今人所不能体会的……"② 在国家力量不那么强大、文化传统相对稀薄的地区,欧洲人看到了自身的优势,生长出足够的自信、表现出蛮横的强势。于是,紧随地理发现之后,欧洲人开始了对那些地区的殖民掠夺与侵略;而在历史

---

① 杜赫德:《耶稣会士中国书简集》,法文版前言,第 19 页。
② 引自阎宗临《传教士与法国早期汉学》,第 5 页。

悠久、文化发展、社会昌盛的中国文明面前，欧洲人惊奇地发现这个国度极大地发展了人类理性，"在希伯来人中，有一位特殊的天使保管着信仰的宝库，在中国人中也有一位特殊的天使保管着理性的宝库"。① 于是，欧洲人低下了高傲的头，开始赞美、学习与思考。

"发现世界的文化意义，在于发现自我，美化异域的意义，在于表达自己的正义期望与自我怀疑精神，这是欧洲文化的独特与深刻之处。"② 在欧洲统领全球的世界秩序建立起来之前，欧洲人的这种对异域的、东方的文化的态度，使得他们总是能够在历史变革的关键时刻，从对外域的美好向往中汲取发展的力量。15世纪，欧洲人把对东方的向往，变成一种自我解放和自我发展的力量，依靠这力量，完成了伟大的新航路开辟，极大地推动了世界历史进程。而在17-18世纪，欧洲本土的封建制度和文化精神已经显露出残败的端倪，成为欧洲继续发展的重大障碍。在这新的变革的时代，欧洲孕育着新的思想，需要用新的想象中的伊甸园来支撑自己、表达自己。就在这时，欧洲人看到中国、赞美中国，在欧洲兴起史无前例的向往"他者"的"中国热"。从热气腾腾又喜气洋洋的中国图景中，从古老的中国文化中，欧洲人寻找到自我救赎的启示，借助中国这块"他山之石"进行自我批判和自我启蒙。这一次思想文化上的批判和启蒙是实现欧洲新的巨大历史跨越的前奏和序曲。

与马可·波罗时代对中国富庶的向往不同，这一次对中国的欣赏和赞美，与其说是物质的，不如说是精神的、文化的。如伏尔泰在他的《风俗论》中所说："欧洲的王公及商人发现了东方，

---

① 阎宗临：《传教士与法国早期汉学》，第67页。
② 周宁：《在真实与虚构之间——重新认识西方文化中的东方主义》，《人文国际》创刊号，2010年，第16页。

绪 论
欧洲人东方认识的拐点

追求的只是财富,而哲学家在东方发现了一个新的精神的和物质的世界。"因为,欧洲启蒙运动本身就是一场在物质和精神层面颠覆旧秩序、开创新世界的思想革命。

在所有启蒙思想家中,伏尔泰对封建制度的批判是最为激烈的,他对中国的赞颂也是为最的。正如阎宗临先生所指出的:"对这种文化的热爱与厌恶,往往不是建立在它的正确价值的基础上,而是建立在对一种意见或学说在自我辩护中所提供的使用价值的基础之上的。"① 伏尔泰天生是一位积极的思想者,时代的斗士。在他生活的18世纪上半叶,两种时代的思想潮流不能不对他产生影响。一是对封建专制的批判,再有就是来自中国的传教士的文章、绘画以及充斥欧洲的各种各样的中国趣味。他在路易大帝中学读书的时候,修辞学教授图米诺米纳神父给了他很大影响,这位神父和在清廷中的耶稣会士传教士白晋有书信往来。后来,伏尔泰本人又和在中国生活了25年的傅圣泽神父建立了密切联系。他阅读过《耶稣会士中国书简集》和一些回忆录,尤其是杜赫德的《中华帝国志》,这使他掌握了广博而丰富的中国知识,对中国、对东方情有独钟。他曾说:"当您以哲学家的身份去了解世界时,您首先应把目光朝向东方,东方是一切艺术的摇篮,东方给了西方一切。"② 而他的特别之处,是在18世纪法国的时代精神中解读中国,在自己的理想观念中解读中国,把古老的中国文明与法国的时代精神相结合,开创了一个时代。

伏尔泰是自然神论者。他猛烈地抨击欧洲基督教教会势力,认为它的教条束缚了人的自由意志的发展。他认为伊斯兰教和佛教等异域的宗教,都不是他所寻找的那种宗教,只有传教士所介绍的中国文人信奉的儒教,才是那种没有教条、没有神秘性的自

---

① 阎宗临:《传教士与法国早期汉学》,第77页。
② 伏尔泰:《风俗论》,商务印书馆,1995–1997,第201页。

然宗教。在《哲学通信》中他这样写道："文人之宗教，是值得再次赞赏的。它没有迷信，没有荒谬传说，没有亵渎理性和自然的教条。"当"礼仪之争"达到高潮的时候，伏尔泰站出来为中国的无神论辩护，他说："人们多次考察这种旨在用西方神学意识来反对世界另一端的中国政府的对无神论的指控，这无疑是我们疯狂的、充满学究气的矛盾行为。"[①] 此外，伏尔泰向往一个人人皆兄弟般和谐相处、共同谋求公共福利的社会，这种社会需要有高尚的道德来维系。伏尔泰又在孔子那里看到了他孜孜以求的这种既严格淳朴又与人为善的道德。出于对孔子道德由衷的钦佩，伏尔泰收集大量孔子的格言，在自己的著作中多次介绍。在《哲学辞典》中就有这样一笔，孔子的弟子说："吾师孔子的办法就是'善终吾身，死而无怨；己所不欲，勿施于人'。"[②] 伏尔泰还在自己的书房里悬挂孔子的画像，并书写了这样的字句："唯理才能益智能，但凭诚信照人心；圣人言论非先觉，彼土人皆奉大成。"[③] 这里，伏尔泰把法国的理性益智与孔子的诚信人心结合起来，"不使国王听命于教士，只教导人崇拜上帝、正义、仁恕和人道"的中国儒教，被看作合乎理性社会的道德规范。

伏尔泰的政治理想是开明君主制。被很多法国传教士记载传颂的英明、睿智的中国皇帝，正好符合他想象中像哲学家一样英明的君主。《路易十四时代》和《风俗论》中有相当多的篇幅谈论中国，他赞扬中国古代的尧帝亲自改革文字、清朝康熙帝的宽容睿智、雍正帝的"爱法律、重公益"、乾隆皇帝的为文作诗。他认为中国皇帝像父亲一样统治着幅员广大的国家，关心子民幸福、维护公共利益，这特别适合以父权为基础的自然法。中国的行政

---

① 转引自阎宗临《传教士与法国早期汉学》，第85、86页。
② 伏尔泰：《哲学辞典》，商务印书馆，1991，第269页。
③ 伏尔泰：《哲学辞典》，第322页。

制度也被他大大赞扬："一万三千六百名官员，管理着一亿五千万人民，他们分属于不同的部门，这些部门的上面是六大部，六大部则同受一个最高机构的监督。一想到这些我就情不自禁地异常兴奋。"[1] 他还看到，中国的法律不仅惩恶，而且扬善。"若是出现一桩罕见的高尚行为，那便会有口皆碑，传及全省。官员必须奏报皇帝，皇帝便给受褒奖者立碑挂匾。"[2] 伏尔泰还认为，中国人是"所有人中最有理性的人"。仁义的道德、贤明的君主、得当的法律、有效的行政机制，通过科举制度层层选拔出来的贤达能人管理中国社会，在伏尔泰的眼中，这简直是一个合乎理性的理想社会。当时法国重农学派的代表魁奈被称为"欧洲的孔夫子"，也对中国的儒教推崇备至，心驰神往，中国寄托了他的社会理想。

当然，在如何看待中国的问题上，启蒙思想家们也是见仁见智，存在歧义。孟德斯鸠和卢梭被看作是启蒙时代批评中国的代表。孟德斯鸠24岁时结识了旅居巴黎的中国青年黄嘉略，开始对中国感兴趣。后来他又接触了到过中国北京的传教士傅圣泽、马国贤等，他和伏尔泰一样，是从柏应理的《中国贤哲孔子》、杜赫德编辑的《耶稣会士中国书简集》和《中华帝国志》等传教士的书籍中获得关于中国的大量知识的。在遍及欧洲的"中国热"的时尚中，孟德斯鸠保持一个学者的清醒与冷峻，对中国进行理性的分析研究。

孟德斯鸠的著作《论法的精神》《波斯人信札》中都有相当篇幅论及中国，对中国政治和法律的批评是他中国观的主要部分。孟德斯鸠是三权分立原则的倡导者，主张国家的行政、立法、司法三权分立。因此，当法国和欧洲普遍称赞中国的时候，他几乎是毫不犹豫地把中国的政治体制认定为启蒙思想所竭力反对的专

---

[1] 许明龙：《欧洲18世纪"中国热"》，外语教学与研究出版社，2007，第164页。

[2] 伏尔泰：《风俗论》上册，第217页。

制制度。因为他看到中国的皇帝是一国之主，拥有至高无上的权力。中国没有强大的教会势力与皇帝的权力抗衡，中国的法律与习俗相混，对皇帝不具备约束力，判定是否有罪、重罪轻罪全凭皇帝一人决断，皇帝几乎可以为所欲为地处置对他不忠的臣民。对集立法、司法和行政权于一人的中国政治体制，他的结论是"中国是一个专制的国家，它的原则是恐怖"。[1] 那么，中国为什么能治理得这么好？孟德斯鸠认为是民众的道德使然，子女服从父母，臣民服从皇帝在发生作用。另外，长于理性思考的孟德斯鸠从中国人口众多这一事实出发，推导出中国虽然富庶，但存在巨大的生存压力。一旦遭遇自然灾害，吃饭就成为问题。为应对灾情赈济灾区，防止饥民造反，统治者平时不能够太奢侈，必须储备粮食以应对不时之需。这样就对统治者造成一定的积极压力，使之不能过度的腐败，否则要丢掉江山社稷。[2] 对于中国的礼教，孟德斯鸠保持了一定程度的赞赏。他认为，"生活上一切细微的行动都包括在这些礼节之内。所以，当人们找到使它们获得严格遵守的方法的时候，中国便治理得很好了"。[3]

尽管这两位法国思想界的泰斗对中国的认识不同，但无论是颂扬还是批判，他们本质上都是在借助中国来表达自己，都是在法国启蒙时代的历史情境之中解读中国。传教士们所传播的中国知识被思想家们利用来做自己政治观点的图解：孟德斯鸠对中国政治制度的分析，是基于他反对君主专权的政治理念和国家权力三权分立的未来设想；伏尔泰对中国皇帝的赞扬里面包含着对法国封建专制制度的强烈批评，而他对孔子和中国儒教的尊崇，寄托的是他对理性而人道的和谐社会的殷殷期盼。应该说，启蒙哲人们没有真正了解

---

[1] 孟德斯鸠：《论法的精神》，张雁深译，商务印书馆，1987，第129页。
[2] 孟德斯鸠：《论法的精神》，第129页。
[3] 孟德斯鸠：《论法的精神》，第313页。

绪　论
欧洲人东方认识的拐点

中国，他们对中国的解释里面存在着显然的文化误读。

但是，欧洲启蒙时代对"他者"的文化误读是西方现代精神的一个重要部分。当这种文化误读和启蒙时代西方文化中的怀疑精神和批判意识相关联时，其意义就非同一般了。在抨击旧的制度和信仰，构筑理性的理想世界的时候，欧洲思想界需要一个理想的标杆来支撑他们超越自我、批判现实、完成向现代的历史跨越。于是，古老而智慧的中国就成为他们想象中的理性世界的伊甸园。中国给他们一个向往的空间，一个希冀的目标，想象中的中国其实是他们心中的理想社会。与此同时，旧秩序的批判者们也需要一个承受批判的靶子，对中国的批判实际上是针对欧洲本身的封建制度。无论如何，附会了启蒙理想的对中国的理解和诠释，使欧洲人的中国认识具有了适合欧洲的时代意义。可以说，被思想家心中的理念理想化了的中国给了启蒙运动一个强劲的支撑，给法国大革命一个有力的推动，如马克思所说，启蒙思想家们"用借来的语言，演出世界历史的新场面"。① 这是功垂千古的历史功绩！当初千辛万苦地来到中国传教的各方传教士们万万没有想到，他们介绍中国的文化努力最终促成了欧洲本身的历史变革。

四　话语与权力

> 知识就是权力。②

历史的吊诡在于，正是在西方借助东方、欧洲借助中国完成

---

① 马克思：《路易·波拿巴的雾月十八日》，《马克思恩格斯全集》第8卷，人民出版社，1961，第121页。
② 17世纪英国哲学家培根的这句脍炙人口的名言一般翻译成"知识就是力量"，也可以翻成"知识就是权力"。

对旧制度的现实批判和对新社会的思想启蒙,为欧洲自身的破茧成蝶做准备的时候,欧洲人对东方的认识,也悄然发生了变化。肯定、景仰的维度向否定、批判的维度转化,欧洲从马可·波罗时代开始的连续5个世纪对中国的崇拜与美化渐行渐远了。

17-18世纪欧洲对中国的理想化,在很大意义上,应该说是那个时代欧洲普遍精神状态的一种结果。那是一个哲学的世纪,哲学是当时的人们最为关注的科学。因而,当遥远而陌生的中华文明被介绍到欧洲的时候,思想家们更多的是从哲学层面上去关注它、理解它。在耶稣会士们关于中国的大量详细具体的描述中,欧洲思想家们从哲学、精神的角度看到了中国儒家道德与政治体制之间的完满结合。孟德斯鸠指出:"他们(中国的立法者)把宗教、法律、风俗、礼仪都混在一起,所有这些东西都是道德。"这正好迎合了当时法国人的精神需要,因为儒学是与现实生活紧密相连的一种既非宗教教条、又非超验原则的道德。从哲学角度看,靠道德维系而不束缚人的自由的社会,是一个既符合人性、又合乎理性的世界。"中国风"之吹拂欧洲,实际上是哲学之中国弥漫于欧洲。对中国的欣赏与其说是物质的,不如说是精神的。有学者记载了这样一个很有意思的轶事。一天,路易十五和他的大臣贝尔坦一起策划如何革除国家流弊,请他寻找行之有效的良策。几天后,贝尔坦提出对普遍精神进行改造的方案。路易十五问:"你有何打算?"贝尔坦答道:"陛下,就是为法国人灌输中国精神。"阎宗临先生指出:"这种对中国强烈的兴趣不是唯一的归因于中国自身的品质。它同样是17世纪思想演变的一种结果。这个世纪首先是一种智慧、理性和心理分析的世纪。这个世纪尤其对人感兴趣而对自然有所忽视。如果说作家们提到了后者,那也还是根据人和人类灵魂的需要。"①

---

① 阎宗临:《传教士与法国早期汉学》,第98-99页。

实际上，启蒙思想家在哲学、文化层面上对中国大加赞赏的同时，已经注意到东西方之间科学技术层面的差距。尽管伏尔泰说："当我们还在阿德尼的丛林里漫游时，中国人那广袤无垠、人烟稠密的帝国就已经被管理得像一个大家庭了"，但他还是注意到："中国人在看到我们的温度计时，在看到了我们用硝酸钾结冰时，看到了托里切利[1]和奥托·冯·居里克[2]的实验时，表现出了极大的惊奇，一如我们第一次看到这些科学实验时一样的惊奇。"他认为，"在科学方面，中国人还停留在我们200年前的水平上"。[3] 亲临中国的传教士们，更是清楚地认识到这一点。"以科学与理智征服知识阶层"，"把科学和理性灌输给执政者"，这是明清之际在华传教士屡试不爽的传教策略。法国传教士白晋曾说："借科学的力量，可以击溃偶像的崇拜。"[4] 康熙皇帝对饱学多能的法国耶稣会士偏爱有加，交往甚密，其原因在于对西方现代科学知识的喜爱。1703年2月15日，最初来华的法国传教士洪若翰在给拉谢兹神父的信中写道："我们接到皇帝召我们去北京的充满善意的圣旨'所有传教士都到我的宫廷来，懂得数学的人留在我的身边服务，其他人可去外省或他们愿意去的地方'。"[5] 传教士们记载了很多康熙以极大的兴趣向在清廷里的传教士们学习几何、代数、物理、天文、医学和解剖学的实情，已经成为在欧洲广为流传的历史佳话。更有历史意味的是，当中国的园林建筑、茶叶瓷器、书籍戏曲、儒教哲学在欧洲大行其道的时候，来自欧洲的观察天

---

[1] 托里切利，Torricelli（1608 - 1647），意大利物理学家，发明了水银气压计。
[2] 奥托·冯·居里克，Otto von Guericke（1602 - 1686），德国物理学家，发明了抽气机。
[3] Voltaire, *Philosophical Dictionary*（New York: Basic books, 1962）, pp. 169 - 170. 转引自何兆武、柳卸林主编《中国印象——世界名人论中国文化》，广西师范大学出版社，2001，第65页。
[4] 见阎宗临《传教士与法国早期汉学》，第137页。
[5] 引自阎宗临《传教士与法国早期汉学》，第23页。

体的望远镜、水平仪等精确度很高的现代仪器取代了古代艺术品等装饰,摆进了中国皇帝康熙的寝室。这种差异,是历史发展的差异,也是东西方文化的差异。

西方文化的核心是理性,其历史源远流长。古典时代的欧洲人就显现出把各种知识系统化、理性化的才能。"聪慧的希腊人把源自东方的许多知识元素进行第一次伟大的综合"。①古希腊的自然哲学对古代埃及和巴比伦的科学知识进行理性的综合考察,试图发现世界本源的单一"元素",这成为后来以德谟克里特为代表的"原子论"思考的滥觞,由此开启具有现代精神的科学思潮。其后,毕达哥拉斯学派关于地球运动的思考、希波克拉底对人体解剖的研究、希腊化时代阿基米德浮力定律和杠杆定律的发现,还有托勒密的"地心说",都体现了希腊人数学与实验相结合的极强的抽象推理能力和知识综合能力。中世纪早期,欧洲的科学精神和人文意识遭遇基督教一统天下的压抑。13－14世纪理性又借"经院哲学"得到复苏。文艺复兴不仅复兴了人性,而且复兴了人的理性。出生于波兰、受教于意大利的哥白尼经过长期的思考与计算,于1543年发表了《天体运行论》,造成近代早期的"哥白尼革命"。其后,德国的"开普勒定律"、意大利人伽利略的天文学和动力学理论,都极大地影响了欧洲的精神世界。17世纪80年代牛顿"万有引力"定律的发现,更使整个欧洲思想界为之振奋,理性之风上扬、科学思维普及,铸造出一个气势恢弘的科学革命时代。

18世纪的欧洲,是思想启蒙的时代,也是科学革命的时代。而法国,既是思想启蒙的主战场,又是科学革命的中心。当中国还沉浸在有着深厚历史底蕴和文化积淀的康乾盛世的辉煌之中的

---

① 详细见马克垚、高毅主编《世界文明史》中册,北京大学出版社,2004,第58－62页。

绪 论
欧洲人东方认识的拐点

时候，整个欧洲在科学技术上大踏步前进。17世纪培根"知识就是力量"的名言在18世纪的欧洲得以体现。法国人拉普拉斯发表了"星云假说"，法国化学家拉瓦锡1777年发表了《燃烧概论》，提出了"燃烧即氧化"的理论，随后又提出"质量守恒定律"。法国的笛卡尔，英国的洛克，还有法国的爱尔维修、狄德罗、孔狄亚克和霍尔巴赫等在思想、科学、科学思维和科学传播方面都功彪史册。科学的发展为欧洲开辟了通往现代社会的路径，也更加扩大了东西方历史发展的差异。

当欧洲历时4个世纪对世界的地理"发现"进入最后阶段，欧洲对世界异域的文化发现特别是对中国的文化发现，从传说描绘进入到哲学思考和文化批判阶段的时候，欧洲的思想启蒙运动乘科学革命和历史进步之风，借助对中国文化的"误读"完成自我批判和自我更新，为欧洲未来的发展树立了自由、平等与博爱的旗帜。从此，不仅人类历史有了进步与停滞、文明与愚昧之分，而且整个世界有了民主与专制、理性与非理性、科学与非科学的隔断。特别值得一提的是，法国的启蒙运动与后来的德国启蒙运动不同，它是革命前夜的现实的批判。因为要号召人们对封建制度进行战斗，就需要美与丑、好与坏、理性与愚昧、进步与落后的截然分明的对立，以唤起人们的觉悟。这样，法国的启蒙思想就停留在历史矛盾的绝对对立之上，缺少历史发展的辩证法，表现为一种形而上学的历史观点。这种思想方法上的弱点，使得它在树立现代价值标准的同时，不仅割断了与它之前欧洲中世纪的联系，而且也割断了欧洲与东方之间、法国与中国之间的关系。

更进一步说，对中国的认识本来就是启蒙时代欧洲的一件"为我所用"的工具，其价值不在于其中国形象的真实性，而在于这一形象是否能为启蒙哲人用作引证，来证明自己的观点。一旦启蒙运动借中国这件工具完成了它变革欧洲的历史任务，那么工具也就不仅失去了之前的实用价值，而且被推到反面，参与另一种欧洲意识的构建，本书的结语部分将论及这一点。

无形之中，启蒙运动为东西方二元对立的世界秩序提供了一种进步与停滞、文明与野蛮的衡量标准。它的形成过程和造成后果是双向的：西方借助东方之光实现了思想变革，而西方思想变革所确立的价值标准，反过来把东方推到了西方的对立面。东西方文明的差异，从此变成了文明的优劣之分。在欧洲人的认识之中，东西方的概念渐渐地发生变化。西方与东方不再仅仅是地理的概念，而且是一种新的、带有殖民主义味道的文化表述。西方理性、科学、进步，一片光明，东方非理性、愚昧、停滞，黑暗一片，有待于西方人用理性之光来照耀。从此，历史有了标准，世界有了隔断。

正是借助这样一种对东西方文明不同的认定，西方确认了自身文明的意义与价值。这种否定的、意识形态的东方认识在19世纪达到顶峰。"它不仅生产出一种文化与物质霸权，而且还培养了一种文化冷漠与文化敌视。"[1] 借助它的伪饰与遮掩，19世纪欧洲对全世界的征服过程中，披上了完成上帝造物主的使命、拯救处于野蛮黑暗中的人类的神圣外衣，欧洲殖民者也由赤裸裸的沙文主义掠夺者，装扮成负有文明拯救使命的救赎人。如萨义德所指出的："东方学在研究体制和内容上获得巨大进展的时期正好与欧洲急遽扩张的时期相吻合。"[2] "东方学在殖民统治之前就为其进行了合理的论证，而不是在殖民统治之后。"[3] 文明与野蛮、进步与停滞、民主与专制、理性与非理性等话语是由力量和权力决定的。否定东方的东方主义，是在资本主义生长、殖民主义扩张的历史语境下产生并成形的。它带有强烈的帝国主义文化傲慢，体现了

---

[1] 周宁：《在真实与虚构之间——重新认识西方文化中的东方主义》，第17页。
[2] 萨义德：《东方学》，第51页。
[3] 萨义德：《东方学》，第49页。

绪　论
欧洲人东方认识的拐点

西方文化中的扩张性，是西方对东方的权力和优势的体现。直到今天，这些话语还在影响着我们的政治视角和文化视角。

　　应该承认，文明与野蛮、进步与停滞的衡量标准是由历史的停滞与历史的进步造成的。它是特定历史时期的产物，它是话语，更是力量和权力。欧洲文化中肯定的东方主义向否定的东方主义的转变反映的是历史的变化。历史的变化渐进发生，欧洲对东方认识的变化也绝非一夜之间完成。在18世纪中叶至19世纪初，这种历史的变化和认识的转变正在发生，还没有完成。而文化认识本身也是杂生的、多样的，它接受历史变化的影响，但又不是亦步亦趋地与历史变化同步。对它做出绝对化的结论和简单化的描述都将是违背历史的。更何况，历史变化的内容本身也是纷繁复杂的。例如，17-18世纪法国是中国崇拜的中心，19世纪，当欧洲在全世界大踏步前进，把亚洲包括整个世界纳入它的殖民体系的时候，德国却成为印度崇拜的中心。印度——"这块最古老最智慧的土地"，成为德国浪漫主义哲学和文学的向往圣地。康德的学生、德国著名思想家、民族主义者赫尔德称印度为"神圣的土地，音乐与心灵的家园"。叔本华认为印度是"欧洲文化的发源地，在许多方面对欧洲都有决定性的影响"。第二次世界大战时期，当欧洲战事正酣，昏天黑地之际，有德国学者发出这样的呼吁："今日奄奄一息的西方，重新面向涌现神灵的阳光之处，人类和人所有的关于上帝和神灵宏伟梦想的真正诞生地——东方。"① 不知道这段历史，就不能完全准确地理解欧洲人的"东方认识"变化背后的真正含义。

　　美国学者史景迁在《文化类同与文化利用》中说："中国在西方人眼中，在不同的场合被赋予了许多相互对立的特性，时而色彩艳丽、光鲜夺目，时而黯淡晦涩、风采尽失，犹如一条变动不

———————
① 利奇温：《十八世纪中国与欧洲文化的接触》，第3页。

居、难以捉摸的'变色龙'。"[①] 色彩斑斓、变动不居的中国认识，是欧洲人从自身历史出发，对中国的"镜像"观测和自我反思相结合得出的结果。

这里，我们选取18世纪中叶到19世纪中叶来到澳门和广州的三位法国人——商人夏尔勒·贡斯当（Charles de Constant），画家奥古斯特·博尔热（Auguste Borget），还有贸易代表团的秘书兼摄影师于勒·埃及尔（Jules Itier）。他们来自"中国热"的中心法国，来中国之前，深受启蒙时代中国认识的影响；来到中国后，远离京城主流社会。在当时唯一对外国人开放的港口澳门和广州，他们有机会用自己的眼睛具体观察中国底层社会，近距离接触中国的平民百姓。他们是商人、画家、摄影师，与先他们而来的传教士的中国印象相比，他们的中国认识少一些有色眼镜和先验的评判，更加实际，更加真实，当然，也更加琐碎。他们留下来的书信、日记、游记、著述、绘画和照片，从不同于传教士的角度记录了当时的澳门和广州，也记录了他们的中国认识。如果把他们的中国记录放到当时中法两国的历史变化的背景之中、放到欧洲蓄势待发建立全球殖民体系的更广阔的时空维度中、放到欧洲人东方认识变化的全部过程中，去理解，去分析，可能会读出更加深入的文化含义和更有意思的历史味道。

[①] 参见 J. Spence（史景迁）北大演讲录《文化类同与文化利用》，廖世奇、彭晓樵译，北京大学比较文学研究丛书，北京大学出版社，1990年2月，电子书。

第一篇

"东方主义"遭遇"西方主义"
——夏尔勒·贡斯当在澳广两地的中国观察

1978年,以色列学者萨义德发表了《东方主义》一书。① 他在书中指出,近代以来,特别是19世纪,西方人对东方的观察中存在一种预设的态度,他谓之为"东方主义"。其主要含义是,西方人在观察东方的时候,总是戴着西方优越的有色眼镜。在他们的视野中,东西方之间文明和文化的差异,变成了预设的先进与落后之分。在这样的预设视阈下,东方也就成了西方先进与优越的参照物——落后并低劣的代表。同样,在18世纪,中国人看西方,也带有一种预设的框架——非中国的其他地方,无论是中国的周边国家抑或是西方国家,都是中国——这一泱泱大国的边缘,都应该对中国称臣纳贡。这不能不说是另外一种历史偏见,是类似于西方人的"东方主义"的中国人的"西方主义"。② 所不同的是,西方人的"东方主义"滥觞于18世纪晚期,19世纪成形,而中国人由来已久的"西方主义"在19世纪被西方殖民主义的大炮击得粉碎。这样看来,18世纪晚期至19

---

① Edward W. Said, *Orientalism* (New York: Vintage Books, 1978).
② 罗志田先生曾提到,"西人讲到西方与非西方之间的'文化误解'是通常隐含了西方文化优越的预设(不过,清代读书人视外国人为'夷狄',其实也是类似'东方主义'的'西方主义'眼光)"。参见罗志田《近代中国史学十论》,复旦大学出版社,2003,第299页。

世纪早期,是生长中的"东方主义"和行将就木的"西方主义"的时间交汇点。

"东方主义"遭遇"西方主义"最为经典的历史注脚,是中国和英国之间的第一次政府交往——大清国乾隆皇帝在接见大英国使臣马嘎尔尼时,给英王乔治三世的敕谕:"天朝物产丰盈,无所不有,原不藉外夷货物以通有无。"① 这份敕谕一直被西方人,还有现代中国人当作"外交史上的一桩笑话"。② 然而,在西方人和现代人看来十分可笑的这份"敕谕",如果以中国乾隆时代的眼光来看,就未必那么可笑了。用英国哲学家罗素的话说,"只有这一文献不再被认为是荒唐可笑时,(西方人)才能理解中国"。③ 在这里,罗素不愧是智者先觉。在人们还没来得及对现代性和西方的话语霸权进行反思,开展后殖民主义的文化批判的时候,他不仅超越了民族的界限,超越了东方和西方的地域,也超越了传统与现代的分野,站到了历史的和人类的制高点上。

18世纪无论对于法国和中国来说都意义非凡,对于两国之间的彼此认知来说,同样非同一般。18世纪早期至中期,法国已经出现了十足的"中国热"。1703年,巴黎开始出版主要来自中国和东印度等地的《耶稣会士通信集》。1728年《汉语语言概论》出版。1735年,四卷本的《中华帝国全志》在巴黎发行。1736年,诺曼底人马约瑟翻译了中国戏剧《赵氏孤儿》。1756年,被称为"欧洲的孔子"的法国财政大臣杜尔果上书法王路易十五,希望效仿中国皇

---

① 《大清高宗纯皇帝实录》,民国26年(1937)伪满国务院影印本。
② 朱雍:《不愿打开的中国大门》,江西人民出版社,1989,第306页。
③ Bertrand Russell, *The Problem of China* (London: George Allen & Unwin, 1922), p. 47. 转引自何伟亚《马嘎尔尼使华的中英礼仪冲突》,社会科学文献出版社,2002,第243页。

帝举行春耕庆典，并出版了《中国的专制主义》一书。[1] 一些法国和德国的启蒙思想家对中国的思想和体制更是赞叹不已。他们从自己的理想出发，来理解和诠释中国的儒家思想和国家体制。[2] 应该说，他们是在法国和欧洲的历史要求中解读中国的，因而带有很大的想象成分，与真实的中国有很大距离。但是，在当时特定的历史氛围和政治语境下，这种附会了启蒙理想的对中国的理解和诠释，使得天朝之国的儒学之道和社会体制具有了适合法国和欧洲的时代意义，最终促成了现代法国以及现代欧洲的破茧成蝶！

与此同时，18世纪的中国正值康雍乾时期的清王朝。虽然200多年后的法国学者和其他西方学者将它描述为"停滞的帝国"[3]"紫禁城的黄昏"，[4] 但承载着深厚历史积淀和文化底蕴的中国还是处于一个历史发展的昌盛时期，为当时包括法国人在内的欧洲人所仰慕。用我国清史研究的泰斗戴逸先生的话说，18世纪对中国而言，是一个"继承和总结的时代、历史发展高峰的时代，也是孕育着转变面临着选择的时代"。18世纪世界变化的历史潮流正在冲击着古老的中国。英国18世纪的工业革命、欧洲的启蒙运动、美国独立战争、法国大革命，还有以牛顿科学体系建立为代表的科学革命，这一连串重大的事件使得世界发展日新月异、一日千里。中国也必不可免地、不知不觉地卷进了世界的变化中。中国

---

[1] 18世纪法国及欧洲出版的有关中国书籍的盛况，可参见戴密微（Paul Demieville）《入华耶稣会士与西方中国学的创建》，载埃蒂安布勒（Etiemble）《明清间入华耶稣会士和中西文化交流》，巴蜀书社，1993，第162－185页。

[2] 中国哲学对启蒙思想的影响可参见朱谦之《中国哲学对欧洲的影响》，上海人民出版社，2006；许明龙：《欧洲18世纪中国热》，外语教学与研究出版社，2007；维吉尔·比诺：《中国对法国哲学思想形成的影响》，耿昇译，商务印书馆，2000；安田朴：《中国文化西传欧洲史》，耿昇译，商务印书馆，2000；等书。

[3] 阿兰·佩雷菲特：《停滞的帝国：两个世界的撞击》，王国卿等译，生活·读书·新知三联书店，1993。

[4] 见 Regionald Johnston, *Twilight in the Forbidden City* (Oxford: Oxford University Press), 1985。

和西方的接触交往在增多，葡萄牙、西班牙、荷兰、英国、法国人来到中国传教、进行贸易，北部的俄国人与中国有领土冲突。闭关锁国的中国正在被卷进世界变化的大潮。

总体来讲，18世纪的中国历史、世界历史、中西方关系的历史，表面上看是平静的，但平静下面蕴藏着巨大的变化潜流。世界在仰视着中国，也在认识着中国，觊觎着中国；而中国也需要了解世界，知晓世界的变化和世界对中国的态度。这种了解和知晓至关重要，因为在世界发生重要变化的历史关头，对世界的认知决定着中国在这变化的世界中何去何从的历史选择，决定着古老的中国能否乘世界变化之风实现历史的突破！遗憾的是，当时中国的统治者和平民百姓对法国、对欧洲、对世界、对世界之变化，知之甚少，甚至不知。他们只知道有中国之天下，不知道有环宇之世界。古老的中华帝国内部深刻的社会矛盾与问题、中国和法国以及西方国家在历史发展中的差异，被盛世的祥云遮掩了，中国错失了追赶历史变化风云的契机。

就在这时，在18世纪欧洲的中国崇拜中心，一位出身名门、受过良好教育，后来被人们称为"Chinese"的法国青年——夏尔勒·德·贡斯当（Charles de Constant），在读了伏尔泰描写中国的作品和杜赫德、瑞那神父关于中国的书籍之后，带着对中国的美好憧憬和种种疑问，带着深入了解中国社会与文化的强烈愿望，于1779年来到了当时中国与西方联系最紧密的澳门和广州。在这里，也仅仅是在这里，开始了他先后三次、为时13年的中国经商之旅，同时开始了他几乎持续一生的对中国的记录与观察。[1]

---

[1] 夏尔勒·贡斯当先后三次来华。第一次1779－1782年；第二次1783－1786年；第三次1789－1793年。但是他只到过澳门和广州两地。夏天在广州十三行经营，冬天到澳门休息半年，并为下一季的贸易做准备。他的全部中国观察来自澳、广两地。

一　终生不解的中国情结

　　1762年，夏尔勒·贡斯当出身于法国一个古老的贵族家庭。他的父亲塞缪尔二世（Samuel Ⅱ）曾经是军人，28岁时结束军旅生涯，潜心读书著述。夏尔勒4岁时生母去世。他和哥哥被托付给在日内瓦的外婆抚养。6岁时，外婆把他们送进洛桑的一所耶稣会士开办的寄宿学校读书。父亲为了让他受到更好的教育，8岁时，把他送到一所名叫马什林（Marschlins）的新教寄宿学校读了4年，他在那里不仅受到良好的基础教育，而且掌握了瑞士其他地方的官方语言德语和意大利语。1771年父亲再婚。他的新婚妻子路易斯—卡特林娜·德·加拉丁（Louise - Catherine de Gallatin）出身日内瓦富裕阶层，这使得其家族背景越出了欧洲大陆，与英国和一些海外贸易有联系的金融界有广泛的联系。这无形中拓宽了夏尔勒成年之后的生活选择，在传统的法国贵族从军的路径之外，增加了从事海外经商活动和进入金融界的可能。夏尔勒13岁半时，父亲把他送到离伦敦15公里的另一所英国寄宿学校福特里希尔学院（Le collège de Fortrehill）学习。在这里，他掌握了英语和物理、天文、地理等方面的知识，为日后的商业活动打下了基础。

　　1778年9月，16岁的夏尔勒刚从寄宿学校毕业，经在荷兰军队任职的二伯父儒斯特·德·贡斯当的推荐，与经营远洋航海贸易的奥斯坦德公司（La Compagnie d'Ostende）签约，成为"考尼茨王子"（Prince de Kaunitz）号船的一名水手，计划3个月后前往中国。为了给即将到来的中国之行做准备，贡斯当回到日内瓦，从亲友那里得到一部瑞士版的伏尔泰描写中国的书籍。这书是他母亲送给父亲的，书的编辑人是他外婆的兄弟，也就是他的舅公。随后夏尔勒来到巴黎，在巴黎瑞士军团任职的大伯父大卫·德·贡斯当的介绍下，出入巴黎社交界和各种沙龙。这个独自闯荡的外省青年沉迷于巴黎上流社会，深受其影响。这时的巴黎上流社会正在劲吹中国风，这更增加了他对中国的向往。为了与上流社会有更好的交流，更为了给即将到来的中国之行做知识准备，他阅读了在法国知识界风行的杜赫德（P. Du Halde）和瑞那（L'abbé Raynal）神父等介绍中国的书籍。这些阅读，使年轻好学的夏尔勒对遥远的中国产生无限憧憬。正是在这时，他决定开始写日记，记下自己到中国后的生活和在中国的经历。从此，他的日记和关于中国的记录从未间断，一直持续了40年。

1779年2月，"考尼茨王子"号船终于起航，年轻的夏尔勒开始了他的第一次中国之行。经历7个月的海上航行，1779年9月抵达澳门海域，20日进入珠江。只有16岁半的夏尔勒怀着喜悦的心情第一次踏上中国的土地，开始了他在广州十三行的商业之旅。当时中国政府对外国人充满戒备之心，不允许欧洲商人和中国人进行商务活动之外的交往，严格限制他们在中国的活动。欧洲商人的活动范围被限制在十三行——这个长三百米，宽十多米的狭窄地域，一到天黑，栅栏门就关闭，欧洲人被禁锢在里面，不能随便出入。每次外出，要有中国官府的特批。住在这里的外国商人只能隔着一汪浅浅的珠江湾，眺望对面的广州城。这样狭小的空间实在容纳不下一个踌躇满志的少年对生活的渴求，更不能满足他深入了解中国的愿望。夏尔勒雇佣了一位11岁的中国少年阿九做他的仆人。两少年之间语言不通，只能借助手势和阿九会的一点洋泾浜葡萄牙语进行沟通。好在冬天可以去澳门这个自由世界过冬，准备下一年的贸易。夏尔勒年轻，没有经验，在商业事务中几乎处于无所事事的状态，因而时间也就特别难打发。

第一篇
"东方主义"遭遇"西方主义"

1780年2月中旬,夏尔勒到澳门过冬。在这里,他发现一个完全别样的世界。虽然澳门的面积不大,当时只有10.15平方公里大小,但西方人在这里可以自由活动,找女人、坐轿子、雇佣仆役,补上在广州受拘禁时失去的一切。夏尔勒沉浸在这"慵懒闲适"的生活中。他散步、打猎、垂钓、聊天、阅读,学唱中国民谣,弹吉他,还在一个外国人组织的小型管弦乐队里吹奏长笛。这段时间最有意义的收获是,他学习了一点葡萄牙语和粤语,并尝试着用这两种语言与人交谈。这为他日后在澳门和广州这两块土地上扩大社会交往,更进一步了解中国开拓了新途径。

对他后来的中国观察更有意义的是,在此期间,他在澳门认识了一位年长他六岁的让—依田奈·巴盖尔(Jean-Etienne Balguerie)。这位波尔多人船长已经是第二次来中国,思想非常开放,在商务活动的闲暇时间,特别注意观察中国社会。他当时正在编辑一份名为《对中国人的客观评论》(Remarques impartiales sur les Chinois)的资料。巴盖尔很喜欢年轻、悟性敏锐又与自己志趣相投的夏尔勒·贡斯当。在半年多的时间里,他们两人经常在一起谈话聊天。受他的影响,夏尔勒不再只满足于从来到中国那天起就开始的记日记、写家信,而是有意识地、尽可能地记下他在中国经历的一切,包括海上运输、市场状况、出口货物清单、具体商业运作等。此外,他还记下他所看到和听到的关于中国、关于中国人的奇闻轶事,笑料八卦,民风民俗,琐碎而有趣。用他自己的话说:"每天都学一点新东西,尽管平淡无奇,但可以借此了解中国人的特点和风俗。"[1]

---

[1] Marie-Sybille de Vienne, *La Chine au Déclin des Lumières*: *L'expérience de Charles de Constant*, *Négociant des Loges de Canton* (Paris: Honoré Champion Éditeur 2004), pp. 157–158.

他对中国这个异域文明的方方面面都充满了好奇。后来他还学着巴盖尔船长的样子,利用每次在澳门休息的闲暇时间,将这些记录按主题分类,这使得他的中国观察有了人类学的味道,也使得他乏味的异域生活变得充实而有意义。

1782年2月贡斯当登上了英国"承包"号船,返回欧洲,因为他得知他所在的公司不再派商船来中国。当他经过漫长的海上旅行在欧洲上岸的时候,已不再是三年前那个对中国一无所知的懵懂少年了。这位20岁的青年人随身携带着关于中国、关于澳门和广州的珍贵资料。除了自己随时记下的日记,还有一份1771-1779年由广州离港的法国商船的装货清单,共30页;一份关于增加对华贸易利润的研究——《关于对华贸易的简要思考》(Réflexions succinctes sur le Commerce de la China),共20页;还有一份西方人在广州贸易的实用手册——《论中欧贸易》(Mémoire sur le commerce des Européens avec les Chinois),总计25页。[①]

1782年11月,贡斯当来到公司总部所在地安特卫普,向公司递交了自己搜集的关于中国的经济情报,得到公司的赏识,再次被推荐去中国。这一次,他担当会计,年薪3300镑,是原来工资的11倍。

时隔一年,1783年1月23日,夏尔勒登上"齐岑多夫伯爵"(Le Comte de Zinzendorf)号船,再次踏上去中国的旅程。在海上航行的7个多月中,夏尔勒不仅每天学习数学、地理和会计知识,而且抓紧时间分析整理自己收集很久的有关中国的资料。他把这些资料分成三大类:"在华经商策略"(Les instruments du Commerce à la China)、"商船贸易条件"(Les Conditions D'opération des Vaisseaux)和"在广州销售的货物"(les merchandises à vendre à Canton)。后来,他将这些资料整理合成为《论对华贸易》

---

① Marie-Sybille de Vienne, *La Chine au Déclin des Lumières*, p. 54.

第一篇
"东方主义"遭遇"西方主义"

(*Mémoire sur le commerce de la China*)。①

是年8月23日,夏尔勒再次抵达澳门、广州。这一回,年轻干练、有良好职业素养的夏尔勒在贸易业务上展开了手脚。他为公司做的第一笔生意是从法国老领事那里收购法国东印度公司房产租金的收益权。他所在的奥斯坦德公司业务发展很快,相继派来中国5艘商船。夏尔勒把商船上的货物卖给中国的商人,同时采买中国的货物发到欧洲。在超负荷地为公司工作的同时,夹带做点自己的小生意,赚点小钱,不亦乐乎。幸运的是,他又遇见了那个波尔多人巴盖尔船长,两人经常在一起交流看法,互看对方笔记,这对于他深化对中国的认识很有裨益。1784年到澳门过冬的时候,他和朋友们弄了一条小船,到澳门周边西南方向的岛屿去游玩。由于这些岛很偏僻,几乎没有中国政府的管束,他们可以在这里自由出行。他在一个岛上住了15天,在不经意间,接触了不同于广州的中国的乡村世界,他看到并记录下中国这个庞大帝国偏僻乡村中杂乱无序的一面。

对于丰富他的中国认识更为有意义的是,1784年他认识了身居京城朝廷五品官职的法国耶稣会士梁栋材(Jean‑Joseph de Grammont)。梁栋材在广州休养的3个月时间里,夏尔勒尽可能多地向他请教,听他讲述北京生活的亲身体验、朝廷里的故事和他的中国印象,并且把谈话内容记录下来,这无疑大大扩展了夏尔勒认识中国的维度。

1784年秋,中西之间出现一系列冲突。先是清廷逮捕一批西方传教士,随后下令禁止传教。同年11月,广州发生"休斯女士"号商船事件(L'affaire de Lady Hughes)。② 是年底,清廷宣布

---

① Marie‑Sybille de Vienne, *La Chine au Déclin des Lumières*, p. 56.
② 1784年10月发生的中英商船冲突。英船鸣炮打死了中国人,中国官府逮捕英船长史密斯,此事几乎酿成中欧商船之间的一场武力冲突。

经澳门进入广州的传教士为非法。这件事之后的1786年初，在十三行的夏尔勒有机会接触到一些刚从中国牢狱中出来、被清廷驱逐的传教士。他们瘦弱不堪，垂头丧气。一直想深入了解中国社会和文化的夏尔勒自然不会放过这个难得的机会。从他们那里，夏尔勒听到了与服务于清廷的耶稣会士梁栋材大相径庭的对中国的描述。其中一个名叫圣—马丁的巴黎外方传教会（Missions étrangères）的教士曾到过四川传教，接触过那里的少数民族。贡斯当和他谈了15天，圣—马丁以自己的亲身经历向夏尔勒证明，以往传教士们在西方对中国的宣传并非真实。夏尔勒记录了这些谈话，留下了上百页的笔记。与圣—马丁的谈话大大动摇了夏尔勒来中国之前源自耶稣会士和哲学家描述的中国印象。①

1786年初，和这些传教士谈话后不久，夏尔勒登上了返回欧洲的商船。利用半年的旅途时间，他整理了第一次来华时的札记，把它编成一本文学性的手册，准备拿到欧洲沙龙中传阅。同时，他把两次在华的经商经验编成一份以商品字母排序的目录——《中国进出口商品细目》（Détails sur les merchandises de China, exportation et importation），60页；还有一份是《不同公司在华经商理念》（Idées sur les différentes compagnies qui font le commerce à la China），42页。另外，他还写了一份关于"休斯女士"号商船事件的报告。②

6月，夏尔勒回到欧洲。这次在欧洲期间，在享受平静而安逸的生活的同时，他把自己在澳门和广州写的游记交给在日内瓦的朋友，他确定这位朋友肯定会把游记拿到沙龙中去传阅。从此以后，夏尔勒被家人和周围的人称为"中国人"（Chinese）。时至现在，在网上搜索夏尔勒·贡斯当，还可以看到"Chinese Constant"

---

① Marie – Sybille de Vienne, *La Chine au Déclin des Lumières*, p. 62.
② Marie – Sybille de Vienne, *La Chine au Déclin des Lumières*, p. 65.

的字样跳出来。这时的贡斯当已经很可以为自己在澳门、广州的中国经历和经商经验而骄傲了。

1789 年 1 月 5 日，法国大革命的前夜，夏尔勒登上了"王太子"（Dauphin）号商船，第三次踏上远赴中国之旅。这一次，他是被法国东印度公司作为高级管理人员聘用的，年薪 15800 镑。刚刚受聘，他就向公司提交了一份《在澳门的畅销商品》（Sur le bien qui pourrait résulter de la possession de Macao）的报告，显露了他在华经商的经验和才能。

1789 年 9 月 20 日，夏尔勒在澳门上岸。这天他在给朋友的信中深情地写道："亲爱的朋友，我已向你们描述了自己在历经 8 个月的航行后，再次重返故地时所经历的激动与欣喜，我在这里度过了最美好的青春年华，可以确信在这里我会重新找回自己的亲朋故友。"[1] 时隔三年多，澳门风光在夏尔勒的眼中也更加绚丽怡人。"这座半岛由众多连绵的小山组成，整座城市形成一个不规则的圆形剧场，在其高处耸立着关隘或者是教堂。葱茏的树林中掩映着白色的房屋，中式建筑、欧式教堂和豪华宅邸排列得错落有致、交相辉映。我们在一个水面开阔的小河湾下了船，这个河湾的一半堤岸建成一个用来散步的漂亮码头，码头之上修建了一些豪华宅邸，它们全部为供职于海外贸易公司的欧洲人所占据。欧洲人和中国人的船只在码头穿梭来往，为整个景色注入了灵动之美。"[2] "在经过那些自己过去常去的岛屿时，我就欣喜万分。看到那些伴随自己度过青春岁月的地方时，这种感情就油然而生。"[3] 夏尔勒的朋友们借助望远镜在离岸还很远的地方就认出了他，纷纷到码头上来迎接他，拥抱、问候，夏尔勒被这美景和热情深深

---

[1] Marie-Sybille de Vienne, *La Chine au Déclin des Lumières*, p. 335.

[2] Marie-Sybille de Vienne, *La Chine au Déclin des Lumières*, p. 337.

[3] Marie-Sybille de Vienne, *La Chine au Déclin des Lumières*, p. 247.

地感动了,他壮志满怀。

两天后,他回到广州。在广州,他顺利地组织中国货物,发送货船返航,重建法兰西商馆。工作顺利,生活惬意。在给父亲的信中,夏尔勒写道:"必须有耐心、坚韧、坚定,有时还有屈从,还要知道适时地运用这一切;此外,加上对商品的了解、与中国人打交道的方式、诚实守信,以及在生意上的实际操作,这样就是一个完美的贸易负责人了。""我很高兴,自己能被外国人喜欢,并受到中国人的欢迎。"① 如他自己所预料的,1789年底,夏尔勒成为管理广州十三行法兰西商馆的大班,是当时最年轻的外国商馆负责人。

夏尔勒踌躇满志地投入新的工作。他主动结交英国商馆的负责人,开始认真学习汉语和西班牙语,扩展自己的贸易联系。甚至打算学好中文之后,翻译中国的经典之作。

1790年5月是乾隆皇帝的八十岁大寿,广州所有外国商馆的负责人都接到去北京祝寿的邀请。贡斯当满怀期待地等待这次进京的机会。他加紧学习汉语,甚至准备了澳门当地的中国服装。出发前夕,英国人以不愿给中国皇帝磕头的礼仪问题为借口,拒绝了邀请,致使整个进京祝寿活动流产。这件事使夏尔勒意识到,外国人在中国经商需要充分考虑中国的政治文化秩序。于是,他准备在自己的著述中加进这方面的考虑。然而正在这时,一系列打击接踵而至。1790年5月,他罹患败血病,在死亡线上挣扎了一个多月。8月,好不容易逃脱死神的魔爪准备恢复工作,又得知在1790年4月3日大革命中的法国政府已经颁布法令,取消东印度公司在华贸易的特权。这使得贡斯当所服务的法国东印度公司在华贸易垄断权岌岌可危。夏尔勒忧心忡忡,沮丧至极。他在日记中写道:"由于法兰西印度公司的解散,我们已不再是代表一个

---

① Marie-Sybille de Vienne, *La Chine au Déclin des Lumières*, p. 273.

国家的整体了，因利益而被划分，新的境况损害了法兰西所享有的信誉和尊重，对此，我痛苦不堪。"① 好在他所在的公司又派来一艘商船，并很快装满中国货物返航。这给了夏尔勒重拾信心的勇气。他坚信对华贸易的前景无限。为了使法国当局收回成命，他连夜赶写一份《论在广州的公司贸易》(Mémoire sur le commerce des companies à Cantan)，于1790年底附在给父亲的信中，发给他认为能赞同他的观点并能够改变这种局面的法国财政总监内克(Necker)。② 在信中，夏尔勒写到，"无论遇到什么困难，只要法兰西公司得到国家贸易垄断权的庇护，中国市场永远有利可图"。③殊不知内克本人虽然在大革命爆发后被路易十六召回，再次出任财政总监，但是因为他反对没收教会财产，主张温和改革，与制宪会议的政策抵触，已经于1790年9月辞职离开法国，到瑞士去躲避革命的变幻风云了。这封信也自然石沉大海。

即便这样，夏尔勒仍然没有完全失去对华贸易的信心，也没有停止他对中国的观察和思考。1791年2月回到澳门后，他与一些英国朋友游历了澳门周边的小岛。通过与英国商人的交往，他不仅知道了从1786年以来英国东印度公司垄断了3/4的对华贸易，还使得他更深刻地体会到，英国的海上霸权和政府的积极支持对英国的海外贸易来说意味着什么。这促使他从政治和外交的层面来思考法国对华贸易问题。他开始起草《经济与外交情报报告书》(Rapport de renseignement économique et diplomatique)，"描述国际贸易背景中澳门的方方面面"。信中写道："本季节来华的欧洲商船有58艘，其中28艘即刻返回欧洲。这里有25艘英国船，1艘荷兰船，1艘丹麦船和1艘法国船。各国对华贸易比例不平衡，英

---

① Marie‐Sybille de Vienne, *La Chine au Déclin des Lumières*, p. 323.
② 内克，银行家，1777–1789年先后几次出任法国财政总监。出生于瑞士日内瓦，15岁定居法国。信奉重商主义，支持海外贸易。革命后隐退日内瓦。
③ Marie‐Sybille de Vienne, *La Chine au Déclin des Lumières*, p. 74.

国人会日渐独占对华贸易。""英国人对华贸易增长，他们取得在华贸易的优势。我们至少应该对他们获得成功的方式、他们的计划、保持密切关注。"① 信中表达了他希望法国政府能够像英国政府那样，依旧以政府的力量来支持法国对外贸易的愿望。这份报告总共 12 页，夏尔勒托人转交给当时的法国海军部部长。②

1792 年 11 月，夏尔勒因由于身体状况的恶化和贸易前途渺茫而决定回欧洲。正在这时，他听说英国使臣马嘎尔尼使团已经起航来华，整个欧洲正在普遍关注着中国。夏尔勒觉得这是个向欧洲介绍中国、强调对华贸易的绝好机会。于是，他趁此机会起草了《1793 年 2 月夏尔勒·德·贡斯当对马嘎尔尼勋爵使华的一些想法》(Quelques Idées sur L'ambassade du Lord MacCartney par Charles de Constant en Février 1793)，③ 积自己 12 年在中国之经验，陈述对法国在华贸易的前景和中国社会之己见。他认为对华贸易商机无限，但由于西方人准备不充分，特别是对中国的文化不理解，影响了对中国贸易的开展。遗憾的是，他的告诫和提醒并没有引起人们足够的注意。直到 19 世纪中叶，欧洲人用军舰和枪炮强行打开中国的大门，中欧之间交往的历史步入了另一个阶段。

1793 年 7 月，32 岁的夏尔勒回到欧洲，当时法国大革命的潮流正汹涌澎湃。革命中的法国，就像是一个变幻无穷的万花筒，今天神奇，明天腐朽，革命、帝国的悲喜剧相继上演。每个人的命运也被革命的潮流裹挟，峰尖谷底，跌宕起伏，颠沛流离。夏尔勒在这动荡的年代中找不到工作，无所事事，郁郁寡欢。督政府时期，法国政治刚刚趋于稳定，他应聘一家英国公司，1796 年被派驻巴黎。为了寻求政治上的庇护，他一度辞去公司的职务，

---

① Marie – Sybille de Vienne, *La Chine au Déclin des Lumières*, p. 321.
② Marie – Sybille de Vienne, *La Chine au Déclin des Lumières*, p. 74.
③ Marie – Sybille de Vienne, *La Chine au Déclin des Lumières*, p. 79.

在其堂兄、法国著名自由主义思想家本杰明·贡斯当的推荐下，从1796年5月到12月，为斯塔尔男爵（Baron de Staël）做了6个月的秘书。① 此后，他在一家银行供职，结婚，生女，定居瑞士。

尽管生活变动不居，但他一直没有放弃再度来华进行贸易的人生计划，也没有停止过对中国的关注。他利用工作中与英国东印度公司人员接触的机会，了解中国的商业资讯，与精通中国情况的当年马噶尔尼勋爵副使的儿子切磋对中国现状的认识。1812年，已经退休两年的50岁的夏尔勒甚至准备再次远征中国。为此他积极收集最新的信息，做了详尽的财政预算和行动计划。但是，毕竟20年过去了，沧海桑田，时过境迁。欧洲对中国货物的需求在减少，中国对欧洲货物的需求也止步不前。有海上霸权和英国政府支持的英国商人掌控着鸦片贸易，在西方和中国贸易中占据了主导地位。直至1822年，夏尔勒收到来自广州的消息，他终于明白，离开澳门、广州30年来，中国和欧洲的形势已经大为改变，以往中法之间的商贸形势不复存在，他再次来中国经商之梦终于破灭。

他的中国情结仍在继续，终生不解，直到1835年7月在伦敦意外去世。

二　家族档案与家族

在日内瓦国家图书馆收藏着一份"贡斯当家族"的档案，卷帙浩繁，占据3米长的档案架。这份档案的最初编辑者是夏尔勒·贡斯当和他的姐姐罗萨莉·德·贡斯当（Rosalie de Constant）。姐弟二人在晚年的时候，整理了家族上下几代成员的信函手稿，挑

---

① 斯塔尔男爵是瑞典驻法国大使，法国著名评论家、小说家斯塔尔夫人的丈夫。

选出与家族兴衰有关的内容，依据所涉及的人物，按照日记、信函等分门别类排序而成。档案的时间跨度从 1750 年到 1835 年，几近一个世纪。大概因为是他们姐弟俩亲手整理的缘故，档案的大部分内容是这姐弟俩的。其中夏尔勒的就占 55%。夏尔勒生前就决定把这份家族档案遗赠给日内瓦国家图书馆。此后，它被尘封在那里，直到一个多世纪后的 1960 年才被打开。工作人员对这份珍贵的家族档案做了重新编目整理。①

根据档案记载，贡斯当家族原是法国弗兰德斯地区的古老贵族。16 世纪欧洲宗教改革，1572 年 8 月法国发生迫害新教徒的"圣巴特罗缪之夜"，② 各地出现天主教徒迫害新教徒的活动。贡斯当家族举家迁往日内瓦，因为在这里新教徒是安全的。贡斯当家族有两种门风，一是法国贵族的从军传统，二是书香门第的读书家传。夏尔勒的曾祖父大卫·德·贡斯当（David de Constant）曾经四次担任洛桑科学院院长一职，祖母出身医生世家。夏尔勒的祖父塞缪尔一世（Samuel Ⅰ）先是学习神学，后来从军，官至将军。他的父亲塞缪尔二世（Samuel Ⅱ）也曾经是名军人，但他提前退伍，潜心著述。夏尔勒的外祖父是著名的法学教授。母亲早逝，夏尔勒由外婆带大。13 岁半时，夏尔勒被送到英国的一所寄宿学校学习，为日后生涯打下了基础。

贡斯当家族社交非常广泛。从档案中保存的与其家族成员有书信联系的人来看，有 20 多位是法国和瑞士的贵族、政治家、思

---

① Marie - Sybille de Vienne, *La Chine au Déclin des Lumières*, p. 32.
② "圣巴特罗缪之夜"（St. Bartholomew's Day Massacre）：圣巴特罗缪是法国的狂欢节，时间为每年的 8 月 25 日。1572 年 8 月 24 日夜，信奉天主教的王太后胁迫国王对来巴黎参加国王婚礼的新教徒进行大屠杀，是夜巴黎血流成河。屠杀扩展到全国各地，数万名新教领袖和新教徒被杀，导致宗教战争再起。直到 1598 年亨利四世颁布"南特敕令"，承认新教徒信仰自由，享有和天主教徒一样的权利。

想家、人文学者、法学家和作家。此外，还有英国、意大利、奥地利、波兰、普鲁士、俄国、丹麦的王孙贵族和名流雅士。其中最著名的有英国经济学家亚当·斯密，法国的孟德斯鸠、伏尔泰、夏多布里昂（Chateaubriand）和斯塔尔夫人（Germaine de Staël）。① 还有一些著名的科学家与贡斯当家族有书信往来。这说明，"贡斯当家族的社交圈无论在地理范围还是在社会阶层上都十分广阔"。② 实际上，贡斯当家族本身也出了一位可以与这些人齐名的人物——本杰明·贡斯当（Benjaming Constant）。他是夏尔勒伯父的儿子，法国启蒙时代和大革命前后非常著名的自由主义思想家。③ 从档案保存的信件来看，"贡斯当家族的通信网络，构筑了一个虚拟的沙龙，沙龙的成员通过书信的方式进行交流，这个沙龙的成员囊括当时很多的大资产阶级。这样的社会构成与爱尔维修（salon d'Helvétius）的沙龙更为接近，而不像普鲁士宫廷的沙龙。这些与贡斯当家族保持书信往来的人，代表了一个以欧洲启蒙运动为中心的，开明而自由的法语世界的知识阶层。它的成员遍及欧洲，涵盖从伦敦到莫斯科，从哥本哈根到都灵的广大地区。但是，当欧洲那些由他们酝酿的革命风起云涌之际，他们却走向衰落，'哲学'为'浪漫主义'所取代。当欧洲的启蒙运动式微的时候，贡斯当家族成员对文人的兴趣大于对人文学者的兴趣，有2/3的篇幅是与文人的通信，他们与伏尔泰的通信，多于与百科全书派的

---

① 夏多布里昂是法国著名作家，浪漫主义文学的代表；斯塔尔夫人是法王路易十六的财政大臣内克的女儿，法国著名评论家、小说家和自由主义思想家。两人推动了法国浪漫主义文学运动的兴起。其家族联系人非常广泛，详见 Marie-Sybille de Vienne, *La Chine au Déclin des Lumières*, pp. 21 – 28。
② Marie-Sybille de Vienne, *La Chine au Déclin des Lumières*, p. 28.
③ 本杰明·贡斯当（1767 – 1830），法国著名自由主义思想家。著有《古代人的自由和现代人的自由》《立宪政治教程》。强调个人的自由至高无上，主张君主立宪政体。在法国大革命时期，是拿破仑的反对派，1830 年曾任立法委员会主席。

通信"。① 夏尔勒的姐姐罗萨莉就和很多有名的作家、政治家、科学家和社会名流保持经常的通信联系。这是一个与当时法国思想界和文化圈保持密切联系,甚至就生活在其中的家族。他们是贵族,不仅在世俗的贵族封号上,而且在时代精神的世界中。

大概由于夏尔勒很小就离开家庭到英国读书,16 岁又来到澳门和广州经商的缘故,夏尔勒与家族其他成员特别是姐姐不同。商人的身份使得他更注重实际观察,异国的经历使得他更倾向从社会政治的角度来考虑问题。与他交往对话的人,大都是对在中国经商及对中国社会有持久兴趣的人士。而与欧洲启蒙运动中文人雅士的交往,广结欧洲达官显贵和知识精英的社交圈则只是贡斯当家族的一道光环,夏尔勒间接地受其影响。

受启蒙时代和书香家庭的影响,夏尔勒从踏上澳门和广州这片土地那天起,就开始以日记、通信和撰写文章的方式记录中国,观察中国。13 年间,他经历了商海中的暗礁和险滩,承受过贵族封号被大革命褫夺,法国东印度公司的贸易特权被国民公会取消,贸易受阻等多重打击。但是,他对中国的记录、观察和思考从来没有停止。1786 年第二次返回欧洲时,他曾把自己的游记交给朋友拿到沙龙中去传阅。从此以后,他被称为"中国人"(Chinese)。1793 年最终回到法国后,夏尔勒对中国的兴趣依旧。他利用与英国东印度公司接触的机会收集关于中国的资料。1809 年,他的两本关于中国的撰述《对华贸易须知》和《中国论》几近完工。1833 年在姐姐罗萨莉的帮助下,他将自己的资料进行分类整理。在去世前 3 年的 1832 年,夏尔勒在日内瓦《健谈家》(*Causeur*)杂志发表了描述广州和澳门风土人情的文章。虽然这是他生前唯一发表的关于中国的文章,但在他留下的 15000 页的档案资料

---

① Marie-Sybille de Vienne, *La Chine au Déclin des Lumières*, p. 28.

第一篇
"东方主义"遭遇"西方主义"

中,有 2200 多页是关于中国的文字。①

夏尔勒·贡斯当关于中国的记录全部来自澳门和广州。其中包括:1. 在澳门和广州写给家人的信件和日记,占中国资料的 13%;2. 关于中国的其他资料,包括读书笔记、贸易清单和类似民族志类的资料,占 55%;3. 研究综述,包括非贸易类的资料,4 份《在华贸易须知》和 5 篇《中国论》论文,还有一些讨论贸易的论文,占 32%。② 其中包含 1792 年 11 月他即将离开中国之前,在听说英国使臣马噶尔尼即将来华、欧洲社会对中国空前关注的时候,赶写的一份从人类学的角度论述对华贸易和中国社会的文章——《1793 年 2 月夏尔勒·德·贡斯当对马噶尔尼勋爵使华的一些想法》(Quelques Idées sur L'ambassade du Lord MacCartney par Charles de Constant en Février 1793)。③ 除了日内瓦图书馆的那部分中国档案外,还有部分手稿真迹保存在其后人手里。他的一个后代菲利普·里耶(Philippe Rilliet)手里就有一份 78 页的手稿,题为《夏尔勒·德·贡斯当致瑞士亲友的信,1789 – 1793:接续赴华后中断之日记,对中国风俗习惯、法律、手工制品贸易之见闻观察》(Lettres de Ch. De Constant à ses parents en Suisse Servant de suite à son journal interrompu à la Chine, rendant compte de ce qu'il apprend voit et observe, des mœurs, coutumes, lois des Chinois, des productions manufacturées commerce etc. du pays, 1789 à 1793)。④

据他的档案整理者,现在法国巴黎第九大学担任教授和国际合作部负责人的玛丽—瑟比耶·德·维耶娜统计,夏尔勒关于中国的记录中,"有 40% 的内容涉及中国的官府及其各级机构的职能;25% 的内容涉及社会风俗;20% 的内容关乎广义的文明;差

---

① Marie – Sybille de Vienne, *La Chine au Déclin des Lumières*, p. 87.
② Marie – Sybille de Vienne, *La Chine au Déclin des Lumières*, p. 102.
③ Marie – Sybille de Vienne, *La Chine au Déclin des Lumières*, p. 79.
④ Marie – Sybille de Vienne, *La Chine au Déclin des Lumières*, p. 103.

不多15%是关于法国传教士的,他们是贡斯当主要的信息提供者。另外还有一份详细的报告书,分析了'休斯女士'号商船事件,贡斯当是这次事件的直接目击者"。①

受启蒙时代沙龙文风的影响,夏尔勒用书信和日记的形式记录、传达了对中国的最初印象后,尽力系统地编辑自己的记载,在此基础上试图写出对于中国的总体观察文章,完成一部对中国的文化咨询著作。这种主要依赖主观印象,同时说明事情道理的文风显然很适合启蒙时代的语境,特别适合在高谈阔论的沙龙中演讲和传阅。但是,正是由于他过于在意沙龙的反应,有意取悦沙龙,②才使得他为其所累,不能像后来他的同胞阿历克斯·德·托克维尔(Alexis de Tocqueville, 1805 – 1859)那样,写出《论美国的民主》那样使之声名远播而又影响深远的著作。这里,我们不能不感叹,成也萧何,败也萧何!

有人说,夏尔勒·贡斯当原本应该有更大的声望,只是由于其堂弟本杰明·贡斯当的名声太显赫,他反倒被埋没了。③ 18世纪以来,国内外学界对本杰明·贡斯当的研究不断,而且持续升温。在其家乡洛桑大学就设立了专门的"贡斯当研究所"。近年来,我们国内学界也出现越来越多的对本杰明·贡斯当的学术关注,不仅翻译出版他的著作,而且有一些专门研究的学术论文发表,在法国近代自由主义思想发展过程中来解读那一位思想家贡斯当。但是,国内学界对这一位"'Chinese'贡斯当"的研究却是一片空白。笔者只见耿昇先生在《17 – 18世纪西方人视野中的澳门与

---

① Marie – Sybille de Vienne, *La Chine au Déclin des Lumières*, p. 111.
② 夏尔勒几乎没有私密的个人信件,这在一定程度上表明,他的日记和通信主要是描述自己的中国经历,传达对中国的观察。即使是《在华贸易须知》《中国论》这样的综述文章,也是以信函的形式表达。
③ 耿昇:《17 – 19世纪西方人视野中的澳门与广州》,耿昇、吴志良主编《16 – 18世纪中西关系与澳门》,商务印书馆,2005,第8页。

广州》一文中提到了他家族以及他的著述所藏之地。① 也正是这一笔介绍，使得正苦苦搜寻的笔者眼前一亮，激发了对夏尔勒·贡斯当的研究兴趣。随着材料挖掘的逐渐深入，笔者对他的学术兴趣日益增长。因为夏尔勒·贡斯当留下的东西，是研究 18 世纪澳门与法国之间文化联系和商业往来非常珍贵的历史资料。

迄今为止，包括法国和瑞士在内的国外学界对夏尔勒·贡斯当的研究也不多。就笔者所知，只有两部关于他的编著出版。一部是巴黎东方语言学院的玛丽-瑟比耶·德·维耶娜整理的《启蒙式微时代的中国：广州十三行法国商馆商人夏尔勒·德·贡斯当的中国经历》（Marie - Sybille de Vienne, *La Chine au Déclin des Lumières: L'expérience de Charles de Constant, Négociant des Loges de Canton*, Honoré Champion Editeur, 2004），还有一部是路易·德米尼先生（Louis Dermigny）编辑的《夏尔勒·德·贡斯当论对华贸易》（*Les Mémoires de Charles de Constant sur le commerce à la Chine*, Paris: S. E. V. P. E. N., 1964）。这两部书都含有编著者对夏尔勒·贡斯当具有开先河意义的研究体会，但书中的主要内容是夏尔勒有关澳门、广州和中国的日记、书信和商业记录的辑录。因此，两部书最主要的学术意义在于为后来的研究提供了非常珍贵的第一手材料。

夏尔勒·德·贡斯当的中国记录之所以珍贵，主要在于写作的时代背景与作者个人兴趣与关注点的独特性。

夏尔勒的中国记录发生在 18 世纪下半叶，这时正是中国和欧洲交往、彼此认知的一个特殊时期。中国在缓慢发展，欧洲在急遽变化，中国和欧洲之间的历史平衡和彼此认知即将发生根本性的变化。从地理大发现开始，欧洲人带着对异域的向往走向世界。

---

① 耿昇：《17-19 世纪西方人视野中的澳门与广州》，耿昇、吴志良主编《16-18 世纪中西关系与澳门》，第 8-9 页。

欧洲人在进行经济扩张和文化浸润的同时，以不同以往的眼光观察、记录并研究他们所遭遇的不同文明。无论是对南美野蛮人的描述、对大西洋塔西提岛土著人的赞美，还是对非洲人与阿拉伯世界的解读都是如此。对中国这一古老的文明古国，欧洲人从马可·波罗开启的对它的崇拜，发展到对亚洲开明君主的仰慕和对中国文化的追崇。以伏尔泰、莱布尼茨为代表的欧洲启蒙运动思想家借助对中国文化的热情追捧而对欧洲文明进行彻底的批判，从而实现现代法国和现代欧洲的破茧成蝶。但是，恰恰是这场18世纪上半叶兴盛于法国的启蒙运动为欧洲的中国认识，为欧洲后来的世界观念提供了进步与落后、野蛮与文明的二元对立的价值尺度。这一尺度是由当时正在发生的以及随之而来的世界范围内的历史进步和历史停滞造成的。18世纪下半叶，正值这种正在发生和即将发生的历史进步与历史停滞的当口，也是欧洲人的中国认识转变的时候。因而，夏尔勒·德·贡斯当的中国记录就具有特别的历史意义。

以往的中国记录多出自传教士之手，其解读也就多停留在文化与政治的层面上。夏尔勒以一个商人的身份，居住在中国当时唯一对外国开放的口岸广州与澳门十几年。锱铢必较的商人眼光和身处其境的社会摩擦与磨合，使得他的观察集中在经济与社会层面。与在他之前服务于中国朝廷的法国很多知名传教士流传甚广的鸿篇巨制比较起来，他的记录少些理想化的色彩，更多实际的观察，当然也缺少后者的宏观把握和精髓提炼。由于家庭书香文化的熏陶，夏尔勒是个具有社会学甚至人类学眼光的商人，他的记录是多方位的，远远超出经济领域，因而也就具有特别的研究价值。

夏尔勒中国记录的独特性还在于，记录本身全部来自广州和澳门两地，带有明显的地域性，因而是我们理解18世纪的澳门和广州以及澳广两地与法国、欧洲及至世界联系的特别难得的历史资料。值得一提的是，他的中国记录中还包含了在清廷当官的法国传教士的感受，以及被清廷羁押驱逐的传教士的讲述。这使得他的中国记录不仅在地域上延伸至北京及内地，而且在观察角度上容纳广阔。澳广两地身临其境的记载和来自京城内地的道听途说，加之夏尔勒个人的理性分析和专题撰述，都使得这份中国记录内容丰富，见解独到。

三　礼仪规矩与社会次序

礼仪是文明最外化的表现，也是文明最核心的凝聚。18世纪东西方之间的首次碰撞，不是正面的经济与政治的冲突，而是从礼仪开始。从18世纪30年代开始延续300多年的西方天主教会如何对待中国古老文化的"中国礼仪之争"，以及1793年英国使节马嘎尔尼初使中国时的那场礼仪冲突，引发了中外学界对中国礼仪问题经久不衰的研究，从经济到政治，从文化与文明到世界秩序与世界观念，从传统、现代到后现代，不一而足。近年来，在全球化浪潮的冲击下，文明冲突再现，关于礼仪之争的研究更加为学界关注。这本身已经说明了礼仪特别是中国这一礼仪之邦之中的礼仪所具有的广泛而深刻的历史含义。

夏尔勒对中国的观察也是从礼仪开始的。阅读他的书信和笔记，可看到很多对中国礼仪的描述。所不同的是，他在澳门和广州看到的，不是前面所提到的中西方"礼仪之争"所体现出来的东西方文明之间和不同国家之间的文化冲突，而是渗透在整个社会中的行为仪式，或者说行为规矩。透过这些规矩，他看到了当时中国社会的结构与次序，以及由此所体现的社会本质。

1779年9月，夏尔勒乘坐的船经历了漫长的海上航行到达澳门海域。岸边的美景自然令人振奋，但更吸引夏尔勒的还是在他看来完全异类的黄皮肤、拖着辫子的中国人以及中国人不同于欧洲的行为规矩。在澳门找的买办阿康是他接触的第一个中国人。离开澳门，进入珠江，景色宜人。进入黄埔，夏尔勒看到了欧洲没有的梯田，这是他在法国时从瑞那神父的书中所读到的。下面的事情却是瑞那神父所未曾经历的。在广州上岸之前，按照规矩，户部大人要到船上来察访丈量货物。负责收取进出口关税，拥有广泛权力，包括司法执行权在内的户部大人，即中国海关的总税务司，是夏尔勒所看见的最高级别的中国官员了。初次看见中国官员的经历让他感到非常震撼，他留下了这样的文字：

> 我们的船鸣礼炮九响以示敬意。户部大人的船十分宽敞……桅杆上挂着户部大人黄色的旗帜，上面用硕大的黑字写着他的大名，其后，我们看到数量众多、式样各异，上面写着黑色或红色字的各色小旗帜，只有官大人才能在他们的旗帜上用这样颜色的字。户部大人身前矗立着几块上了釉的红木板，上面用金字写着他的等级和身份；锣鼓震天，击打的次数表明了他的显赫地位。
>
> 户部大人端坐在一张大理石做的长靠椅上，四周站着他的仆役和广州的大商贾们。他的舢板周围有官员的小船相随……当户部大人从椅子上起身到甲板上行走时，他身旁众多衙役立即尽可能大声地、长时间地齐声喝道"威武"。他们随身带着竹棍、鞭子、镣铐和大刀之类的刑具，他们的喊声一直持续到户部大人又重新坐下。
>
> 我对户部大人周围的人对其极尽阿谀奉承之能事感到诧异，他们从来不在他正面与他说话，这不符合中国的礼仪，

而总是在他旁边跟他说话。①

大概觉得这些场景还不足以勾画出户部大人气势的显赫，过几天，夏尔勒又写道：

> 户部大人戴的官帽上有一颗天蓝色的顶珠，顶珠的质量和颜色亦能区分不同的官品。从最低的官品开始，它的排列次序如下：银顶珠，外面镀金；金顶珠，由深蓝色水晶构成；深红色珊瑚顶珠，外涂天蓝色；粉色珊瑚顶珠；最后是珍珠顶珠，这是最高官品的标识。②

> 所有户部大人身边的人在他面前都会瑟瑟发抖，只要他的眼神流露出惊诧和愤怒的神色，他们就害怕他大发雷霆，由于他的喜怒无常和心血来潮，即使最微不足道的反对和迟疑，只要引起他的不快，就要受到惩罚……他对运用这个国家繁杂的法律驾轻就熟，深得北京朝廷的信任，他的一个女儿荣为皇帝的贵妃。我觉得这位官大人的傲慢、轻蔑、严酷和严厉是其外表的一部分，而内心与外在表现出来的应该是截然不同。③

> 丈量完毕，户部大人用自己的印章在上面盖了个红印，如同所有政府签名一样。他走的时候也同来时一样声势浩大，又浩浩荡荡地丈量别的船只去了。即使在他已经远去，别人也仍然在原处向他恭敬地致意。④

夏尔勒刚来澳门、广州的时候，正值法国大革命的前夜。当时的法国处于等级森严的波旁王朝封建专制统治之下。贵族和僧

---

① Marie‑Sybille de Vienne, *La Chine au Déclin des Lumières*, pp. 149－152.
② Marie‑Sybille de Vienne, *La Chine au Déclin des Lumières*, p. 152.
③ Marie‑Sybille de Vienne, *La Chine au Déclin des Lumières*, p. 153.
④ Marie‑Sybille de Vienne, *La Chine au Déclin des Lumières*, p. 152.

侣等级享有一切特权，而第三等级毫无权利的状况是社会的常态。他作为一个家境优裕的贵族子弟，应该说对于法国贵族等级享有的特权，包括佩剑和服饰上的特权是不陌生的。虽然启蒙之风吹拂，贡斯当家族与启蒙学者也有比较多的联系，但17岁的夏尔勒似乎没有受到更多的影响。① 他的头脑里还没有非常明确的人人自由平等、享受天赋的自然权利的现代意识，在他的书信日记中也鲜见这样的词汇。然而，到了澳门和广州，他的社会位置发生了变化。当他以完全旁观者的眼光来观察中国社会的时候，情况就不同了。官大人出行的宏大场面和豪华服饰使他震撼，从中他看到了类似法国的社会等级，以及表现并维护这个等级社会的种种规范。

随着再次来到中国，社会交往的进一步扩大，他的记录观察也在扩展深入。不仅有澳门、广州他亲眼所见的平民百姓、官大人，也有他听说的远在京城的皇帝。从这些他所见所闻的中国人的"礼仪""规矩"，甚至言行和故事中，夏尔勒看到了其中所蕴涵的社会次序。

在夏尔勒生活的澳门和广州，在他的目光所及之处，粤海关的官大人是最为尊贵的了。各级官员对他们中这个最有权势的人卑躬屈膝。因为"我经常看见那些人在靠近户部大人试图和他说话时，面带敬畏而非恭敬的神情，他们用扇子遮挡自己的嘴，以便不妨碍户部大人的呼吸通畅"。② 和官大人说话的人"跪倒在他的面前……他们应该把头垂到地面，绝不能抬头正脸看"。③ "当某官大人要升堂、回府或者离岸登船时，仆从们便会齐声高喊'勒

---

① 虽然贡斯当家族与启蒙运动的名人雅士有广泛的联系，但在与夏尔勒通信的社交圈中，没有发现与启蒙思想家的直接联系。他更注重从社会政治层面探究问题。

② Marie-Sybille de Vienne, *La Chine au Déclin des Lumières*, p. 135.

③ Marie-Sybille de Vienne, *La Chine au Déclin des Lumières*, p. 521.

呼'(le ou),熙熙攘攘的人群立刻沉寂下来,鸦雀无声,秩序井然,肃静回避。官大人在城里大摇大摆招摇过市时,会有家丁、仆从、衙役为其鸣锣开道。有人高举着表示官大人官阶的牌子,有人随时听命差遣,还有人拿着鞭子、虎啸棒、镣铐,甚至能夺人性命的刑具。他们彼此起伏地吆喝着'威武',锣鼓会按照礼制规定敲响数次,令人不寒而栗。"

  我曾亲眼看见这样一位官大人——他是抚院,广东省的实际统治者——到我们商馆门前的码头乘船,有200位仆从前呼后拥,浩浩荡荡。这些人或为文吏,或为武官,骑马而行。为了惩戒一个冒犯失礼的过路人,整个队伍都停下来……那个可怜的冒犯者被打得皮开肉绽,如伏尔泰和一些附庸中国官府风雅的人所说的,遭受了"父权"体罚(cette correction 'paternelle')。①

  一次,夏尔勒和曾在"礼仪之争"时被关进监狱的法国传教士圣·马丁聊天,当谈到中国官府的时候,两人一致认为:"只需看看中国官大人出门的那架势,前面开道之人手拿鞭子、镣铐、棍棒,以及各种五花八门的刑具,就知道中国官府是专制主义的。"②

  由于耶稣会士的描绘和启蒙思想家的传播,当时的欧洲人包括夏尔勒自己,都以为中国的皇帝是理想中的开明君主,"所有的中国人都可以向皇帝提出申诉"。但是,"北京方面的人来信说,中国的皇帝刚刚开了一场杀戒,有好几位胆敢向皇帝禀报民间疾苦的官大人人头落地了。这场血腥之灾的原因是,中国的臣民除了通过军机大臣的渠道之外,不能通过其他任何途径擅自向皇帝

---

① Marie-Sybille de Vienne, *La Chine au Déclin des Lumières*, p. 362.
② Marie-Sybille de Vienne, *La Chine au Déclin des Lumières*, p. 151.

提出任何告诫"。① 从巴黎外方传教会的教士圣·马丁那里,夏尔勒听到这样的情况:在下面威风凛凛、蛮横无比的官大人"是跪着和皇帝说话的,并一直冠以'奴才'的名号,使用这个词的全部含义,是为了不和'主子'相混淆"。② 即使是"皇帝的第六和第八皇子在有皇帝出席的例行仪式中犯了小错,也被打了几大板子"。③ 圣·马丁还告诉他,"皇帝御驾到来的时候,是禁止人民出现在街上的",连商店也要打烊。"如果在门板上面挖一个洞偷窥皇帝的话,毫无疑问,是要受到极严厉的惩处的。"④

细心的夏尔勒还观察到,类似的规矩也渗透进了司法、文化、文字、服饰乃至家庭。而司法、文化、文字、服饰乃至家庭中的规矩,也在体现、加强、规范着社会次序。

听说"一位粤海关的官大人被处死,原因是他的一个兄弟是皇帝身边的太监,犯了偷盗罪。这个粤海关大人当时在广州,根本没有参与其事,却被戴上镣铐枷锁,押解回京,听说在路上就被毒死了。在中国,皇帝身边的人犯了重罪是要株连九族的"。⑤

夏尔勒还记下了中国皇帝立下的这样一个规矩:"汉字的'好'用来表示高贵、卓越之物。该字的最后一笔是一横。"目空一切的乾隆帝"命令人们用'好'字来形容他时,保持原来的书写,而用'好'来指称其他事物时,就要删去最后一横。"⑥ 不幸的是,一位读书人在科举考试中忘记了这个规矩,犯了忌,尽管他的文章是雄辩的杰作,但他的卷子还是被宣布作废,而且他将永远不得再参加科举考试。

---

① Marie – Sybille de Vienne, *La Chine au Déclin des Lumières*, p. 131.
② Marie – Sybille de Vienne, *La Chine au Déclin des Lumières*, p. 186.
③ Marie – Sybille de Vienne, *La Chine au Déclin des Lumières*, p. 188.
④ Marie – Sybille de Vienne, *La Chine au Déclin des Lumières*, p. 187.
⑤ Marie – Sybille de Vienne, *La Chine au Déclin des Lumières*, p. 131.
⑥ Marie – Sybille de Vienne, *La Chine au Déclin des Lumières*, p. 187.

第一篇
"东方主义"遭遇"西方主义"

"在中国的语言中有一个'愆'字,表示过失的意思。乾隆皇帝下了一道谕旨,告示人们,他年号中的第一个字,与表示过失之意的'愆'字发音不同。开始的时候,人们由于发音习惯经常出错,他们都受到了严厉惩处。以后就再没有人犯这样的错了。"①

中国的皇帝是一言九鼎的。他写道:"在北京的法国教堂尚未完工就停建了。因为有一天康熙皇帝从那教堂经过时说:'他们还没完没了了。'专制帝王的这一句话,就足以使这个建筑停工。"②

夏尔勒进一步关心的是,普通百姓心中是怎样看待皇帝的呢?为达此目的,"我曾经尝试着问一个中国人,皇帝有没有可能遭遇某些不测?他很肯定地说不会。我说,要是突然掉下来一块石头把他砸死呢?他说这绝不会。这到底为什么呢?因为这根本不可能发生。他的理由是这样的:既然他被称为天子,那么很显然,他父亲是不会杀死他的"。

"当皇帝要出行狩猎的时候,他会召来风雨雷电诸神,命令他们不能搅乱他的兴致,这些神明们都唯命是从",③——皇帝是天的儿子,可以指挥号令诸神。这里夏尔勒看到了在欧洲中世纪盛行的"君权神授"观念。中国皇帝既然贵为天的儿子,那么其合法性,自然是从天而降,而不是来自地上的臣民。因此,他对臣民就拥有至高无上的权力。

中国的父权也拥有绝对权威。"中国人说,父亲可掌孩子的生死大权。孩子们从不会和父亲站在同一边;当他们的父亲在场时,孩子就会站到对面去。这是否就是尊崇和敬畏呢?"④

---

① Marie‐Sybille de Vienne, *La Chine au Déclin des Lumières*, p. 187.
② Marie‐Sybille de Vienne, *La Chine au Déclin des Lumières*, p. 186. 实际上,宫廷里的法国传教士深得康熙皇帝的宠爱。1693 年法国传教士修献的金鸡纳霜治好了康熙皇帝的疟疾,康熙遂赐在北京的法国传教士修建教堂。
③ Marie‐Sybille de Vienne, *La Chine au Déclin des Lumières*, p. 186.
④ Marie‐Sybille de Vienne, *La Chine au Déclin des Lumières*, p. 183.

君臣之间、父子之间的规矩礼仪已经让人不寒而栗了，如果这些规矩及其所体现的绝对权力与具体个人的低下品德相结合，蔓延开来，更加令人可怕。1785年，"户部大人的仆从阿莱（Alaa），去瑞典商馆发货，一个中国人经过时不小心用膝盖碰了他的靴子。阿莱狂怒起来，认为这个中国人对他不敬，往他肚子上猛踹了几脚，又抽了他几个耳光，直到那个倒霉的人向他跪地求饶，磕了三个头，并用嘴亲了被他冒犯了的那双靴子后，阿莱的愤怒才逐渐平息下来"。① 夏尔勒特意在括号里注明，阿莱仅仅是户部大人宠信的一名奴仆，没有任何头衔和官阶，也不担任一官半职，只是户部大人的一名亲信，派来发货的。其言外之意是，户部大人身边的一个奴仆竟敢依仗强势欺人到如此程度，可见强权的淫威已经到了无以复加的地步。

礼仪和行为规矩体现的是社会次序，也是社会秩序的表现。与先前到达中国以及仍旧在京城为皇帝服务的法国耶稣会士们不同，② 夏尔勒作为一个具有人类学眼光的商人，没有着迷于中国的文化和礼仪。相反，他在澳门和广州经商的具体社会实践中，透过这些交往礼仪和行为规矩，看到的是一个用礼仪支撑着、用规矩包裹着的皇权专制的社会。后来在澳门整理自己的记录，在《广州、澳门贸易须知》中描写去海关申报的过程时，夏尔勒写

---

① Marie-Sybille de Vienne, *La Chine au Déclin des Lumières*, pp. 199–200.
② 1685年，在路易十四的招募下，6名有"国王数学家"称号的饱学之士，作为法国到中国传教的耶稣会士，乘坐路易十四为护送使团去暹罗而租的船来到中国。由于葡萄牙人反对，未能在澳门上岸，遂绕道宁波、扬州入京。此后，这些法国传教士主要服务于京城皇宫。第一张中国地图的绘制、圆明园的设计，甚至与俄国的外交谈判中都有法国耶稣会士的身影。他们把很多中国的典籍翻译介绍到欧洲，又向中国传播欧洲文化，在促进中法文化交流科学发展方面功不可没。虽然1773年教皇通谕解散耶稣会，但在北京的法国耶稣会士仍然坚持工作。被称为"最后的法国耶稣会士"的钱德明神父于1793年去世。也是在这一年，夏尔勒最后离开澳门。

到，每一位看到中国官府的外国人都会对海关里面冷酷严峻、咄咄逼人的氛围有这样的深刻印象："在一个专制官府的国度里，统治者与被统治者具有截然不同的礼仪举止：前者冷酷倨傲甚至不可一世，后者则卑微惶惑进而低贱可鄙。"①"没有什么比这一切能更生动准确地表明统治中国的暴虐专制了。"②

正如美国学者何伟亚在马戛尔尼使华的中英礼仪冲突研究中指出的，不仅礼仪体现差序，"礼仪实施的本身也会产生权力关系"。③虽然他的结论源自对中英礼仪冲突的研究，但是扩而广之，在社会层面何尝不是如此？在中国社会中，明确规定并被严格遵守的礼仪和规矩掌控着为上、为下，为君、为臣，为官、为民，为父、为子，为夫、为妻之间等级严明的社会关系。正是从平民百姓对官人、官人对皇帝实施礼仪、履行规矩时那种诚惶诚恐、噤若寒蝉的态度中，从广州官大人的飞扬跋扈和京城皇帝无所不可为的气势之中，夏尔勒从内心推翻了传教士们关于中国是个礼仪之邦的看法。他认为："儒家的社会礼仪在具体实践过程中逐渐流于形式。秩序的表现喧宾夺主，但它服务于形式的多重意义——即'一切仪式和行为，都是对所谓……（皇权——引者注）的尊崇'。"④皇帝出行时，平民百姓不准上街；在皇帝出席的例行仪式上，所有人都要毕恭毕敬，即便是皇帝的儿子犯了点小忌，也要挨上几大板子；对芝麻小吏，平民百姓也要"怀着最深的敬意盛装恭候"；和官大人说话的时候，人们只能"跪在他的面前，头低垂至地面，绝不能抬头正脸看"；即使在平时私下场合，人们也要万分小心谨慎地遵循固定的"走步的姿态、温顺

---

① Marie – Sybille de Vienne, *La Chine au Déclin des Lumières*, p. 339.
② Marie – Sybille de Vienne, *La Chine au Déclin des Lumières*, p. 362.
③ 参见何伟亚《怀柔远人：马戛尔尼使华的中英礼仪冲突》，邓常春译，社会科学文献出版社，2002。
④ Marie – Sybille de Vienne, *La Chine au Déclin des Lumières*, p. 520.

的敬意和谦恭的态度",这是中国礼仪教育的核心——"绝不能冒犯神明"。①

把这些行为礼仪包括形体动作以及它们所包含的意义结合在一起,放到更广阔的社会构建中,可以看出更深刻的历史含义。一个人的身体姿势可以用来作为区别奴役与被奴役的标志。被奴役者下跪,卑躬屈膝,不能抬头看人,倒退着离开,甚至在人走之后还低眉顺目地站在原处;而奴役人者身体挺直,目空一切,耀武扬威,随心所欲。在夏尔勒看来,这些身体姿态和动作,这些礼仪和规矩以及礼仪和规矩的实施远远超越了文化的范畴,它们和欧洲宫廷的礼仪形式一样,在本质上是政治权力和社会关系的外化表现。

夏尔勒由此得出这样的结论:"中国的皇帝是其臣民之父,君主和官大人的所有权力都基于父权之上。以前欧洲的文人骚客对中国的议论,实际上是互相抄袭着一堆雷同的辞藻。"②他在后来写给父亲的信中感叹道:"经验告诉我们,孩子对父亲的敬畏只是事情的表面;父亲的权威如果没有边界的话,就会使他们在生活上彼此疏离,最终将感情从内心驱逐出去。"③

夏尔勒知道,所有这些礼仪都是为了维系君主的绝对权威,维护官府对社会的控制。他甚至为中国专制体制的存在写出如下理由:"一个幅员如此辽阔的帝国的专制君主,其唯一的担忧便是维持安定与顺从。帝国的众多人口与丰厚收益足以使君主践行其所有的雄韬伟略。中国地处地球的一端,周边围绕的都是一些国力相对弱小的国家。这使得它对周边邻国有一种如此显著的优越地位,它无所畏惧。""于是,对君主绝对权威的维持是官府

---

① Marie‑Sybille de Vienne, *La Chine au Déclin des Lumières*, p. 521.
② Marie‑Sybille de Vienne, *La Chine au Déclin des Lumières*, p. 188.
③ Marie‑Sybille de Vienne, *La Chine au Déclin des Lumières*, p. 521.

所有政策的努力目标,寻求一种更为有效、更为简便也更为可靠的手段来维持官府对一切的垄断。而这,与民众个人的福祉无关,与真正国力和民族的昌盛也绝不相关。"[1]

值得注意的是,夏尔勒的书信笔记是要拿到法国的沙龙中去的。事实上他第二次回法国的时候,也确实通过朋友在沙龙中传阅了他的游记。虽然没有资料证明他的游记传播有多远、影响有多大,但是,法国大革命前后,法国知识界对中国认知的转向,不能说没有受到类似夏尔勒这样的不同于耶稣会士的认识角度和结论的影响。恰恰是这些商人对中国的现实观察,充当了传教士们对中国精神理解的重要补充。

四 官行贸易与政治潜规则

夏尔勒来到广州和澳门从事对华贸易的时候,欧洲的重商主义还没有完全衰落。重商主义是 15-18 世纪资本原始积累时期在欧洲风行的一种经济理论。这一理论主张国家应该参与控制经济,通过政府力量的支持,在当时激烈的贸易扩张过程中,削弱对手的实力,实现对外贸易出超,增强本国的经济实力。在具体的对外贸易操作上,由国家签发特许状,成立对外贸易垄断公司,支持它们垄断对东方的贸易,以追求本国对东方商业贸易的发展、商业资本的迅速增加和货币资本的不断积累。新航路开辟后,西方国家大力发展与东方的贸易。17 世纪被称作东印度公司的世纪。在葡萄牙和西班牙殖民扩张之后,新兴的殖民国家,英国(1600 年)、荷兰(1602 年)、丹麦(1616 年)、葡萄牙

---

[1] Marie-Sybille de Vienne, *La Chine au Déclin des Lumières*, p. 343.

（1628年）、法国（1664年）[①]、瑞典（1731年）相继成立东印度公司，开拓、发展、垄断本国对东方的贸易。各国东印度公司的性质，类似中国的官商机构。夏尔勒第三次来澳广两地的身份就是法国东印度公司的高级管理人员，后来曾一度主管法国东印度公司在广州的贸易，是法国东印度公司在广州的最后一位负责人。从一定意义上说，法国的东印度公司与中国的官行相似，都是对外贸易垄断公司。所不同的是，法国东印度公司是法王批准政府插手管理的官方贸易公司，而中国的官行则是政府批准私人经营的贸易组织。

18世纪后期，特别是19世纪，重商主义遭遇自由贸易主张的挑战。

1792年3月20日，澳门。

夏尔勒拜访了澳门总督府。总督告诉他，收到了葡萄牙女王的正式命令，除贸易公司代理人（les agents de compagnies）外，不允许任何其他外国人在澳门逗留，甚至贸易公司的代表也只有在要求提供庇护的名义下才能留在澳门。

1792年4月1日，澳门。

夏尔勒针对葡萄牙女王发出的"除贸易公司代理人外，不允许任何其他外国人在澳门逗留"的命令和法国大革命初期，国民

[①] 法国东印度公司是在重商主义财政大臣科尔伯一手操办下，于1664年成立的。与荷兰、英国等国的东印度公司不同，它是由国王直接出资支持，政府组织领导的具有官方性质的商业机构。1719年公司与其他殖民地合并重组，成立新的"印度永久公司"，简称印度公司。18世纪30–40年代是该公司对东方贸易最繁荣时期，最高年利润达1000多万里弗尔（livre）。18世纪60年代法国实行贸易保护政策。1769年公司被取消。此后，对东方的贸易向个体商人自由开放。1785年，为了遏制英国在东方的经济扩张，发展法国在东方的贸易，政府决定采用贸易股份公司的形式，成立新的东印度公司，拥有资金2000万里弗尔。至此，法国对东方的贸易经历了从国家组织发起，到个体自由贸易，再到国家控制的发展过程。法国大革命期间，在自由贸易思想的主导下，1790年垄断贸易的东印度公司被国民公会解散。

公会取消法国东印度公司在华贸易特许两件事，写下了这样的文字："葡萄牙人占领澳门，他们嫉妒其他国家的欧洲人享受中国的富裕与丰饶，就力图加以损害……葡萄牙人驱逐所有不属于对华贸易特许公司的驻华贸易代表，因此有了不允许外国人在澳门居住的诏书。""国民公会（L'Assemblée Nationale）在取消贸易特许时，肯定没有想到会使国家贸易遭受如此沉重的打击，法国人在华留驻的权益被剥夺，在生意上必然会被边缘化。没有必要细数这项错误的命令给目前在华从事贸易的法国商人所带来的无法挽回的损失，他们被迫放弃生意，规避个人风险，即使他们的生意不至于破产，他们所面临的风险也是巨大的。"① 他建议法国政府任命一位有政府授权的并得到葡萄牙政府承认，携有葡萄牙政府发给澳门政府的诏书的在华贸易负责人，来维持和保护法国商人的利益，以使得法国人可以享受和其他欧洲贸易公司的代理人一样的特权。1791 年 3 月，他利用在澳门休息的时间写的《经济与外交情报报告书》中也曾写道："如今，由于法兰西印度公司的解散，我们已经不再是一个代表国家的整体了；利益被划分，新的境况损害了法兰西所享有的信誉和尊重，对此，我痛苦不堪。"② 从这段文字中我们可以看到，虽然法国大革命按照贸易自由的理念取消了东印度特许公司（compagnies privilégiées）对外贸易的垄断，但是作为一名商人，夏尔勒仍因袭着法国重商主义时期国家保护对外贸易的观念，希望国家权力保护在华贸易商人的利益。从这点看，他至少在观念上与清朝当时的外贸官行垄断体制有一致性。那么，他是怎样观察当时中国的商业体制？其经济活动又和当时中国的官行体制发生怎样的龃龉呢？

作为一名法国商人，身处当时中国对外贸易中心的广州和澳

---

① Marie‐Sybille de Vienne, *La Chine au Déclin des Lumières*, p. 269.

② Marie‐Sybille de Vienne, *La Chine au Déclin des Lumières*, p. 323.

门，贡斯当最直接地认识了中国的对外贸易体制和由体制而来的商业规矩和经济行为，以及它们所体现的观念和带来的利益。除了刚来澳门、广州时的记载之外，他在第三次来澳期间写的《广州、澳门贸易须知》和《与中国人共事须知》中，比较集中地对粤海关和官行贸易做了描述：当时中国和欧洲一样实行对外贸易垄断的制度。中国官府特别允许设立"一种专门和欧洲人进行交易的贸易公司，汉语称为'官行'（Kong hong），由大约十二位广州最富有的商人开办。现在大部分特许公司是那些先前富有的后人继承来的"。

> 每一艘到中国的船只都必须在官行成员中选一位信托（fiador），或者叫担保人。他代理中国的官府征收船只的出入税。由于不相信欧洲人能服从官府独断专制的管理和海关名目繁多的欺诈，交易税费和其他杂税由购买外国货的中国买主和食品供应商来承担。行商，即是外国商船的信托，需要在官府那里替欧洲人和中国商人做担保。信托还要为所担保的船上的欧洲人的一切行为和所发生的事端负责。如果哪艘船搞砸了生意，无力偿付海关的税，那么信托应该为其承担亏损。作为补偿，欧洲人按照惯例给信托很大的贸易份额。由于信托占据了所担保的船只的绝大部分贸易额，那么他就和这艘船形成了荣辱与共的关系。①

当时中国对外贸易官行体制和欧洲很多国家设立的东印度公司等对外贸易国家特许公司在本质上有相似之处。它们都是官方特许的对外贸易垄断组织，它们构成了相互对应的 17 - 18 世纪中西之间贸易的中枢，而它们之间的商贸交流是中欧贸易的主要渠道。那么夏尔勒几次修改《广州、澳门贸易须知》和《与中国人

---

① Marie - Sybille de Vienne, *La Chine au Déclin des Lumières*, p. 383.

《共事须知》，喋喋不休地提醒其同胞商人注意的是什么呢？仔细翻阅他的日记和文章就会发现，所有不满和提醒都集中于这种官行贸易体制实施过程中与官僚体制结合所衍生出来的潜规则。

夏尔勒这样写道：欧洲商船到达码头后，首先必须经历粤海关户部大人率众多随从登船举行的"丈量仪式"。人们在甲板上张灯结彩，盛装相迎，甚至鸣炮致意。举行如此盛大的仪式是为了征收停泊税。在这声势浩大、堂而皇之的仪式的背后，是夏尔勒提醒外国商人必须注意的潜规则：虽然举行"丈量仪式"是户部大人的职责所在，并且有明确规定他不得接受不义之财。但是，欧洲商船的向导和信托们"必须从我们支付的费用中抽取一部分上缴给官大人"。"当官大人退居幕后时，就必须找到能直通官大人的人选，因为政客不便于直接受贿，此外，还得找到合适的赠礼，因为钱财经过伪装才可能被收下。可能会有这样的事情发生——出于优越的道德感，或者贪婪，官大人不收钱财，而伸手要一件礼物。"① "官大人不放过任何捞取钱财的机会……如果有从欧洲带来的稀罕、稀奇或贵重的东西，就会激起某些官大人的贪婪欲念。商船的信托就把它作为礼物赠给官大人，无论其价值多少，甚至20000皮阿斯特也不在话下。不过，为了不被别人说官大人接受了下面的礼物这样的闲话，人们会装模作样地定出个官大人能够实际支付的价钱。"②

官大人离开后，开始从船上卸货，打开货物包装，甄定货物种类，丈量称重，以此确定进口关税。"负责的官员会故意把货物的重量、尺寸和数目翻倍，我们提出任何抗议和反对都无济于事"，"为了避免被大敲竹杠，必须给所有办事的人行贿，这是信

---

① Marie-Sybille de Vienne, *La Chine au Déclin des Lumières*, p. 340.
② Marie-Sybille de Vienne, *La Chine au Déclin des Lumières*, p. 387.

托的责任"。① 否则，一旦海关官员把过磅员上报的数字记录在册，做出关税缴纳副本上报衙门，那就连申诉的可能都没有了。

出口关税不是固定的，而是随心所欲累加的。"皇帝制定的每担茶叶一两的关税，被增加到 4 两 5；每担只值 12 皮阿斯特的桂皮，却要收 12 皮阿斯特的关税；南京布原本 3 或 4 个苏的关税变成了 15 个苏；亚麻的税原本是 15 个苏，结果变成了约 50 个苏。由于随心所欲增加税率，所有类型的绸缎每匹都涨了 2 或 3 皮阿斯特。如此等等，不一而足。这种涨价会变得变本加厉，只有在填满了他们的欲壑时才能停止。而这最终会摧毁贸易，于此，社会动荡也为期不远了。"② 上缴了这些随意增加的关税之后，中国商人才能进货，进行交易。"由于征税不一致，相同的商品按照不同的价格出售，欧洲人惊诧于同样的商品却不能以相同的价格出售，虽然他们对此抱怨不已，但由于实际的买卖全部经中国人之手进行，交易税由中国商人来缴纳，加上欧洲人不懂得中国的语言和习俗，无法参与其中。这就阻塞了欧洲人获得公道的途径。""在信托缴纳了全部税款，并支付了全部的敲诈勒索之后，才可以获得起航的许可。"③

夏尔勒在日记中对中国海关的办事效率也做了很多描述。

> 我们船长办事时的急躁不安和中国人的拖沓漠然形成十分可笑的对比：我们的船长喋喋不休地咒骂，而中国人依然吸烟饮茶，全然不顾他的暴跳如雷。④

> 我们依旧没有卸载任何货物，并没有什么明显的理由，贸易停顿下来。所有的事务都被耽搁在那儿，我们的费用却

---

① Marie‑Sybille de Vienne, *La Chine au Déclin des Lumières*, p. 386.
② Marie‑Sybille de Vienne, *La Chine au Déclin des Lumières*, p. 302.
③ Marie‑Sybille de Vienne, *La Chine au Déclin des Lumières*, p. 386.
④ Marie‑Sybille de Vienne, *La Chine au Déclin des Lumières*, p. 341.

在增加。我们怨天尤人,但这些理由在官大人看来一文不值,他们的意愿就是金科玉律,必须遵从之。①

中国官府从来不会关心他们的行为是否合我们欧洲人的心意。但他们会考虑信托的想法,担心他们会把从我们手中拿走的财物再还给我们。中国人不按照法律法规来对付我们。当我们不顺从他们的要求时,就不让我们贸易,威胁我们的生计。他们总是对我们说"慢慢来"——要我们有耐心,这话常常能激起我们的义愤。②

交易过程中的"各种繁文缛节使得一切变得举步维艰;没有海关官大人亲笔签署的许可证,任何船只不得离港,只有在核实船只没有欠债,缴纳了一切上缴皇帝的税款后,才能获得起航许可"。③ 为此,一般要等上几个星期。这使得欧洲商人损失惨重。

明天如果官大人乐意的话,我们可以卸下一些货物,我们的生意历经磨难和忧虑终于得到解决。毫无疑问,没有一个国家为了做生意要耗费那么多的时间,多长那么多的心眼:不会有中国人告诉欧洲人事情的真相,我们也从不知道中国商人和官大人的打算。④

夏尔勒是一位有眼光的商人,他痛切地历数上述这些"阻隔在中欧贸易关系之间的羁绊拖沓",他认为,"在中国这样一个人口众多、幅员辽阔的国度里,专制及专制政府官员中普遍存在的猜忌,是使民众保持顺从的最便捷、最有效的统治手段。正因为此,这里的垄断贸易、贸易公司、特许公司才会有如此浓重的专

---

① Marie‐Sybille de Vienne, *La Chine au Déclin des Lumières*, p. 255.
② Marie‐Sybille de Vienne, *La Chine au Déclin des Lumières*, p. 163.
③ Marie‐Sybille de Vienne, *La Chine au Déclin des Lumières*, p. 172.
④ Marie‐Sybille de Vienne, *La Chine au Déclin des Lumières*, p. 256.

制色彩"。①

尽管夏尔勒在中国经商的18世纪八九十年代,兴起于15-16世纪的重商主义在欧洲已经是明日黄花,1776年亚当·斯密的《国富论》出版,其中的自由贸易理论对政府垄断性质的对外贸易发出了强有力的挑战。但在夏尔勒成长的年代,欧洲重商主义的历史氛围,自然经济向商品经济过渡的深刻历史变化,以及对商业资本和货币资本狂热追求的强大历史潮流,把夏尔勒推到了中国,使他由一个旧式贵族变成了真正的商人。商人的身份和商人的本质,要求他尽可能多地买卖商品,获取利益,也赋予他锱铢必较地度量整个世界的商人眼光。

夏尔勒所打量的乾隆时期的中国还是一个农本社会的盛世。对外贸易不是中国政府倡导之根本,②也不是国家之间纯粹的经济行为。那时,虽然中国对外贸易量已经很大,"估计与欧洲人的贸易以每年600万英镑的速度增长","与欧洲人的贸易给整个国家带来了白银,越来越成为一种宝贵的收入来源,每年从广州输入500万到700万皮阿斯特。"③ 在大清国的财政中,"关税是仅次于地丁、盐税而位居第三的课税主体"。在"一口通商"前,"粤海关的关税收入占全国各地29个税关总收入的1/4"。④ 这着实是一笔重要的收入。但是,即使这样,那些直接管理对外贸易的粤海关和特许从事对外贸易的官行所关心的也绝不仅仅是商品贸易中的"交换价值和使用价值",换句话说,对他们来说,在中国的社

---

① Marie - Sybille de Vienne, *La Chine au Déclin des Lumières*, p. 379.
② "经世致用""士商平等""以商立国"等具有重商主义色彩的思想到晚清时期才在中国出现。最高统治者光绪皇帝在1903年才有"自积习相沿,视工商为末务,国计民生日益贫弱……"之感叹。朱寿朋编《光绪朝东华录》(五),台北:文海出版有限公司,2006,第27-28页。
③ Marie - Sybille de Vienne, *La Chine au Déclin des Lumières*, pp. 259, 380.
④ 李国荣主编《帝国商行:广州十三行》,九州出版社,2007,第34页。

会构架中,对外贸易绝不是单纯的经济行为,而是有很多政治的、社会的因素夹在其中。实际上,时至今日,国际上的贸易也不全然是出于经济上的考虑。

夏尔勒写道:"收取回扣是不容置疑的惯例,我看到澳门的官员们对那些为公司挑粪的人也拦路阻滞,直到从他们那里收取一笔不小的回扣方才放行。不过,回扣数量也要视商品的价值而定。"①

"1778年,布尔格涅先生在广州的一个官行看到一批相当精美的摆钟,他问老板卖多少钱。那位老板回答'我不卖的,这些是专给官大人准备的'。"② 这令夏尔勒费解。他哪里知道,在一个重官轻商的官本位社会,商人必须贿赂官员,才能够维持其贸易垄断地位。

海关官员的手也直接伸向外国商人。"我们来到位于黄埔村的海关,离我们的船500米。海关官员在吃饭,必须等上半个小时。终于来了一位官员,他一边哼着歌一边打着饱嗝,登上我们的舢板,以一副极为不屑的神情看着我。他问划舢板的船夫,他运送的'番鬼'是哪个国家的。然后就查看我的行李和我们的劄。③ 他向我索要钱财作为其履行职责的报酬。对此,我抑制不住义愤之情予以拒绝。但他依然淡定如故,并对我们说,直到我们交了礼物才能放我们过关。我觉得如果我们不满足他,就只能待在原地不动了。"④

"抵达澳门的渔船也不能逃脱遭受欺压的命运:官大人会向他们漫天要价,索取钱财或者摊派实物。一艘渔船刚从我的窗前驶过,马上就有一个海关的奴仆向其索要摊派。摊派数量

---

① Marie‐Sybille de Vienne, *La Chine au Déclin des Lumières*, p. 301.
② Marie‐Sybille de Vienne, *La Chine au Déclin des Lumières*, p. 130.
③ 劄,进出海关的通行证,类似现在的签证。
④ Marie‐Sybille de Vienne, *La Chine au Déclin des Lumières*, pp. 351–352.

的多寡取决于渔船的收成，或者是鱼的价值。这已然是一种欺压了。"①

"两艘西班牙的小型商船在菲律宾沿岸做贸易时遭遇风暴，被迫改变航线，他们顺风驶到澳门避难……他们在澳门没做任何生意，但丝毫不影响中国的官大人向他们强征港口停泊税。经过协商，每艘交了600－700皮阿斯特。"②

"一位法国人已经在中国待了八九年，说一口很棒的汉语。他的船刚到中国海关接受丈量时，粤海关官员把贸易公司的负责人找去，问能否用900两银子买那艘船。遭到拒绝后，这位粤海关的官大人就以不给商船丈量相威胁，最终那位法国人放弃意气用事，屈服了。"③

"我们的手脚被束缚住，只有等官大人们乐意时才能重新开始工作。""由于海关官署关门歇业，贸易陷于停顿。海关歇业的原因是：这些官大人类似某种类型的佃户，每年要向皇帝上缴一笔从对欧洲人的贸易中征收的数额相等的税收；他们在丰年时把钱攒下，以补上荒年时的空缺；目前已经完成上缴数额，这就是他们中止贸易的原因。"④ 完成了上缴皇帝的定额，就不再进行贸易了，哪怕眼前有现成的贸易机会也不考虑，在这位法国商人看来，这简直是不可思议！殊不知，当时在中国，对外贸易不仅是与西方互通有无、交换使用价值、获得经济利益的经济行为，而且包含事关清廷社会或国家影响的政治考虑。一口通商，是朝廷规避外部风险的一种考虑；而向皇上交差，唯皇上是尊，恰恰是下面官员的首要考虑。其实，就连粤海关本身也可以说只是皇帝的私家钱袋。当时的粤海关直接

---

① Marie – Sybille de Vienne, *La Chine au Déclin des Lumières*, p. 385.
② Marie – Sybille de Vienne, *La Chine au Déclin des Lumières*, p. 196.
③ Marie – Sybille de Vienne, *La Chine au Déclin des Lumières*, p. 133.
④ Marie – Sybille de Vienne, *La Chine au Déclin des Lumières*, pp. 257, 252.

归清政府的内务府管辖，其关税收入的 1/4 直接交给宫廷内务府。①

十几年在华经商的经历，使夏尔勒见识了粤海关的官行贸易表面规定，以及官行贸易背后的政治潜规则。他从中悟出了这样的结论："在中国这样一个人口众多、幅员辽阔的国度里，专制及专制政府官员中普遍存在的猜忌，是使民众保持顺从的最便捷、最有效的统治手段。正因为此，这里的垄断贸易、贸易公司、特许公司才会有如此浓重的专制色彩。从民众的文化水准、风俗习惯出发，人们本可以依据其自由程度的不同，改善垄断贸易的方法，然而，这里垄断贸易的支持者，无论是谁，都是专制主义的信奉者。"② 夏尔勒把这提醒写进了《与中国人共事须知》里。

在"朕即国家"——"皇帝即中国"的时代，在广州这个当时中国唯一的对外通商口岸，夏尔勒所倚重的欧洲经济扩张时期的经济原则，与中国这个政治扩展帝国所奉行的政治取向相遇了！这——应该是夏尔勒所记载的当时中法贸易过程中频频发生碰撞与龃龉的根本原因。

五　文明中国之"科技"缺憾

1748 年的春天，意大利维苏威火山附近的农民在整理自家

---

① 粤海关的监督总管由皇帝钦定内务府的亲信出任，粤海关每年的税银有 3% 移交广东布政司藩库，3% 留作海关之用，70% 解缴户部，24% 划归宫廷内务府。粤海关有独立的体系，支撑着皇室财政的运转。见李国荣《帝国商行：广州十三行》，第 41 页。

② Marie-Sybille de Vienne, *La Chine au Déclin des Lumières*, p. 379.

的葡萄园时，意外地发现了埋藏在火山瓦砾下的庞贝古城遗址。①古城所保存的1600多年前西方文明的繁荣景象，令整个世界为之震惊！这一发现再次点燃了欧洲人对古代希腊罗马文明的兴趣。"另一个世界从废墟中重新涌现。"正处于物质上升阶段的欧洲人因此增强了对自己文明的自豪感和优越感，对孔子和中国文明的崇拜受到冲击。德国学者利奇温这样写道："十八世纪之初，人们认为中国人为人类知识的发源地，但到了现在世纪之末，希腊人被崇拜为人类最伟大的教师。"②

利奇温在他的《十八世纪中国与欧洲文化的接触》一书的结语中这样写道："十八世纪开始时，对将来这个世纪的内容天真无知的法国宫廷，举行化装中国人的歌舞会以示庆祝。洛可可时代，因承受南中国的丰富艺术宝库，而趋于成熟；启蒙时代，则从中国北方严谨的、实事求是的理性的孔子学说，取得支持；重农学派则主要根据中国古代情形，构成他们关于国家经济基础的学说；最后，'回到自然'的巨大反响，等到流为感情用事的自然崇拜时，抓住中国的园圃学作为它的矫揉造作的感情派的殿堂。这发生在本世纪的七十和八十年代，成为前后持续了几乎一个世纪之久的欧洲与中国间密切关系将告终了的前奏。"③毫无疑问，18世纪初欧洲人对中国兴趣的增长，不仅与中国有关，而且与欧洲有关。而18世纪末，欧洲对中国兴趣的衰落和对中国认识的转变，原因也关乎欧洲和中国双方，欧洲近代科学的发展和中国对待近代科学的态度，应该是其中一个不能忽视的

---

① 庞贝古城（拉丁文 panpeii）原是古罗马时代兴建的一座美丽的小城，靠近维苏威火山。公元前79年8月24日，维苏威火山突然爆发，倾斜而下的岩浆将庞贝城吞没、封存。古城被发现后，经过200多年的挖掘，得以重建天日。
② 利奇温：《十八世纪中国与欧洲文化的接触》，第131页。
③ 利奇温：《十八世纪中国与欧洲文化的接触》，第129页。

因素。

18世纪中叶，在欧洲大陆，由哥白尼、开普勒、伽利略和牛顿开启的人类历史上的第一次科学革命，这时已经到了收工的阶段。[①] 虽然科学的太阳最早在东方升起，古代巴比伦人、印度人、埃及人、阿拉伯人，还有中国人在天文、数学、生理、医学、物理、化学、哲学等方面的成就滋养了西方，启发了西方，但是真正现代意义上的科学突破和现代科学精神则产生于17－18世纪的欧洲。科学革命的最根本意义在于，它带来了人类思维范式和认识体系的变化，是人们认识客观世界的质与量的飞跃。18世纪，科学之风在欧洲大陆吹拂。法国数学家拉格朗日创立了变分学和微分方程式，把力学的全部理论公式化；法国数学家、天文学家拉普拉斯的"星云假说"奠定了天体力学和天体演化学的基础，取消了上帝在牛顿学说中的位置——把牛顿的学说向前推进重要的一步。被称作"现代化学之父"的法国化学家拉瓦锡1777年发表《燃烧概论》，提出"燃烧即氧化"和质量守恒定律。法国的笛卡尔、英国的洛克、法国的孔狄亚克和爱尔维修创立了现代心理学。所有这些在科学革命引导下的学科革命，极大地丰富了人类的自然科学知识，使科学思维深入人心。

明清时期，欧洲遭遇中国文化的强烈冲击，孔子被当做苏格拉底一样的先哲受到尊崇，欧洲思想界经受中国文化的洗礼，中国元素在欧洲经过发酵、融合、变异最后导致革命性变革的时候，

[①] 一般认为，迄今为止人类历史上经历了4次科学革命。第一次是16－17世纪"日心说"和"万有引力"的提出，建立了近代自然科学体系的基础；第二次是19世纪化学、物理学和生物学的重大理论突破：能量守恒与转化定律、细胞学说和生物进化论的提出，形成了物理学、生物学和心理学等实验科学体系；第三次是19世纪末20世纪初，相对论和量子力学的建立使整个自然科学体系，包括自然观和世界观都发生重大变革，科学发展进入现代时期；20世纪系统生物科学、计算机、纳米技术的使用开启了第四次科学革命。

很多近代西方的科学知识也传入中国。利玛窦、汤若望、南怀瑾、艾儒略、金尼阁、南怀仁等传教士留下大量关于天文、数学、地理、物理、生物、医学、哲学等方面的中文译著，其中很多在乾隆时期被收进了《四库全书》。① 钟表、望远镜、天文仪、测量仪等也被传教士们带进中国。面对扑面而来的西风欧雨，明朝末年的徐光启、李之藻等有远见卓识之人，看到了近代自然科学的光亮，发出了改革和发展科学的呼喊。但他们的呼喊如同在黑暗苍穹中掠过的一颗流星，在茫茫大海中泛起的一波涟漪，很快就被黑暗吞噬，被大海淹没了。

那么，清王朝时期中国的士大夫们在做什么呢？清朝大学士杨光先率先说出"宁可使中夏无好历法，不可使中夏有西洋人"的昏话，引发了著名的"杨光先教案"。这一案件，把传播西方历法的活动变成一场不仅仅是针对传教士汤若望本人，而且是针对整个西学的政治迫害。② 即使是发出"天下兴亡，匹夫有责"之呐喊的明末清初思想家顾炎武，晚年也致力于传经考证，言"三代之盛，可以徐还"。20世纪的大学者胡适虽推崇考据，但他也说：清代的一切学问都"只是经学的丫头"，"学者的聪明才力为几部经学笼罩了300年"，"他们尽管辛苦殷勤地做去，却在社会上几乎全不发生影响"。所幸，康熙皇帝喜欢西学，重视近代科学技术，请传教士教授数学、物理，成为中西交流史上的一段佳话。

---

① 传教士在中国出版的关于西方科学译著及其现在藏处的情况，详见朱谦之《中国哲学对欧洲的影响》，上海人民出版社，2006，第109－118页。

② "杨光先教案"是清廷中的守旧势力对传入中国先进科学技术的挑战。事情起于清廷封传教士汤若望为钦天监正，监制历法。康熙三年（1664），皇帝年幼，杨光先上书，说汤若望企图谋反。当年礼部、吏部几十人对正身患重病的73岁的汤若望进行公审，革除汤若望的一切职务，并判处死刑。死刑的判决因地震发生未执行。全国废除"时宪历"，回复"大统历"，西方传教士因此受到沉重打击。及至康熙亲政之后，重新处理此案。南怀瑾继汤若望出任钦天监正，重建北京观象台。

但是，皇帝青睐的东西，并没有在社会层面上传播开。西方传教士进贡的带有现代科学元素的水平仪、望远镜等"宝物"被锁进了皇宫，成为替代古玩的另类摆设。就连康熙皇帝接受法国传教士张诚的建议，亲自下谕组织传教士分赴中国各省遍览山水城郭，采用西学量法，耗时十几年绘制的《皇舆全图》也被尘封在皇宫。① 据说，这份中国第一幅经过大规模实地勘测，用科学方法绘制，被李约瑟称为"亚洲当时所有地图中最好的一份，而且比当时所有欧洲地图更好、更精确"的地图，后来为英国军队攻打中国提供了非常有用的地理方位的参考。

《礼记·乐记》曰："德成而上，艺成而下。"在18世纪的中国，这种"重道轻艺"，重视伦理道德，轻视科学技术的传统价值观仍在延续。与近代早期中国重要科学技术的西传创造了欧洲文艺复兴的重要条件，启蒙时代中国的儒教经学为欧洲的启蒙运动推波助澜不同，16－18世纪欧洲发生的科学革命所产生的科学知识以及成果，即便是通过传教士传进中国，也没有产生近代科学本身应有的对整个社会的冲击力。在中国传统文化的消化能力和接纳范围内，造成欧洲向现代社会转变的近代科学革命、学科成果和科学精神，不仅是"舶来"的，"他者"的，而且是异质的。它们被中国深厚的传统文化，被表面依旧辉煌、实际开始衰落的封建制度所融化消解了。

16－18世纪，中学西被，西学东渐。这是人类历史上难得的一次中西方文化碰撞、冲突、交融的机遇。在一定意义上可以说，正是这次文化的碰撞与合流决定了此后东西方国家历史发展的不同方向。而中国在16－18世纪整个世界迈进现代门槛的当口，没有通过这一次千载难逢的东西方文化的空前交流，吸吮"他者"的精华，实现更新自我、吐故纳新，破茧成蝶，走上现代之路，

---

① 负责此项工作的9名传教士中，7名是法国人。

不能不令人扼腕叹息！

夏尔勒生长在科学发展时代的欧洲，自己又接受过比较好的教育，具备一定的近代科学知识。他观察中国时，对中国的园林房屋、亭台楼榭、文字书写、服装服饰、珠算记事等文明的外在表现赞不绝口，但对以历史悠久、文化昌盛、器物发达而闻名于欧洲的中国社会中普遍存在的愚昧无知和科技缺憾也感到惊诧，他不无遗憾地记录下了这些。

夏尔勒写道："当我在欧洲看到中国的产品时，对他们的工业和科学水平估计很高。但一旦身临其境地和中国人生活在一块，马上发现这种想法只是虚幻。他们的确机智灵巧，特别是很有耐心。但他们这些出众的才能只发挥在一些细枝末节之处，或者小玩意儿上。他们的器械、工具和技能都显得拙劣，他们只能以心灵手巧来弥补工具的不足，一味提高使用工具的技能，而非发明改造工具本身。他们总是因循上一代的工具来设计下一代工具。"①

中国人的房屋"每一间的正面以镶嵌在彩绘玻璃框里的牡蛎壳为窗户，这些牡蛎壳切得极薄，为的是能透一点光；但是白天屋里仍旧昏暗不清，所以窗户只有在冬天的时候才会关上。这是一件极糟糕的事，在中国，玻璃还不是日常生活中的常用品。"②

"人们有时可以在海上看到一团团由水蒸气产生的、化作云彩的迷蒙水汽。我恰好有机会和一个中国人谈到这个现象。他对我说，这没有什么奇怪的。所有的水手都告诉他，这是由于一条大鱼用鼻孔吸气而产生的水涡所致。"

"中国人是这样解释大海的涨潮落潮的。这是一条大鱼所致。它在水下有一个按其体型比例而搭建的窝。当它回窝的时候，大

---

① Marie–Sybille de Vienne, *La Chine au Déclin des Lumières*, p. 171.
② Marie–Sybille de Vienne, *La Chine au Déclin des Lumières*, p. 367. 中国比欧洲更早知道玻璃的制造方法，在伏尔泰的《风俗论》中已有记载。

海就会水满而溢;当它出来的时候,海水就会流进窝里,造成水面下降。"①

"阅读耶稣会士们的著作,知道中国人早在欧洲人到来之前就已经知晓近视眼镜和望远镜的制作了。但是,当你再到中国去实地观察,用上述的仪器进行观测,就会看到所有中国人和欧洲人互不往来,当看到你用望远镜瞄准他们的时候,他们就吓得逃跑了。"②

"中国人不会使用天文仪器,更不会制造它们。我知道,中国人有很多收自欧洲人的礼物,都十分宝贝地锁在深宫大院里。因里面潮湿而遍生铁锈,那些天文仪器也被毁坏得不能再用。"③

夏尔勒向德国传教士德·圣—马丁先生印证北京是否有天文台?得到的回答是"在北京从未听说过有像杜赫德著作的第 3 卷第 340 页上所描绘的那种独特的天象台⋯⋯他们在天文方面的知识,仅限于那些基于习俗、迷信及谬误之上的观念。"④"有一次钦天监的官员们预测了一次根本没有发生的日食。皇帝问'日食为什么没有发生?'——'出于对万岁爷的崇敬,太阳不愿意变暗了'。"⑤

"没有一个中国人在看见日食和月食的时候不会害怕得瑟瑟发抖。这些在我们尚未走出蒙昧时代的一千年之前,就应该会计算日食和月食的人们普遍认为,在日食和月食发生的时候,是一条龙吞噬了太阳和月亮。在这种想法的驱使下,他们会弄出极大的喧闹声。他们敲打着类似于我们小锅的铜锣,他们以为喧闹声会

---

① Marie - Sybille de Vienne, *La Chine au Déclin des Lumières*, p. 309.
② Marie - Sybille de Vienne, *La Chine au Déclin des Lumières*, p. 316.
③ Marie - Sybille de Vienne, *La Chine au Déclin des Lumières*, p. 183.
④ Marie - Sybille de Vienne, *La Chine au Déclin des Lumières*, p. 231.
⑤ Marie - Sybille de Vienne, *La Chine au Déclin des Lumières*, p. 232.

把龙吓跑。"人们相信，"日食是针对皇帝的，而月食是针对皇后的"。①

1789 年 11 月 17 日，"这是一次日全食，尽管天气十分晴朗，但在正午时分却有五分钟的时间晦暗如夜。中国人白白制造出喧闹声，那只癞蛤蟆还是整个儿地吞噬了太阳。他们对我说，如果太阳在癞蛤蟆肚子里的时间再长些，官大人们就会陷入巨大的恐慌之中"。②

夏尔勒在澳门向一个中国人询问，为什么在日食或月食的时候要弄出大量噪声。"他告诉我，这是为了讨好一个我所不知道的神，让他使月亮不再遮蔽太阳。在皇帝那里也举行相同的仪式，而且更加虔诚，因为他认为那是自己所犯的罪孽的缘故，才会导致出现月食或者日食这样灾难性的天象。他又对我补充说，太阳和月亮在它们的反向运动中有时相遇，就会产生我们所见到的日食或月食。根据他的推理，中国人有时恳求太阳不要遮蔽月亮，有时又恳求月亮不要遮蔽太阳。"夏尔勒补充说："这个中国人出生在澳门，在很多方面接受过欧洲教育，有些西学基础，连他都会有这样的想法，更何况我曾咨询过的其他中国人了。"③

其实，夏尔勒也知道，"中国人在公元 2000 年前就已经能计算日食和月食了"。④ "中国人是有天文学的。'Tchunhio'是他们最优秀的天文学家。他计算出了日食，确定发生在太阳黄道与宝瓶座（L'Aquarius）的运行轨迹重合的那年的阴历初一。另一位天文学家称为尧'Yao'，他很早就确定了一年有 365 天，中国人将此称为期（Ky）。德金（M. de Guignes）先生曾把一本中国的天

---

① Marie‐Sybille de Vienne, *La Chine au Déclin des Lumières*, p. 308.
② Marie‐Sybille de Vienne, *La Chine au Déclin des Lumières*, p. 263.
③ Marie‐Sybille de Vienne, *La Chine au Déclin des Lumières*, p. 135.
④ Marie‐Sybille de Vienne, *La Chine au Déclin des Lumières*, p. 136.

文学著作翻译成法语，我尚未读到。"①

那么，为什么中国早已有之的接近科学的天文观念，没能够补正民间普遍存在的愚昧无知，连朝廷也不例外？为什么中国古代令人骄傲的发明——火药、指南针和印刷术，在中国和西方发生不同的效应？在西方，它们被马克思称为"预告资产阶级社会到来的三大发明"。"火药把骑士阶层炸得粉碎，指南针打开世界市场并建立殖民地，而印刷术变成新教的工具。总的来说，变成科学复兴的手段，变成对精神发展创造巨大前提的最强大的杠杆。"②而在中国，火药一直被用来做爆竹，印刷术也没有引导类似欧洲新教这样的文化变革。罗盘主要用来看风水。虽然明朝时凭借当时世界上最先进的航海技术，有了郑和七次下西洋这样世界航海史上空前的壮举，但还是在传统的宣扬国威、增进中国与邻近国家的贡赐贸易中徘徊。最终，航海因国力衰退而终止，郑和死后中国商船几乎在印度洋上绝迹。中国没有就此加入到正在形成中的世界市场，中国经济也没有从中获得新的刺激和新的意义。

16-18世纪东西方之间的文化双向交流，是在中国和欧洲两个空间同时展开的。无论是中学西被，还是西学东渐，主要凭借着相同的文化传播媒介——来华传教士。中国文化经西方传教士之手传到欧洲，不仅出现横扫欧洲的"中国热"，而且中国哲学成为反对宗教神学的思想武器，为欧洲的思想变革——启蒙运动推波助澜；而传教士将西方科学和文化引入中国，却没有引起中国传统文化的变革。几乎处于同等发展水平的中国文化和欧洲文化同时在不同空间相撞，却产生完全迥异的结局，个中的缘由何在？

---

① Marie-Sybille de Vienne, *La Chine au Déclin des Lumières*, p. 236. 引文中中国人的名字，可能是发音的误传。
② 马克思：《经济学手稿》，《马克思恩格斯全集》第47卷，人民出版社，1961，第427页。

有资料表明，从公元 6 世纪到 17 世纪初，在世界重大科技成果中，中国所占的比例一直在 54% 以上，而到了 19 世纪，剧降为只占 0.4%。中国与西方为什么会在科学技术上一个大落，一个大起，拉开如此之大的距离？而距离拉开的时间，恰恰是在 16 – 18 世纪。

英国生物学家李约瑟在 20 世纪中期出版了其长达 15 卷的《中国科技史》一书。书中以大量的史料证明："中国在公元前 3 世纪到 13 世纪之间保持一个西方所望尘莫及的科学知识水平"，中国的科学发明和发现"往往远远超过同时代的欧洲，特别是 15 世纪之前更是如此"。李约瑟进而提出了令世人穷经皓首也难以给出完整解答的著名的"李约瑟难题"——"如果我的中国朋友们在智力上跟我们一样，那为什么像伽利略、托里切利、斯蒂文、牛顿这样的伟大人物都是欧洲人，而不是中国人或印度人呢？为什么近代科学和科学革命只能产生在欧洲呢？……为什么直到中世纪中国还比欧洲先进，后来却让欧洲人着了先鞭呢？怎么会产生这样的转变呢？"这一问题的关键点是：为什么近现代科技与工业文明没有产生在当时世界科技与经济最为发达繁荣的中国？而欧洲人，为什么能在经历了一千年的中世纪，希腊、罗马的典籍和精神都被毁灭之后，从阿拉伯人保存的希腊罗马典籍中恢复了希腊罗马文化，又消化吸收中国文明中的科技、制度、文化的精华，实现自我更新，从而点燃近现代文明的光亮？其实，伏尔泰当年也发出这样的诘问，为什么"中国的科学有这么悠久，而中国人停滞在我们欧洲十、十一、十二世纪的水平"？

"李约瑟难题"犹如世界历史中的一道"高次方难题"，引起世人关注。至今学界已相继出现林林总总、见仁见智的答案。李约瑟自己给出的答案有这么几点：1. 中国不具备易于科学生长的自然观念；2. 中国人太讲究实用，很多发现停留在经验的层面上；3. 中国的科举制度引导人们"学而优则仕"，读书人的聪明才智都被禁锢在死读经书和追求功名上面,扼杀了人们对自然规律探索的兴趣;4. 中国的儒学传统只重道德,不注重数学、经济和管理。这些解释不无道理,可是,为什么中国的儒学到了欧洲就变成一种撬动变革的思想力量?

只有走进中国和欧洲两个大陆的历史深处,通过不同文明发展的历史比较,才能寻找到更为深入的解答。

六 "差序包容"与"主权平等"

18世纪下半叶,欧洲蓄势待发走向世界,中国依旧站在原地。

刚走出欧洲的欧洲人,靠欺骗性贸易和武力征服在美洲和非洲大陆进行资源、人力和土地的强盗式掠夺和殖民扩张。于16世纪出现,17-18世纪达到顶峰的大西洋奴隶贸易就是这段罪恶历史的最血腥的一页。① 世界各地的财富源源不断地流向欧洲,欧洲完成了资本原始积累。18世纪60年代以后,工业革命展开。1776年,英国经济学家亚当·斯密出版了《国富论》一书,该书适应新的经济形势,反对国家干预的重商主义,提出了自由主义的经济理论。欧洲的自由主义经济的生长,极大地推动了欧洲的经济力量向全球的扩展。与欧洲与世界贸易联系加强相伴随的,是欧洲向全世界的经济与政治的强力扩张。整个世界的力量天平和权力关系随着欧洲的扩张而发生变化,一个不同于以往的世界权力

---

① 法国是进行奴隶贸易的首要国家之一。在18世纪理性主义时代,奴隶贸易和奴隶制度受到质疑。从大革命的1790年开始,法国几次废除奴隶贸易,1848年颁布最后的法案。1861年美国内战爆发,法国的奴隶贸易最后终止。2001年5月10日,法国政府通过法案,承认"贩卖奴隶是反人类罪"。2005年1月,法国总统希拉克宣布,将每年的5月10日定为"奴隶解放日",让民众铭记这段血腥罪恶的历史。

和权威关系体系——欧洲统领世界的殖民体系正在氤氲形成之中。

这时的中国，还不知有环宇世界，依旧骄傲地端坐在早已有之的以中华帝国为核心，囊括东亚、东南亚和中亚地区的朝贡体系之顶端。这个以中国为核心的等级制网状政治经济体系，起源于中国古代商周时期的"普天之下，莫非王土，率土之滨，莫非王臣"的共主思想。在漫长的历史发展进程中，随着统一的中华帝国版图和中国影响的扩大而不断加强，在明朝达到顶峰。明太祖朱元璋明确规定安南、高丽、暹罗、琉球、苏门答腊、爪哇等西洋、南洋之国为"不征之国"，实际上是确定中国的实际控制范围；同时确定了"厚往薄来"，即在双方交往中，中国的施与丰厚而纳受却微薄的朝贡原则，最终形成了独特的东方世界的国际关系体系。

在这个东方的政治经济体系中，各朝贡国承认中国的中心地位，而各朝贡国是朝贡的外藩。朝贡藩定期或不定期地向中国的中原政权纳贡，进行礼节性的拜访，缴纳土特产，而中国朝廷则回以厚礼赏赐。明朝郑和下西洋时期朝贡体系达到顶峰，在明朝陆海军的"威逼"和"厚往薄来"政策的引诱下，向明朝政府朝贡的国家和地区曾经达到65个，囊括东亚、东南亚和中亚，远及印度洋岛屿及东非。同时，日本对琉球、朝鲜，朝鲜对女真，越南对占婆、南掌也提出了纳贡要求，形成次级朝贡中心。后来，一些国家对中国的朝贡活动逐渐演变成贸易往来。明朝后期海禁政策出台以后，朝贡几乎成为这些国家同中国进行贸易往来的唯一途径。1644年建立的清王朝继承了明朝的朝贡政策，朝贡体系延续。本质上说，这是一个"差序包容"的国际体系。

在欧洲，1648年，统治西班牙、神圣罗马帝国和奥地利的哈布斯堡王室和法国、瑞典以及神圣罗马帝国内的勃兰登堡、萨克森、巴伐利亚等诸侯国签订了《威斯特伐利亚和约》。和约结束了30年战争，暂时划定欧洲国家的版图，从而构成欧洲国家之间的国际关系的条约体系。这是当时世界上与东方的朝贡体系并存的一种国际关系体系。威斯特伐利亚体系更深远的意义在于，它结束了欧洲中世纪为某种神圣原则而发生的战争，确定了以"国家主权"和"主权平等"为基础的近代国家关系准则，对近代国际法规的形成有重要作用。以后虽然欧洲依旧战争频仍，国际关系风云变幻，但"不管各国从战争中捞到多少好处，在表面上它们都信誓旦旦地忠于主权和平等的原则"。

18世纪，随着欧洲国家向东方的扩张，上述三个国家体系——正在形成中的殖民体系、来自欧洲的条约体系和东方以中国为中心的朝贡体系之间的冲突碰撞不可避免。首先是17-18世纪俄国向远东的扩张，与中国发生多次冲突碰撞，双方认识到彼此的实力，最后按照欧洲的惯例，于1689年签订了《尼布楚条约》，确定了双方的平等地位。与此同时，欧洲势力在东亚和东南亚与东方国家的直接接触，逐渐蚕食了中国周边的小国家，使得对中国朝贡的国家减少，到清朝中期，只剩下7个朝贡国，它们是朝鲜、越南、南掌、缅甸、苏禄、暹罗、琉球。欧洲力量对以中国为核心的朝贡体系的直接撞击，是1793年英国特使马噶尔尼来华。马噶尔尼使团为了实现英国的利益，按照欧洲的条约原则惯例，要求中英双方互派使节，签订通商条约，被乾隆皇帝以"不可更张定制"为由而拒绝。这次震惊中、欧的事件，本质上是拓展中的欧洲力量与中国国力的较量，更是正在形成中的殖民体系的碰撞，它还是已经出现的欧洲国际关系原则、正在形成的弱肉强食殖民主义理念和以中国为核心的东方朝贡体系规矩的直接碰撞。此后，冲撞摩擦不断升级，集中体现在英国对中国的鸦片贸易和中国对鸦片贸易的禁令上。19世纪上半叶，英国的工业革命初见成效，英国用坚船利炮轰开中国的国门，用极不平等的条约来推行其"平等"外交的要求。第一次鸦片战争后，1842年中国被迫与英国签订《南京条约》，以条约的形式规定中国和外国平等往来，朝贡体系解体，以中国为中心的东方世界秩序被破坏。

英国著名外交家和外交学家尼克尔森（Harold Nicolson）的研究表明，直到马噶尔尼来华后的1796年，英国思想家埃德蒙·伯克（Edmund Burke）才在他的书中第一次使用"外交"（diplomacy）这个词汇，用来表达"管理或处理国际关系"事宜的人。① 这一方面表明，正是从这时起，国家间的外交往来越来越频繁，成为一种常态，一种常务事物；另一方面说明，以主权平等为核心的近代外交处于一个刚刚起步的发展阶段。实际上，"主权平等"的外交原则和自由贸易的经济政策一样，都是伴随欧洲对世界的经济和政治的扩展而来的。它们的出现和发展，必然构成对既有国际秩序和原则的冲击。理论上，"主权平等"的外交理念更具现代意义，② 是对东方古老的"差序包容"秩序和理念的挑战。③ 但是，在具体的历史实践中，在"主权平等"和"经济自由"主张的后面，隐藏着欧洲意欲夺取未来世界的目标。19世纪的历史证明，从这些"平等""自由"的原则中，不仅生长出欧洲对整个世界的物质的、政治的和文化的霸权意识——帝国主义的意识形态，

---

① 引自何伟亚《怀柔远人：马噶尔尼使华的中英礼仪冲突》，译序，第25页。

② 实际上，《威斯特伐利亚条约》时的"主权平等"观念，虽然含有各主权国家平等、任何外部权威不可干预的意义，但主要强调的是荷兰思想家格劳秀斯的"国家主权至上"的观念，即国家主权的最高性和独立性。随后发生的欧洲对非欧洲世界的武力征服，签订各种极不平等的条约，从其他国家获取极大的特权和利益，已经将传统主权理论中的平等性抛弃，国际社会变成一个可以由几个大国对弱小国家任意生杀予夺的极不平等的等级社会。20世纪，从两次世界大战的血雨腥风中，人们发现平等的缺失使得国家主权的最高性和独立性也没有保证，平等是国际关系正常发展的基础，是维护国际和平的基石。因而，《联合国宪章》将主权平等作为国际关系的首要原则。但在现实国际政治中，强权政治依然存在。真正实现主权平等还需要一定的历史过程。

③ "差序包容"的概念是美国学者何伟亚提出的。其含义指是古代以来以中国为核心，包含日本、朝鲜、越南等次级纳贡中心的朝贡体系，是一种"差序包容"的国际关系秩序和理念。详见何伟亚《怀柔远人：马噶尔尼使华的中英礼仪冲突》。

而且引出了欧洲对其他民族国家蛮横不讲理的武力征服。

夏尔勒就是在这主导世界的力量和交往原则正在发生变化，欧洲与亚洲不同国际体系即将碰撞冲突，世界趋势即将出现大转折的当口来到中国对外贸易的集结地——澳门和广州的。让我们看看他是怎么感受中国这个"中央之国"因朝贡体系所引发的唯我独大的交往态度，以及这种唯我独大意识与"主权平等"观念之间的龃龉。

第一次来中国，从澳门进入广州，船只在粤海关停留很长时间等待检查，夏尔勒趁此机会带着很大惊喜这样记录下这个港口："黄埔锚地停泊着50多艘世界上最漂亮的商船，船上挂着欧洲各国的国旗，珠江的另一头是树木繁茂、经过耕种的美丽山丘，珠江支流众多，众多小帆船和小划船繁星点点地散布在通往内陆的航道上。"①

"越临近广州城，船只的数量越多。不多时，河里的船只把珠江堵得水泄不通。尽管珠江的水面极为宽阔，我们的船只却几乎难以前行。四周比邻的船在构造、装饰、航行，甚至功能上都千姿百态，不尽相同，构成了珠江上一座浮动的城市。"②

"我们的船在一大群远洋船只中穿行，它们是一些去巴达维亚（Batavia）、马尼拉（Manille）、勃固（Pegu）、暹罗（Siam）、交趾支那（Cochinchine）、东京（Tonkin）甚至远至苏门答腊岛（Sumantra）北端的亚齐（Achen）的中国船只。与别国的船只不同，中国的大船即使装载500个大木桶，负重一万公担后，仍旧吃水很浅。"③

"我们经过一个设在河心岛的关隘，那里距欧洲各国的商馆不

---

① Marie‑Sybille de Vienne, *La Chine au Déclin des Lumières*, p. 154.
② Marie‑Sybille de Vienne, *La Chine au Déclin des Lumières*, p. 154.
③ Marie‑Sybille de Vienne, *La Chine au Déclin des Lumières*, p. 155.

远，我们已经能够看到竖立在各国商馆门口100英尺高的旗杆上飘扬的各国国旗了。我很惊诧在车水马龙的码头边居然建造有如此华丽的房子。首先映入眼帘的荷兰人的商馆：它有一个精致的回廊，四周以柱廊支撑，长长的一直蜿蜒到水边。最精美的要数英国商馆：它的回廊气势最为恢弘，而且极有品位。接下来是瑞典、法国和丹麦的商馆。我们在法国商馆前上了岸。"①

珠江上前所未见的拥挤繁忙，来自欧洲的商船和去往南洋各国的船只，还有欧洲商馆建筑的精致华丽，都让夏尔勒感到这里的商贸联系已经延伸很远，成为东西方贸易、中国与南洋贸易的中心。这给他留下了深刻的印象。直到最终离开广州之前，夏尔勒还这样描述广州："所有来广州的人一定会对其人声鼎沸的盛况留下深刻的印象，不仅在于偌大的城池，而且在于纵横交错的街巷。越临近黄埔抛锚地，就越呈现出一派跃动的勃勃生机。与欧洲人的贸易往来，构成了这个连接广州与周围地区船只停泊处的主要业务。这里的人大部分以此为生。几乎没有什么景致能像这里的景致那样绚丽怡人了：珠江两岸的田地精耕细作，绵延的山峦与珠江左岸相连，山上植被繁茂，郁郁葱葱，层层叠翠的梯田一直通到山顶，五六十艘壮丽威武、悬挂着各国国旗的欧洲商船，静静地停泊在开阔平静的珠江水面上。"②

初来广州，夏尔勒和商船其他船员们还得到了主管粤海关的户部大人的款待。"我们有幸被邀请到户部大人处用午餐，户部大人认为我们是强国，和其他国家没有政治关系。他认为我们来这里是为了建立商馆，建立贸易关系，以后每年都会派船过来。户部大人没有回答我们的问题，只是嘱咐我们要和平相处，如数缴

---

① Marie – Sybille de Vienne, *La Chine au Déclin des Lumières*, p. 155.
② Marie – Sybille de Vienne, *La Chine au Déclin des Lumières*, p. 349.

第一篇
"东方主义"遭遇"西方主义"

纳关税。"① 他们一起吃饭，还喝了桑赛尔的白葡萄酒，这让初到异地他乡的夏尔勒感觉到几分温暖。但是，接下来夏尔勒要面对的，是与东方贸易中心位置极不相称中国对外商的严格管理和对欧洲人的不平等态度。

欧洲商人在广州的活动范围仅限于江边的那片居住地——一个长三百米，宽十多米的狭窄地域，一到天黑栅栏门就关闭，欧洲人被禁锢在里面，不能随便出入，外商们只能隔着一湾浅浅的珠江水域眺望对面的广州。其寂寞无助可以想象。另外，欧洲人每次外出，都要有中国官府的特批。一切商务活动也要由他们的商行代办，连日常生活所需也不能自行打理。"欧洲人没有自己采购所需食物的自由，不得不让一个唯一有权向他们提供商品和定价食品的中国人代为采购，事后再和他结账。""人们确切地告诉我，为我们这样一艘要在这里停靠 4–5 个月的大船供应食物，买办可以从中获取不菲的收入。"② 此外，没有官方的出入许可，他们不能自由出入广州城。这让他们很是恼火。一次，夏尔勒在居住区的附近漫步，离开法国商馆很远了，"我想沿着一个方向继续往前走，被一个中国兵勇拦住，不让我继续前行。这让我明白，我已经到了清政府划定的欧洲人活动区域的尽头了。我觉得把我们封闭在一个仅 1/8 古里的狭小空间太不人道了。这种自由的缺乏必定导致现实的痛苦。我非常想家"。③

"中国政府采取一切必要措施尽可能减少欧洲人和中国人搅合到一起的可能，欧洲人在华不得获得地产。中国官府也褫夺了他们出入内城的自由，他们甚至不得在商船和广州城之间自由往来，为此要履行繁杂的手续；他们同样也不能方便地离开自己的居住

---

① Marie–Sybille de Vienne, *La Chine au Déclin des Lumières*, p. 151.
② Marie–Sybille de Vienne, *La Chine au Déclin des Lumières*, p. 142.
③ Marie–Sybille de Vienne, *La Chine au Déclin des Lumières*, p. 158.

区。中国政府禁止中国人与欧洲人居住在同一社区……中国官府禁止任何中国人教授欧洲人汉语,防止他们精通中国的语言。欧洲人被褫夺了与任何妇女交往的权利,甚至包括妓女在内。如果一个欧洲人穿了中国人的服装,立刻会引起官大人的惴惴不安,甚至还会招致抗议。"①

如果说上述的限制和管制,在一定意义上是出于对西方人的防范意识的话,那么商业往来中不平等的做法则来源于唯我独尊、唯我独大的虚妄意识。夏尔勒记载了这样两件事:

"法国的贸易负责人布尔格涅先生(M. Bourgogne)同一个中国行商签订了一份合同。后者违背了其中的一些条款,布尔格涅先生愤怒地对他说:'如果您违背了您的所有承诺,我认为我的相应承诺也就解除了。'但那位行商却回答说:'我根本不这样认为,我是中国人,我可以食言,但你是夷人,我想你必须信守承诺。'"②

"户部大人的亲信阿莱(Alaa)③ 完全搅乱了瑞典人发送货物。瑞典方面的负责人彬彬有礼地恳请他不要因无用而又严格的检查延迟他们的发送货物。但那个无耻的人坐在那里,略微抬头看了他一眼,嘴角带着轻蔑的微笑,然后在他脚边吐了一口痰,继续他的审查。"④

在一次宴会上,夏尔勒身旁的丹麦人抱怨道:"中国人常说'我们掌控着欧洲人,我们让他们干吗,他们就得干吗。'他们这种做法使得我们没有一丁点儿自由,我们必须持续地保持谨慎小心,辛苦劳顿。"⑤

---

① Marie-Sybille de Vienne, *La Chine au Déclin des Lumières*, p. 381.
② Marie-Sybille de Vienne, *La Chine au Déclin des Lumières*, p. 312.
③ 第三节"礼仪规矩与社会次序"中曾提及这个户部大人的仆从。
④ Marie-Sybille de Vienne, *La Chine au Déclin des Lumières*, pp. 199-200.
⑤ Marie-Sybille de Vienne, *La Chine au Déclin des Lumières*, pp. 252-253.

"对于来到中国的欧洲人来说，没有什么比在这里举步维艰的困境让人印象更深刻了。官大人对我们严密监视，我们经常遭受怀疑和蔑视。他们发放用来通行签准的劄的时候，拖沓冗延，迫使我们时时刻刻为一些最平常最必需的事情而乞求他们，这让我们失去耐心，怒火中烧，为了压制我们的抗议，他们就越发表现出冷若冰霜，横眉冷对。"①

18 世纪，中国与欧洲的贸易处于出超的状态，输出多，输入少。欧洲大量需要中国的茶叶、丝绸、手工业品，却拿不出像样的能够吸引中国人的商品，中国对欧洲商品的需求不多。为了购买中国的商品，欧洲从美洲攫取的白银大量流入中国。对于这种贸易形势，夏尔勒是有认识的。他估计，"欧洲人的贸易以每年六百万英镑的速度增长"。夏尔勒还看到，"银币在这个国家中属平常之物，而在任何其他国家却是如此稀罕"。那么，欧洲人带来的大量现金被用到哪里去了呢？夏尔勒写道："这正是我们所没能发现的奥妙：这些现金唯一为人所知的出路，是用于皇帝为了羁縻少数民族而赐的岁赏金。"② 可见，当时中欧贸易中大量流入的白银——这一在欧洲促成了变革的东西，在中国没有像在欧洲那样引起经济形势的变革，加速资本原始积累，最终造成生产方式的变革，而是被封建肌体消耗掉了——部分用来供皇室花费，粤海关关税收入的 1/4 直接缴内务府，还有相当大的一部分被用来做皇帝给周边纳贡国家的"岁赏"，支撑古老的东方国家关系体系——朝贡体系。近代早期中欧之间贸易的经济能量就这样被皇室、被朝贡体系消释了。

18 世纪中欧贸易间中国出超的状态，还使得当时的中国人

---

① Marie‑Sybille de Vienne, *La Chine au Déclin des Lumières*, p. 350.

② Marie‑Sybille de Vienne, *La Chine au Déclin des Lumières*, p. 258.

很容易认为中国在与欧洲的贸易中处于主导地位，认为中国与欧洲的贸易就像中国与周边国家的贸易一样，中国是无可非议的老大，是主导，是核心。因而，夏尔勒看到"中国人得意地认为欧洲人是急于来向他们送钱的……"① 中国人老子天下第一的感觉必然在态度、行为、言语中表现出来。第一次来广州时，夏尔勒就感觉到"欧洲人简直就是中国人的奴役……"② 在出超贸易中，中国是中心，外国人都有求于中国，是当时中国人的普遍心理。而我们所熟知的，为了改变这种状况，欧洲人主要是英国人引进印度鸦片，用鸦片来改变中国与欧洲的贸易关系，重构新的经济情势，造成中国白银大量外流的事，主要发生在19世纪前叶，鸦片战争前夕。

1789年10月14日，夏尔勒得到两广总督的通知，准备和其他在广州的欧洲商贸代表一起，去北京参加次年5月举行的乾隆皇帝的八十大寿庆典。夏尔勒乐不可支，为此行做积极准备。进北京见皇帝对他来讲实在是一次难得的观察中国的机会，令他高兴的还有，从此以后他再也不必为别人说他"只是待在广州和澳门"的欧洲人而烦恼了。他热切地期盼着这个皇室成员和达官显贵都参加的盛典，想象着"到了盛典的那天，我们会被介绍给皇帝，我们的手上拿满了所能献上的最精美礼物"。虽然来不及在欧洲再采购些什么，但"我们有两件极为精美的镶金呢料和四条珍贵的挂毯，尽管这些礼物对一位伟大的君主而言是微薄的。当然，皇帝也会给我们以丰厚的惠赠，这次去北京的盘缠就由他出"。夏尔勒甚至希望能找到一位翻译，有勇气愿意代他"向皇帝控诉那些官大人在贸易中对我们

---

① Marie-Sybille de Vienne, *La Chine au Déclin des Lumières*, p. 253.
② Marie-Sybille de Vienne, *La Chine au Déclin des Lumières*, p. 126.

第一篇　"东方主义"遭遇"西方主义"

的欺压"。①

遗憾的是，这次进京的计划最终没有实现，否则夏尔勒对中国的认识会更加丰满充实。但从夏尔勒对这次进京的憧憬中，我们至少可以看到，在他的观念中，欧洲的商务代表去北京觐见中国皇帝，类似于朝贡体系中的礼尚往来：来者带着丰厚的礼物去北京为中国皇帝祝寿，皇帝也有丰厚的礼物回赠给来者。这一点不像是施君主和臣民之礼，而是不同地区人们之间你来我往的友好关系，其中蕴涵着平等交往的意味。

夏尔勒的这种观念，更直接具体地反映在他对马噶尔尼来华使团的看法上。

18世纪90年代，正在展开工业革命的英国力图通过官方谈判缔结条约的方式，改变中国单口通商制度，打开中国市场，扩大对华贸易，垄断欧洲的对华贸易。1792年9月26日，英王特使马噶尔尼率团以为乾隆祝寿的名义由朴次茅斯港出发来华访问，其真实目的是"取得以往各国未能用武力或计谋获取的商务利益与外交权利"。1793年9月14日，乾隆在热河接见了马噶尔尼，接见前发生了一场让世人和后人都议论纷纷、感慨万千的礼仪之争：清政府要求马噶尔尼使团行三跪九叩大礼，而马噶尔尼则要求用觐见英王的礼仪，行单腿下跪吻手礼。双方僵持不下，最后以使团行单腿下跪礼收场。使团提出的派使臣常驻北京，取消官行制度，开放宁波、舟山群岛、天津为贸易口岸等要求，被乾隆皇帝以"天朝物产丰盈，无所不有，原不藉外夷货物以通有无"为由，一口拒绝，中国与英国，或者说是中国与欧洲，东方与西方世界的第一次撞击就这样无果而终。它深远的影响不仅在后来的中英双方历史中日益凸显，甚至时至今日还是学者们经久不衰的研究

---

① Marie‐Sybille de Vienne, *La Chine au Déclin des Lumières*, p. 254.

课题。①

马噶尔尼来华的时候，夏尔勒正打算结束第三次来华之旅回到欧洲。在广州、澳门经商11年的经历，使他对中国的官行制度有了切身体验，对中国的社会和制度有了比较深入的了解，对中欧之间的贸易也有了相对成熟的想法。1792年11月，使团的军舰驶离朴次茅斯港不久，尚在途中，他听到马噶尔尼使团即将来华访问的消息，写下了下面的文字。现在读这些文字，不由得不为他深刻的预见而感叹。

> 由于中国大量出口的商品是手工业品，所以英国人的对华贸易日显重要。对英国人而言，建立一种固定的贸易方式可以使他们获利丰厚。在目前的状况下，中英贸易没有定则，没有固定的关税税率；欧洲人被百般欺压和劫掠，甚至对人力无法预料的事故也要负责任，他们受可怕的垄断权（指官行贸易——引者）之奴役，永远是其受害者；所进的商品质量逐年下降，价格却逐年提高。中国商人沆瀣一气，中国官府迫使我们与他们交易，这些都扰乱、破坏了欧洲人的对华贸易。②

这里夏尔勒陈述了中国的对外贸易中官行垄断制度的种种弊端影响了中欧之间的贸易，英国使团希望建立一种固定的贸易方式，以便在对华贸易中获取丰厚利益。

> 由此，我们推定一位携带重礼的使臣，要求中国人签订

---

① 关于马噶尔尼来华事件的研究主要有三种解释：一是以马噶尔尼为代表的当事人的解释，侧重过程、细节和具体原因；二是现代主义框架、帝国主义模式的解释，代表人是蒋廷黻、费正清、朱雍、胡绳等；三是以美国学者何亚伟、法国学者佩菲雷特为代表的后现代主义的解释，强调帝国冲突和文化意义。

② Marie-Sybille de Vienne, *La Chine au Déclin des Lumières*, p. 270.

第一篇
"东方主义"遭遇"西方主义"

一个针对两国的贸易平等条约。但使这一计划付诸实施的办法很难预见,这一完美计划的成功遥遥无期。中国人的专制官府拒斥一切革新。对旧习陈规的盲目沿袭,是专制主义的唯一平衡力量。它厌恶一切有关建立一种新秩序的建议,但不会强烈的公开抵制,它同意你提出的一切,却什么也不会答应。①

他接着写道:"中国人绝不能理解为什么外国君主的使臣不愿意向他们下跪,他们对其权利和责任毫无概念。他们越是强求来者顺从他们,卑躬屈膝地行礼,使臣们就越是抵制,根本不愿意那么做;因此,很难评判使团此行的结果如何;我们这些特别的局外人,只能看见其中隐藏的困厄与危机。听说英国人要求建立一个新机构,我却不这样认为;在应该了结的时候开始,将会寸步难行。"②

夏尔勒在这里提出了权利和责任的概念。他认为中国人对权利和责任概念的范围一无所知,因为它们显然是超出国家之外,也超出中国与其他国家交往的经验之外的国家间交往的规范,与国家"主权平等"的原则相关。他从正在形成中的近代社会的权利和责任的概念出发,解释为什么外国人不愿意卑躬屈膝,看到了"礼仪之争"的实质。

夏尔勒上述评论中最精彩的一段是,他认为英国使团建立平等的贸易条约的预期很难实现。因为中国的专制政府排斥一切改变,对于建立新秩序更加厌恶。沿袭陈规旧习是专制主义保持统治的平衡力量。特别值得注意的是,夏尔勒把签订"平等的贸易条约"与建立"新秩序"相提并论,这便涉及欧洲已经出现的条约原则与东方早已有之的国家间贸易秩序的矛盾。以"平等的贸易

---

① Marie-Sybille de Vienne, *La Chine au Déclin des Lumières*, pp. 270–271.
② Marie-Sybille de Vienne, *La Chine au Déclin des Lumières*, p. 271.

体系"为基础而建立的"新秩序",将是对现存秩序和规则的否定。

1794年,马噶尔尼回到英国后在日记中写道:"再没有比用欧洲标准衡量中国更荒谬的事情了。"显然,这是截然不同的两个世界的撞击。从本质上说,马噶尔尼来华之旅,是携带着新力量的欧洲叩击古老中国的大门的举措,是以"主权平等"为纲要的欧洲条约体系原则对以"差序包容"为本质的东方朝贡体系的冲击,是欧洲力量和欧洲的原则对"中国中心"世界秩序的破坏。谁能说马噶尔尼访华本身不是欧洲帝国主义对中国经济扩张,及至后来的政治扩张和领土扩张的一个前奏呢?

欧洲殖民主义对东方、对中国的扩张从来都不仅仅是商品和枪炮的征服,它还是一个文化征服的过程。夏尔勒所提到的"平等的贸易条约"和"新秩序",马噶尔尼所要求的"平等通商",还有欧洲人关于自由贸易的信念和"主权平等"的外交话语,"恰恰是欧洲殖民主义扩张的历史产物,并随着欧洲扩张的进程抵达中国"。[①] 这些看起来公平、自由、平等的文化的、政治的、外交的理念,最终被用来证明对中国使用武力的正当性,并导致中国和其他国家之间按照欧洲原则建立对外关系的"新秩序"。缔造这一新秩序的主要工具是条约,而条约通常用促进"和平、友好、通商"的美丽言辞来表达,但实际上,欧洲人是通过赤裸裸的血腥战争来实现的。通过1840年第一次鸦片战争后一系列欧洲人对中国的战争,以及这些战争之后迫使中国政府签订的一系列丧权辱国的法律文件——国家之间的条约,欧洲人解体了"中国为中心"的朝贡体系,建立起欧洲殖民者在东方、在中国的"新秩序"——西方国家在中国几乎得到了他们希望得到的一切。

马噶尔尼利用这次"破冰之旅",在北京、天津、东南沿海做

[①] 何伟亚:《怀柔远人:马噶尔尼使华的中英礼仪冲突》,译序,第25页。

了大量调查，比较深入细致地了解了中国，看到了盛世之下的衰败，浮华背后的贫困。来中国之前马噶尔尼曾经是"中国迷"，非常向往中国，回英国后他写道："清政府好比是一艘破烂不堪的头等战舰，它之所以在过去一百五十年中没有沉没，仅仅是由于一班幸运、能干而警觉的军官们的支撑，而她胜过邻船的地方，只在她的体积和外表。但是，一旦一个没有才干的人在甲板上指挥，那就不会再有纪律和安全了。"1840年，这句话应验了！

鸦片战争之后签订的《南京条约》中所规定的条款，几乎就是当年马噶尔尼谈判时提出的全部利益要求。以前欧洲人对中国的认识被彻底颠覆了，中国人对欧洲的看法也被这场战争改变了。蒋廷黻教授曾经有这样评论："鸦片战争之前，我们不给他们平等待遇，鸦片战争之后，他们不肯给我们平等待遇。一切的一切，几乎都是历史开的玩笑。"

七 "休斯女士"号商船事件

1784年10月，广州发生了一场中国政府和欧洲商人之间的冲突。事情是因英国商船误伤中国船员而起，随后引起当时在广州的全部欧洲商人和中国政府的对峙，几乎演变成双方兵戎相见的武力对抗。这件事被称作"休斯女士"号商船事件（L'affaire Du Lady Hughes）。此事经中国广东巡抚孙士毅上报北京朝廷，甚至惊动了乾隆皇帝。乾隆帝亲自过问了此事。[①] 当时正值严查传教士传教的风口，中国政府从严处理了此事。正在广州的夏尔勒目睹了事件的全过程，不仅当时做了记录，后来还精心整理，做成一个

---

① 见中国第一历史档案馆、澳门基金会、暨南大学古籍研究所《明清时期澳门问题档案文献汇编》第1卷，人民出版社，1999。

"休斯女士"号商船事件报告书。报告书以"一次恼人的事故""欧洲人的激烈反应""战斗准备"和"秘密处决"为小标题,叙述了事件的全过程。

事情发生的 18 世纪 80 年代,欧洲扩张的脚步随着贸易商船抵达澳门和广州,止步于中国的东南门口。中国、东方和整个世界还没有被完全整合进欧洲的世界体系,国际社会还没有按照欧洲的标准构建起来。以现代的眼光来看,这次事件不仅是当事人的冲突,还包含了东西方之间观念上的差距和彼此的成见,还有国际社会尚未成熟时缺少是非曲直规矩的尴尬。以下就是夏尔勒的报告书摘录,[①] 后面还有负责处理这件事的广东巡抚孙士毅关于此事处理的奏折。相信读者会从双方记载中读出更多的历史味道。

"休斯女士"号商船事件报告书——
关于 1784 年 10 月发生在广州的一次事件的叙述

一次恼人的事故

一艘英国的沿海船(un vaisseau anglais de côte)正待起航,贸易负责人史密斯先生(M. Smith)还留在广州处理一些最后的事宜,船长在他的房间里向几位先生做了告别。人们比以往饯行时喝了更多的酒。当宾客们起身告辞返回广州时,商船鸣炮致意;这时出现了一艘中国船,由于它距英国商船很近,炮手暂停了放炮;船长对这种失礼行为火冒三丈,强令炮手继续点火;结果,那艘中国船上一个离炮口很近的中国人,被大炮给活活震死了。

船长闻此噩耗后,派小艇去广州通知贸易负责人,并要其即刻回船,扬帆起航的一切准备已就绪。60 岁的史密斯先生,是一个单纯而又容易轻信之人,相信自己的运气,因为这已在许多重

---

① 详见 Marie–Sybille de Vienne:*La Chine au Déclin des Lumières*, pp. 239–244。

大危难之际得到了验证,他在多次旅行至人迹罕至和未开化民族之地时,都能幸运地转危为安。他喜欢试试自己的运气。他拒绝躲避危险,转危为安,官行的头头(le chef du Konghang)告诉他,中国人的意外死亡不会激起任何义愤,官大人们很清楚在此类不幸的事件中,没有人该为此承担责任,只要履行某些手续,赔偿死者家属一些钱财就足够了。史密斯先生继续处理生意上的一些事情,待在家里足不出户。

史密斯先生差不多过了一个月的遁世生活,在此期间,中国官府对此事没有做过调查和采取任何措施,这使他相信了人们一开始对他所说的话,中国官大人们认为没有人对此次事故负有责任。官行的头头潘启官是他们船上的信托(fiador),某天派人找他过去,说在他打点好生意后,会给他供通行的"劄"(Chappe),即通行证。得到这种保证后,史密斯先生从家里去往家住广州内城的潘启官处。当他离开欧人居住区一定距离后,被一队中国兵勇围住了,他们把他强行带到中国人控制的城区,将其投入牢中。两广总督(le Tsongtou)差人将这次拘捕告知英国商馆的头头,并补充说有鉴于欧洲人已致死了一个中国人,必须向他们交出放炮的肇事者以偿命,但他们并未审判史密斯先生。

欧洲人的激烈反应

这种不公正的要求,以及中国官府的出尔反尔,激起了所有欧洲国家的反抗,中国官府运用诡计和谎言扣留了英国贸易负责人,这个英国商船上唯一滞留在岸上,但快要登船的人;欧洲人聚集起来,决定了一些必要的举措,以防止中国人再一次重演这种既粗暴又不公的侵犯,同时也防止将来各国贸易负责人对所有发生在停泊于黄埔港的商船上的事件负责。我说的决定的必要举措,包括要求还史密斯先生的自由和为了使要求得到满足而强制动用武力。每个国家的商馆都向本国商船的船长发出指令，要求每艘舰船都要尽早派出一艘载满船员的武装小船。很可能中国人得知了这一指令；他们有时间聚集起12000到15000人的军队（他们自己甚至说是20000人的军队），布防在距我们商馆很近的珠江沿岸。

天色渐渐转暗，令我们十分吃惊的是，我们听到了枪声，刚开始是几声，后来在距我们商馆不远处传来一阵枪声，我们觉察到混战声正在迅速逼近。我们很快就得知，在第一艘武装小船抵达后，中国人自它靠近广州城开始就朝它射击，这种排射一直持续到它离我们商馆很近的地方，但尚不清楚此次遭遇战爆发的原因，不过幸好没有人受伤，武装小船上的队员根本没有还击。所有武装小船也都依次抵达了，接下来发生的也是类似的事情；有一人受伤了，船上的帆也被子弹打穿了，而且被射中了很多箭，这证明了中国人以军队来抵抗武力的决定之愚笨。当我们听到第一声枪响时，所有驻扎在我们商馆附近和我们居住区附近街道的大量中国军队，都消失得无影无踪了，而远处的街道却都被封锁和设置了层层街垒。欧洲人的军队有700人左右，每位士兵都装备有一支步枪、一对手枪和一把军刀，在清点完军队人数后，他们设置了岗哨和编制了巡逻队，以防突袭。

战斗准备

在当天晚上十点，我们捉住了一个气色不错、衣着考究的中国人，他是前来打探消息的。他被带到了英国商馆，那儿聚集着各国商馆的负责人。我们让他照看伤员，威胁他如果伤员死了就要把他绞死；我们对他用语十分粗暴，他应该没想到各国为了共同的利益而联合起来，采取一致行动，也没想到在这庄严的集会上还会允许个人言辞激烈地发言。我对此人表现出来的冷静印象深刻；他在看和听时神情十分专注，没有表现出一丝恐惧，也没

第一篇
"东方主义"遭遇"西方主义"

有做出任何对抗的举动。他不停地说自己是一个外乡人，在广州迷了路。我们把他放了回去，这是我们犯的第一个错误，我们认为他向官大人们的汇报，会把他们给吓着的，但我们此后得知的情况却与这一猜想完全相反，他消除了他们的顾虑，向他们讲述了撤出防御的影响，这在当时还是无先例的。

夜晚在平静中度过，上午像平常一样，我们得到了食物；我们告知官大人们，所有的欧洲国家都已为了史密斯先生之事联合了起来，要求在商谈一切因羁押史密斯先生而起的事宜前，应先使史密斯先生获得自由，如果官大人们拒绝这一请求的话，我们将携带武器到中国人控制的城区去搜查。官大人们并不急于答复我们的请求，他们后来给出的答复却是模棱两可的；他们说，如果我们交出放炮的肇事者，他们就会释放史密斯先生。几天后又举行了一次类似的谈判。一天上午我们很惊讶地看到，珠江上面把水道堵得水泄不通的大量船只，已全部消失得无影无踪了，当我们看到位于我们码头尽头的丹麦商馆对面来了一艘运载兵勇的小船（*gabo*）时，我们就更为惊讶了。过了一会儿，又来了另外一艘，停在第一艘边上；针对中国人封锁和包围，欧洲人本应反抗的，但权衡了一下各自的利益，他们没有这样做。

中国人瞧准了我们的犹豫不决和按兵不动，派来了大量武装小船，在我们商馆的对面排成连续的一行，阵列的尾部在纵深上要比边上两部分更加突出，形成了一个圆形的环；这些小船运载了大量军队。本来把那些临阵脱逃、贪生怕死之徒从队伍中驱逐出去，于我们而言是轻而易举之事，但是畏惧的情绪已经占据了一些长官的头脑，荷兰人就开始后悔卷入到一起看来与他们没有直接相关的事件之中。他们谈到了自己轻率地就负起的责任：公司的董事们会对我们为了英国人之故而所做的这些说些什么呢？我们在见到他们时肯定会尴尬万分。中国人尽力增加他们的恐惧，其中也包括丹麦人；中国人在陆上也像在河上一样对我们实施了包围，自他们开第一枪起，我们的商馆就面临被烧毁的威胁。荷兰人已经得到了中国人的承诺，如果他们退出现在的同盟就对他们既往不咎。英国人对被执行死刑的威胁也几乎没有准备，他们听从了建议，很快与中国人达成了妥协，中国官大人们承诺将对那位他们交出的炮手从轻发落，他们会禀报北京朝廷，奏请以最有利的方式来处理那位炮手。

秘密处决——谨此为例

从中国武装小船抵达，到双方达成停战协定期间，欧洲各国船长对广州所发生的一切一无所知，欲派人前往打探消息，发现中国人已在珠江中设置了障碍物，以防我们的船只强行通过。他们有意识地给船只配备了更多的大炮；当他们得知我们已准备就绪时，可以即刻发起对我们的攻击。

中国人十分小心地向我们隐瞒了黄埔港所发生的事，在最后几天极为迫切地与我们缔结了协定，向我们做出了所有能让我们对那位可怜的炮手的命运放心的承诺，他们经常重复说：如果你们十分反感向我们交出一个欧洲人，那交给我们一个黑奴吧，这我们无所谓，只要我们有能向北京朝廷禀报的被称为罪犯的人。不幸的是，那位炮手是一位72岁，有着古铜色肌肤的马尼拉人，但甚至直到今天，他们仍然相信那个我们交给他们的人，并非是罪犯，而是一位能帮我们开脱的老黑奴。

自那位炮手被交出后，他就被投入了监狱，像所有要被处决的罪犯那样被照看；他们禀报了北京朝廷，几星期后，官大人们接到了皇帝的上谕，皇帝通过上谕贬黜了负责处理此次事件的官大人，借口是他因收受了欧洲人的贿赂，而延迟了对那位肇事炮手的处决，皇帝下令在接旨后立刻处决那位炮手。官大人们根本没有通知欧洲人上谕的内容，后者只是在发现那位戴着枷锁的炮手被绞死在欧洲商馆附近一个不起眼的地方时，才得知这一消息的。

第一篇
"东方主义"遭遇"西方主义"

下面是藏于清廷档案中广东巡抚的奏折：

广东巡抚孙士毅奏报行至新淦县奉旨回粤查办英船放炮伤人等案折

乾隆四十九年十一月十九日（1784年12月30日）

又据奏，英咭唎国唸嗉船因送洋船出口，在舱眼放炮，轰伤内地民船水手吴亚科、王运发身死，随派员将该国大班吐锁拏进城，据供出炮手哟嗤哗系无心毙命，可否发还该国自行惩治。等语。所办甚属错谬，寻常斗殴毙命案犯尚应拟抵，此案哟嗤哗放炮致毙二命，况现在正当查办西洋人传教之时，尤当法在必惩，示以严肃。且该国大班吐未必果系委员锁拏进城，哟嗤哗亦未必果系应抵正凶，即据吐供出，即应传集该国人众，将该犯勒毙正法，俾共知惩儆，何得仍请发还该国。试思，发还后该国办与不办，孙士毅何由而知乎。

至英咭唎国唸嗉船因送洋船出口放炮伤人一案，钦奉谕旨，现当查办西洋人传教之时，尤当以严肃，传集该国人众，将该犯勒毙正法，何得因无心毙命，请旨发还该国。臣办理种种舛误，实属罪无可逭，仰蒙皇上恩施逾格，不即罢斥治罪，仅传旨申饬不准赴京入宴，令即兼程回粤妥办，以盖前愆。臣跪捧恩纶，惟余感泣，一面即于新淦县由驿覆奏，一面驰回粤东。倘再不悉心办理，致有疎虞未当，不独自蹈重罪，将何以上报恩施。

（朱批）：一切勉为之，知过贵改。[①]

乾隆四十九年十一月十九日

[①] 见中国第一历史档案馆、澳门基金会、暨南大学古籍研究所《明清时期澳门问题档案文献汇编》第1卷，第187条。

八 "东方主义"与"西方主义"

无论是近代以来,特别是19世纪以来,西方人看东方所戴的西方优越的"东方主义"有色眼镜,还是18世纪东西方交往过程中,中国人看西方所采取的中国中心的"西方主义"的褊狭态度,它们都是一种历史的偏见,遭到现代人特别近些年来学界的批判。实际上这是中西方之间彼此认知的一个过程。把它们放到中国和西方具体的历史情境中去,有可以理解的历史合理性。换句话说,人们都是从自己的历史境况出发来理解东方或者西方的。如果把它们放到东西方之间彼此认知互动、东西方文明碰撞交融的大背景中,就可以看到它们其实是一种难以超越的历史局限。

夏尔勒·贡斯当初次来澳门和广州经商的时候,正值法国大革命的前夜。他最后离开中国回到法国的1793年,是大革命之火燃烧最烈之时。这期间法国社会的变革天翻地覆,但真正现代意义的经济进步还没有发生。即使在英伦三岛工业革命也才刚刚起步,作为西方先进象征的"船坚炮利"尚在氤氲之中。夏尔勒·贡斯当从欧洲或印度等地运来玻璃、木材、贵金属等原材料,然后在中国换取茶叶、南京布、生丝、染布、瓷器等物,其中茶叶和南京布的进货量最大。[①] 交易的内容和方式没有明显的变化。这说明,当时在物质

---

① 夏尔勒·贡斯当曾就 1774 – 1780 年抵华的法国商船的贸易情况做过详细记录:在 1774 – 1775 年有"亚美利加"号(L'Amériquain)、"恒河"号(Le Gange)、"布罗格利元帅"号(Le Maréchal de Broglie);在 1775 – 1776 年有"谦逊"号(Le Modeste);在 1776 – 1777 年有"杜尔哥"号(Le Turgot);在 1777 – 1778 年有"菲茨·詹姆士公爵"号(Le Duc Fitz – James);在 1778 – 1779 年有"王太子"号(Le Dauphin);在 1779 – 1780 年有"考尼茨王子"号(Le Prince de Kaunitz)。参见 Louis Dermigny,*Les mémoires de Charles de Constant sur le commerce à La Chine*(Paris: S. E. V. P. E. N., 1964),pp. 278 – 311。

与技术层面上，东西方之间，中国和法国之间大致相当，中西之间历史发展的先进落后之分还没有显现。就在这中西方的发展差异还没有完全拉开的当口，就在澳门和广州这唯一开埠的中国口岸，夏尔勒·贡斯当记录下了当时中国和西方普通人之间彼此认知和对待的方式。在特别的历史时刻和特别的历史地点，使得这种认知和对待方式具有特别的历史意味。

初来澳门、广州的夏尔勒在惊诧于珠江之秀和中国园林之美的同时，也对中国人对他们的陌生和态度感到震惊。"一位面貌儒雅的人问一位传教士，他是否是欧洲人，后者给予了肯定的答复。但提问者却说，这不可能，如果真是那样的话，应该有5只脚，两个头。"① 他在给女友的信中写道："你会对中国人对我们的称谓感到愕然。尤其是那些官大人说到我们的时候，不按每个国家的国别来单独称呼我们，而是滑稽地以'番鬼'（Fanquouei）来笼统地称呼所有的欧洲人。这个词是'外国恶魔'（monstre étranger）的意思，是他们最常用的称呼。他们也常会骂我们是'龟子'（Quoucitze）和'犯八戒'（Quampat），前者是'乌龟或小鬼之子'（fils de tortue ou du diable），后者是佛教八条戒律的违反者。他们对我们的蔑视源自对外国人的偏见。他们不相信诚实正直、品性端正的人会远离故土千里之外。"② 看来，这称谓里不仅有当时中国人对外国人的偏见，还有农本社会、官本位社会对商人的鄙视。

"一位内地来的官大人来看望圣·马丁先生，临走的时候说，'我要去看看那些红毛鬼子的房子（指英国人）'。圣·马丁先生对他使用的侮辱性字眼提出抗议，但那位官大人说：'欧洲人生来就

---

① Marie–Sybille de Vienne, *La Chine au Déclin des Lumières*, p. 206.
② Marie–Sybille de Vienne, *La Chine au Déclin des Lumières*, p. 150.

是被蔑视的'。"①

第二次来澳门，夏尔勒记下了这样一个故事："1785 年一位法国人送给海关总督（tsong tou）一只标着欧洲刻度，但写有汉字的温度计。在表示巴黎温度的地方有'法兰西王国之都'的字样。总督强令抹去'王国'两个字，他认为世界上只有一个王国，那就是中国。"他还写道："中国人认为欧洲的诸强国必须向他们的皇帝进贡，欧洲各国派往北京的工匠是他们强制进献的奴仆。"②第三次旅居中国，他又有这样的记载：中国称自己的国家为"中央之国"，这与在欧洲的解释相左。"那些有名望的中国地理学家将他们的国家置于世界的中央，如我们所知，照他们看来，这个世界是方方正正的。在欧洲人到来之前，他们自认为自己是地球上唯一的民族，在他们国家四周，他们所能想到的是为一些蛮夷所盘踞的地方。"③

上述这些中国人唯我独大的自我认识，让夏尔勒这个法国人觉得匪夷所思。但是如果考虑到当时世界交通还不发达，能够看到世界其他地方并与其他地区人交往的中国人只是凤毛麟角，身处澳门和广州的中国人还没有从身边贸易中窥见西方的"船坚炮利"的优势，加上中国"幅员辽阔""人口众多""国力鼎盛"，"地处地球的一端，周边围绕的都是些国力较弱的国家，这使它对周边邻国拥有一种如此显著的优越地位"④ 等因素的话，这种"中国中心"的错觉是不是有了一定的历史根据呢？

应该说，当时的中国人，包括皇帝和官员，面对纷至沓来的西方商船还是有警觉的，限关政策就是一个当时还不失为强盛的

---

① Marie‑Sybille de Vienne, *La Chine au Déclin des Lumières*, p. 206.
② Marie‑Sybille de Vienne, *La Chine au Déclin des Lumières*, p. 185.
③ Marie‑Sybille de Vienne, *La Chine au Déclin des Lumières*, pp. 204 – 205, 313 – 314.
④ Marie‑Sybille de Vienne, *La Chine au Déclin des Lumières*, p. 517.

第一篇
"东方主义"遭遇"西方主义"

国家对外来势力本能的戒备和反应。1757年12月,南巡之后回京的乾隆皇帝给两广总督发出"口岸定于广东,洋船不得再赴浙省"的上谕,①一举定下了大清国在广州"一口通商"的海疆政策。这说明,乾隆皇帝认为防范外夷比通商更重要。一口通商后,两广总督李侍尧进呈一份《防范外夷规条》,得到朝廷批准。在唯一的对外通商口岸——广州,也可以看到对这种异类文明的抵御意识。夏尔勒这样写道:"中国政府采取一切必要措施,避免欧洲人和中国人搅和到一起……欧洲人不得自由出入内城……欧洲人没有与任何妇女交往的权利。""中国人在答复我们的要求时,总是强调一句流行的中国谚语'入乡随俗'。"②另外,欧洲商人在广州做完生意就必须返回澳门,在澳门过冬并准备下一次生意,欧洲人只能把女眷留在澳门,不得带到广州。这些规定和做法,现在看来不可思议,在当时,无疑是对异类文明的一些防范措施,是当时东方人的"西方主义"的表现。它是本能的、历史的,区别于后来"崇洋媚外"的对西方的认知。

那么,在澳广两地的夏尔勒又是怎样整体看待中国的呢?大概是在欧洲时受到传教士和启蒙思想家书籍的影响的缘故,第一次来华,17岁的夏尔勒首先从文化的表现层面,即从外观上来观察中国。他饶有兴致地详细记下中国文化的外在表现。这里择取几例。

> 在一个追求修身养性的国度里,中国园林给人以优雅万千的印象,中国人视休憩为享乐,他们极富创意。中国园林雅致迷人,虽有人工雕琢的痕迹,但亭台阁楼,水榭山石,花鸟鱼虫不尽胜数。中国人在避免对称方面费尽心机,但他

---

① 乾隆二十二年十一月初十,中国第一历史档案馆藏。
② Marie-Sybille de Vienne, *La Chine au Déclin des Lumières*, p.381.

们对布局安排却非常热衷。秩序井然,落落大方,又千变万化。①

中国人的屋舍"客厅里挂着奇异的画,上面混合了巴洛克风格和传统中国画的风格。其中一幅上面画着一位老者孤身在海中的岩石上怡然赏月。画的四周写满这样的话'舍生取义'、'知足常乐'、'己所不欲,勿施于人'"。②虽然他认为这些为伏尔泰所称赞不已、津津乐道的含有道德说教味道的人生箴言实际上很难恪守,但还是感叹于中国道德是"很美好的"。

对于中国书法的娟秀及书写时的灵巧,他叹为观止,极尽详备地写道:"他们用毛笔写字:每个人都随身携带一个笔墨袋,里面有一个有盖的镂空的大理石砚台,一块中国式样的墨条,一个盛水的瓷罐,一个舀水用的小勺,一个木质或石质的锯齿形笔架,这就是他们的书斋用品。他们用的纸张是用树叶和竹叶制成的:十分柔韧,上面涂一层明矾水。他们书写时手不靠在纸上,而是用手腕,四指悬空垂直握住毛笔。他们的书写顺序是从上到下,从左到右,与我们的习惯截然相反。"③

中国的绘画"以一种十分直接的方式往纸上泼墨。他们使用的最好颜色皆采自自然。要么是因为画纸的缘故,要么是因为运用方式的原因,使得他们的颜料色泽和鲜艳程度看起来很特别。他们遵照自然构造,以十分求实、精准的写实方法来描绘实物,但通常只是孤立地将它画出来。中国人的建筑没有什么法则可言,与其说是遵照一种科学,不如说是依据内心的意愿构想:房屋的式样雅致,十分奇特"。④

---

① Marie‐Sybille de Vienne, *La Chine au Déclin des Lumières*, p. 370.
② Marie‐Sybille de Vienne, *La Chine au Déclin des Lumières*, p. 138.
③ Marie‐Sybille de Vienne, *La Chine au Déclin des Lumières*, p. 152.
④ Marie‐Sybille de Vienne, *La Chine au Déclin des Lumières*, p. 171.

第一篇
"东方主义"遭遇"西方主义"

对闻名于世的中国丝绸生产,他也很有兴趣,他写道:"我对他们在如此条件下竟能纺出如此精美绝伦的绫罗绸缎惊诧不已。于是凑到跟前仔细端摩,很快明白绫罗绸缎的华美得益于他们技巧的熟稔,这源于熟练经验、耐心细致和指间的灵巧。"①

此外,在第一次来华之旅中,夏尔勒记录了中国的海关、官府、官行、官服、勒索、风俗、服饰、迷信、偷盗、欺诈、屋舍、女人、食品、奴仆、婚庆、宴席、民俗、宗教、寺院、占卜、僧人、道士、竹子、算盘、音乐、澳门和广州的景致等。总体上看,年轻的夏尔勒主要是从社会文化的层面来记录澳门、广州和中国。即便是有启蒙时代先入为主的中国印象的影响,第一次来中国的他还是看到了在中国这片土地上官府腐败、恶人当道的真实。1781年1月12日,他写道:"现实的中国与传教士们曾经描绘的中国有着极大的不同,那些人是为了自己的利益才向我们那样描述的。中国的官府是世界上最不公正、最令人厌恶的政府;官阶高的人总是对官阶低的人强取豪夺,其他人也是以大欺小,恃强凌弱。"②

随着时间的推移,夏尔勒也在成长成熟,他的目光变得越来越犀利、尖锐,观察视角也越来越宽广起来。第二次来华以后,他的记录里除了"司法与审判""科学技术与艺术""风俗""文学与哲学""建筑与装饰""学问与玄想"这样中性的词汇外,越来越多地出现"专制主义""迷信""压榨""对外国人的轻蔑"等批判的字眼,甚至在有意矫正启蒙时代欧洲人对于中国的看法和观点。他的中国记录的笔调也变得越来越尖锐、激烈,这说明他对中国的认识在发生变化,这里我们仅举两例。

在启蒙时代的欧洲,中国皇帝在春耕时候举行春耕大典,亲

---

① Marie‑Sybille de Vienne, *La Chine au Déclin des Lumières*, p. 363.
② Marie‑Sybille de Vienne, *La Chine au Déclin des Lumières*, p. 126.

自开田犁地，被看作是皇帝亲民亲政、政治清明、敦促生产、为民造福的标志性举措，在欧洲广为人知。曾有两位法国皇帝效仿中国皇帝的春耕大典，重农学派更是把中国看作农耕社会的一片乐土。重农学派代表魁奈在《中国的专制》一书中，力捧中国的农业，认为中国的政府遵守自然法则，才造成中国的悠久、广大与繁荣。他还借此批判路易十五的专制。另一位重农学派的哲学家布瓦维认为中国"土地耕种得很好，满生着稼禾，我可以断定这个国家风俗敦厚，民安乐业，其政治必然合理"。①

但是，久居中国的夏尔勒看到："皇帝犁田耕地的典礼，仅仅是一种仪式。农人是悲惨的，而且备受欺压。当粮食的行情好的时候，中国的官员就向他们征收实物税；当粮食行情不好时，就向他们征收货币税。"②

"如若农人真像他们所说的那样得到尊重，如若内地的田地真像他们说的那样耕种得很好，如若他们的粮仓真像他们说的那样，在闹饥荒时也是满满的，那么，在歉收的岁月里就不会引发我们所看见的骚乱，也不会出现1777年的惨状。在与广州比邻的一个省份里，人们用孩子来换取等量的米，这些孩子什么年龄、什么性别都有。这样的事我本人就回绝过了20回。他们要以4个皮阿斯特（piastres）的价格卖给我一个3-4岁左右的孩子。更有甚者，在歉收的日子里，官府的横征暴敛会变本加厉。他们认为让农人以比市场价格低2-3成的价格把米卖给他们，已经是最大的恩惠了。"③

启蒙时代的欧洲，中国被当做是经济繁荣、政治清明、道德

---

① V. Pinot, Les Physiocrates et la Chine au XVIII Siécle, Revue d'Histoire Modern et Contémporaine, T. VIII, p.203. 转引自阎宗临《传教士与法国早期汉学》，第130页。

② Marie-Sybille de Vienne, *La Chine au Déclin des Lumières*, p.184.

③ Marie-Sybille de Vienne, *La Chine au Déclin des Lumières*, p.184.

淳厚的典范，中国的皇帝更是被看做开明君主的化身。"在欧洲，人们认为，所有的中国人都可以向皇帝提出申诉，耶稣会士和宗教界的叙述，举了无数个这方面可能的例子。"① 而夏尔勒在他的记录中记载了很多与这种观点截然相反的例子。其中之一是："一位朝廷元老，军机大臣，因提意见激怒皇帝而被停发10年俸禄；但保留了他的官职和权力，他就利用这些权力来强取豪夺谋得钱财。"②

他说，"在欧洲，人们兴致勃勃地谈论中国人的文雅、仁慈、宽容和好客；但土耳其人比中国人要文明开化。人们为土耳其妇女受到的奴役而扼腕，但中国妇女更加没有自由"。③

中国的官府是夏尔勒批评最多的。他记录了这样一件事："在距离澳门四分之一古里的地方，有一个中国人把守的关隘，欧洲人喜欢称之为兵站。在这里有两座中国海关关卡。所有要进入澳门的人必须经过这些地方。1785年，关隘里的兵勇和海关里的小吏们，竟然向要进城的每个人索要钱米。人们被迫满足这种勒索强征，但粮食的价格上涨很多。"④

他还记下了中国官场上这样一个陈规陋习："中国的官吏受皇帝之命出行，其所有花费要由中国民众负担，此外还要赠送礼物。如果受礼的官员对所收礼物不满意，就会把它退回去。人们马上会再送上更加厚重的礼物，这一切都做得很客套，似乎官大人什么也不想收，装作心胸宽广、大公无私。由于装腔作势，使得专制主义下的横征暴敛更加令人厌恶。"⑤ 他继而写道："在中国，一切都可以用钱来收买，职位、头衔、名誉、庇护、司法，所有这

---

① Marie-Sybille de Vienne, *La Chine au Déclin des Lumières*, p. 186.
② Marie-Sybille de Vienne, *La Chine au Déclin des Lumières*, p. 199.
③ Marie-Sybille de Vienne, *La Chine au Déclin des Lumières*, p. 191.
④ Marie-Sybille de Vienne, *La Chine au Déclin des Lumières*, p. 197.
⑤ Marie-Sybille de Vienne, *La Chine au Déclin des Lumières*, p. 194.

些花钱都可以买到。甚至要成为狱卒这样的小吏，也得花钱去捐。"①

从上面陈述中我们可以看到，夏尔勒的中国认识，或者说他的"东方主义"发生了变化，从来中国前的仰慕中国文化转向批判中国政治。而这一变化，与法国及至整个欧洲对中国的认知转变同步。②

欧洲人包括法国人对中国认识的转变，至少与以下几个因素相关。

首先，18世纪下半叶欧洲发生一系列重要的历史变化——完成了科学革命，开始了工业革命，正在实现对全球的经济扩张，所有这一切决定着欧洲正在大步走在世界的前列。对欧洲来说，如果说18世纪是哲学的世纪和科学的世纪的话，那么，即将到来的19世纪的曙光则预示着一个全新的经济时代的开始。这个新的时代以欧洲对世界的经济扩张，特别是对东方中国的经济扩张为开路先锋。在这样的历史转折时候，经济和市场成为欧洲人的首要考虑。如德国汉学家利奇温所指出的，"随着经济利益几乎把一切排在之幕后，中国与西方的文化关系趋于破裂。十九世纪的精神已经暴露出来。例如《北京传教士关于中国历史、科学、艺术、风俗、习惯录》（1786年）所载者，除关于矿产及其他中国工业，如硼砂、褐煤、水银、阿莫尼亚的原料竹、或羊毛

---

① Marie-Sybille de Vienne, *La Chine au Déclin des Lumières*, pp. 201-202.
② 关于西方人的"东方主义"的转变，参见周宁《在真实与虚构之间——重新认识西方文化中的东方主义》，《人文国际》创刊号，第1-20页。该文认为，在西方对东方的知识与想象中，存在两种不同的东方主义。一种是否定的意识形态的东方主义，就是后殖民主义理论所批判的建立在二元对立观念秩序之上的东方主义；另一种是肯定的、乌托邦式的东方主义，突出体现在启蒙时代。它与西方现代理性的怀疑精神、危机意识密切相关。两种相互矛盾又相辅相成的东方主义赋予了西方文化扩张发展的活力，并构成了西方文化中全面的东方态度。

第一篇
"东方主义"遭遇"西方主义"

及牛马等类的报告外,很少别的东西。中国首先是一等大市场的概念,开始成为舆论的主要关心所在。英国于十八世纪下半叶的稳步而牢固地垄断对华贸易,更加快了这种发展。英国关于中国的作品越来越侧重于纯粹实际的和商业的利益。"① 在一个物质扩张时代,中国市场成为欧洲人主要的现实层面考虑,启蒙运动理想主义时代的那个文化的、精神的、观念层面的中国就渐行渐远了。

其次,欧洲在依靠经济力量改变世界力量结构的同时,也相应地要求在文化上、观念上构建西方对东方、欧洲对中国的优势,随之而来的是欧洲对世界的政治统领。刚刚过去的启蒙运动乘科学革命和历史进步之风,借助对中国文化的汲取为欧洲未来的发展树起了自由、平等、博爱的旗帜。从这一基本价值出发,欧洲社会有了进步与停滞、文明与野蛮、先进与落后的二元标准。现在这二元标准又被拿来做度量其他国家和民族、度量整个世界的价值准绳,世界因此出现了先进与落后的历史分野和区间隔断。专制的、落后的、贫穷的、黑暗的中国,成为民主的、科学的、富有的、光明的欧洲的参照物。萨义德的《东方学》所开创的后殖民主义批判,主要揭示的就是 19 世纪英法美等西方国家对待整体东方的认识,即它们的"东方主义"中所隐藏的文化帝国主义阴谋——构筑低劣、黑暗、邪恶、野蛮的东方形象,为西方的殖民扩张做文化上的准备,铺平道义的道路。虽然萨义德批判的主要是英法美对待阿拉伯和伊斯兰世界的态度,但它们对中国的认识也不能排除在外。19 世纪中叶,欧洲学者莆田(Pauthier, 1801 - 1873)感慨于莱布尼茨时代对中国哲学的强烈兴趣,而现在却无人问津,说道:"我们每天认为那么野蛮的民族,他们早在我们的祖先尚居住在高卢和日耳曼森林之前就达到极高的文明水平,现

---

① 利奇温:《十八世纪中国与欧洲文化的接触》,第 130 页。

在仅引起我们一种极度的轻视。"①

　　1721年中国和天主教世界的"礼仪之争"爆发，1723年中国开始严厉禁教，甚至迫害、抓捕传教士。夏尔勒接触了从监狱出来的传教士，他的日记中也记载了不少蹲过监狱的传教士的经历。监狱里残酷而黑暗的生活，使得他们充满怨恨。"致使教士们也忘记了古代中国的美妙景象。在此之前赞不绝口的教士开始提出责难。如果把《北京传教士关于中国历史、科学、艺术、风俗、习惯录》（1776年以来在华各教士的函札）与早出50年的《传教士通信集》相比较，就整个来说，他们的实事求是的公正判断往往使我们感到诧异，其中责难与赞美相掺杂，透露出某种怨恨的语调。"② 传教士特别是耶稣会传教士是16-18世纪中欧之间文化交流的桥梁，他们多从文化的角度来认识中国，他们的中国认识赞美多于批评，美化多于诋毁，欧洲人持续100多年崇拜中国的"中国热"主要由他们点燃。1762年法国颁布了解散耶稣会的命令，1773年7月教廷宣布解散耶稣会。在中西文化交流史上占据特殊时间、具有独特意义的传教士著述逐渐衰落而终结。随之而来的是因中欧贸易交往增多而来到中国的欧洲商人。商人不同于传教士，他们具有商人的眼光和现实的视角，同时还有相比传教士现代的思想意识，更为关键的是，环境不同了，时代变化了。面对闭关锁国、故步自封、妄自尊大的农本的中国，他们批判多于赞美，诋毁多于欣赏。

　　夏尔勒就是这样一个在历史转折关头来到澳广两地的法国商人。他从一个书斋中的贵族青年成为远赴中国的商人，看问题的角度和眼光都在发生变化。在澳广两地居住的13年中，具体的、商业的特别是经济利益的接触和观察，时时冲击并改变着他在欧洲时对中国的向往和认知。特别值得一提的是，夏尔勒个人的"东方主义"，即

---

① 利奇温：《十八世纪中国与欧洲文化的接触》，第131页。
② 利奇温：《十八世纪中国与欧洲文化的接触》，第129-130页。

他的中国认知,遭遇了当时中国的"西方主义"的冲击。他在日记中记载了很多中国官员妄自尊大,对欧洲商人不屑、不恭甚至谩骂和欺压的事例。我们可以想象,这样每时每刻亲身感受到的轻贱和诋毁,显然不仅可以刺激生长出一种自尊自重的自我意识,而且能够造成自身对"他者"的厌恶,造成现实生活中的西方与东方的截然对立。在这历史变化的当口,欧洲人否定的、诋毁的、意识形态的"东方主义",与中国人盲目的、傲慢的、妄自尊大的"西方主义"碰撞,在一定意义上造成了东西方之间不能和平沟通、和睦交往的历史结局。

九 结语

认识世界的意义在于认识自己。

在18世纪短短的100年间,世界力量的天平悄然变化,欧洲的"东方主义"——对东方、对中国的认识也随之出现改变。世纪初,启蒙时代欧洲人中国印象的主调是追寻、仰慕、赞美——体现的是积极的对正义的期望和自我批判精神;到18世纪末,欧洲人中国认识的基础变成了批判、贬低、轻贱——反映的是强烈的对异域的渴望、占有与扩张征服意识。"表面上看,这两种倾向相互矛盾,实际上在西方文明的有机结构中,却相辅相成。肯定的、乌托邦的东方主义,使西方文化不断扩张不断调节改造自身,赋予西方文化一种虔诚热情、博大谦虚的精神;否定、意识形态的东方主义,使西方在动荡变革中不至于迷失自我,始终充满自信与尊严,表现出西方文化的坚定自守、完整统一的文化传统。"[①]

[①] 周宁:《在真实与虚构之间——重新认识西方文化中的东方主义》,《人文国际》创刊号,第16、18页。

自我批判与批判他人，谦虚求知与傲慢征服，这两种意识之间的差异形成了一种张力，它赋予欧洲一种发展自己，对中国进行经济扩张和政治征服的一种文化活力。13世纪《马可·波罗游记》掀起的持续几个世纪之久的"东方热"，17-18世纪燃烧了100多年的"中国热"，18、19世纪之交欧洲人中国认识的转向，及至19世纪欧洲对中国掠夺征服的历史，都证明了这一点。

　　同样是在18世纪，中国对世界上正在发生的变化知之甚少，不认识世界，也不知道自己。面对扑面而来的西方文明，封建社会肌体还是感觉到了它的力量和与众不同。出于不理解和不自信，或是其他原因，清政府的反应不是理解、学习和吸收，而是像鸵鸟一样把头埋起来，以经济和政治上的闭关自守来防范和抵制外来势力。清朝的一口通商政策，马噶尔尼访华时乾隆皇帝给英王乔治三世的"天朝物产丰盈，无所不有，原不藉外夷货物以通有无"的回复，就是其集中反映。对西方人文化上的蔑视，把西方人看作"夷狄""番鬼"，也是对他者和对自我认识虚妄与盲目的体现，是类似于西方人19世纪的"东方主义"的中国人18世纪的"西方主义"。这也是一种历史的偏见。直到19世纪，欧洲人用坚船利炮打开中国大门，一道道不平等条约压下来以后，中国才痛醒！中国的自我认识和对西方的认识才因此发生变化：由自大转向自卑，由轻视转向仇视，走向另一个极端。

　　夏尔勒·贡斯当在澳门、广州经商过程中留下来的书信日记以及其中记载的中国观察，是一则案例，一个证明，一份我们研究东西方认知转变过程的珍贵的历史记录。让我们用夏尔勒1789年12月在澳门写的一段话，来总结他在澳广两地十几年的中国观察。

　　　　我于1779年月9月首次来华；1782年1月二度来华，1783年8月返回欧洲，1786年又三度来华。于是，比起那些仅在中国停留过几个月的人，我就更有信心，也就能更详细地来评论中国。上述那些人常常妄加评判，他们有时会做出正面评价，但最多的还是得出负面批评。对于如此与众不同的民众和国家，其表面现象更有迷惑性，他们不能理解眼前所见到的一切，来华旅行之人在试图对他们的描述做出解释时，应该尊重一定的法则。这些法则不是古而有之，而是蕴藏于官府、风俗、民众、产业和中国文明的诸种元素之中；对中国的看法有好有坏，但无论是好是坏，差不多总是很夸张，甚至常常相互对立。人们时而认为在华所见糟糕透顶；时而又吹嘘中国已臻于完美，似乎糟糕和完美这两种境界能并立共存。①

是的，"糟糕"和"完美"共存共生于中国文明之中，共存共生于法国人、欧洲人对中国的认识之中，在18世纪尤其如此。

参考文献

中文

安田朴、谢和耐等著《明清间入华耶稣会士和中西文化交流》，耿昇译，巴蜀书社，1993。

安田朴著《中国文化西传欧洲史》，耿昇译，商务印书馆，2000。

阿兰·佩雷菲特：《停滞的帝国：两个世界的撞击》，王国卿等译，生活·读书·新知三联书店，1993。

杜赫德编《耶稣会士中国书简集》，郑德第、吕一民、沈坚译，大象出版社，2001。

伏尔泰：《路易十四时代》，吴模信等译，商务印书馆，1991。

---

① Marie-Sybille de Vienne, *La Chine au Déclin des Lumières*, p. 379.

伏尔泰：《风俗论》，梁守锵译，商务印书馆，1995。

伏尔泰：《哲学辞典》，王燕生译，商务印书馆，1991。

杰克·戈德斯通：《为什么是欧洲？世界史视角下的西方崛起（1500-1850）》，关永强译，浙江大学出版社，2010。

《马可·波罗行记》，冯承钧译，上海书店出版社，2001。

耿昇、吴志良主编《16-18世纪中西关系与澳门》，商务印书馆，2005。

何伟亚：《怀柔远人：马嘎尔尼使华的中英礼仪冲突》，邓常春译，社会科学文献出版社，2002。

何伟亚：《英国的课业：19世纪中国的帝国主义教程》，社会科学文献出版社，2007。

利奇温：《十八世纪中国与欧洲文化的接触》，朱杰勤译，商务印书馆，1962。

李天纲：《中国礼仪之争：历史·文献和意义》，上海古籍出版社，1998。

李天纲编著《大清帝国城市印象：19世纪英国铜版画》，上海古籍出版社、上海科学技术文献出版社，2002。

李国荣主编，覃波、李炳编著《帝国商行：广州十三行》，九州出版社，2007。

马克垚、高毅主编《世界文明史》，北京大学出版社，2004。

孟德斯鸠：《论法的精神》，张雁深译，商务印书馆，1987。

荣振华、方立中：《16-20世纪入华传天主教传教士列传》，耿昇译，广西师范大学出版社，2010。

爱德华·W. 萨义德：《东方学》，王宇根译，生活·读书·新知三联书店，1999。

维吉尔·毕诺：《中国对法国哲学思想形成的影响》，耿昇译，商务印书馆，2000。

雅各布·布克哈特：《意大利文艺复兴时期的文化》，何新译，商务印书馆，1988。

史景迁：《文化类同与文化利用》，史景迁讲演，廖世奇、彭小樵译，1997。

阎宗临著、阎守诚编《传教士与法国早期汉学》，大象出版社，2003。

阎宗临：《欧洲文化史论》，广西师范大学出版社，2007。

张西平：《东西流水终相逢》，生活·读书·新知三联书店，2010。

张西平：《欧洲早期汉学史——中西文化交流与西方汉学的兴起》，中华书局，2009。

张西平：《中国与欧洲早期宗教和哲学交流史》，东方出版社，2001。

许明龙：《欧洲18世纪"中国热"》，外语教学与研究出版社，2007。

许明龙主编《中西文化交流先驱　从利玛窦到郎世宁》，东方出版社，1993。

许明龙：《黄嘉略与法国早期汉学》，中华书局，2004。

许光华：《法国汉学史》，学苑出版社，2009年5月。

何兆武、柳卸林辑《中国印象——世界名人论中国文化》，广西师范大学出版社，2001。

卫青心：《法国对华传教政策》，中国社会科学出版社，1991。

周宁：《天朝遥远：西方的中国形象研究》，北京大学出版社，2006。

周宁、盛嘉编《人文国际》创刊号，厦门大学出版社，2010。

朱谦之：《中国哲学对欧洲的影响》，上海人民出版社，2006。

西文

Marie‑Sybille de Vienne, *La Chine au Déclin des Lumières：L'expérience de Charles de Constant, Négociant des Loges de Canton*

(《启蒙式微时代的中国:广州十三行法国商馆商人夏尔勒·德·贡斯当的中国经历》), Paris: Honoré Champion Éditeur, 2004。

Louis Dermigny, *Les Mémoires de Charles de Constant sur le commerce à la Chine* (《夏尔勒·德·贡斯当论对华贸易》)。

Edward W. Said, *Orientalism* (《东方学》), New York: Vintage Books, 1978。

Regionald, Johnston *Twilight in the Forbidden City*, Oxford: Oxford University Press, 1985.

Allan, Peyrefitte *Empire Immobile ou le choc des Mondes*, Paris: Fayard, 1989; Trans. by J. Rothschild, *The Immobile Empire*, New York: Knopf, 1992.

第二篇

通过澳门看中国
—— 画家博尔热的中国印象

奥古斯特·博尔热（Auguste Borget，1808－1877），法国画家，1838 年 8 月至 1839 年 6 月在中国。其在华逗留的 10 个月中有 8 个多月（从 1838 年 10 月底到 1839 年 6 月）在澳门度过。1841 年回到法国后，博尔热在巴黎的绘画沙龙上展出自己在亚洲创作的画作，轰动一时。其中，《澳门一个中国大寺院景观》受到拿破仑三世的赏识，被他买走。1842 年，博尔热展出作品《中国的闲逸》，此画是一个装饰橱的一部分，装饰橱后来被拿破仑三世赠送给瑞典国王。同年，博尔热配有书信体游记的画册《中国和中国人》（*La Chine et les chinois*）出版，不到一年便被翻译成英文。1848 年，他又受法国公使委托，为中法签订第一份商业合约创作一幅表现澳门场景的画。此外，他还经常为一些艺术杂志和有关中国的小说作插图或写文章。[1]

离开法国前的博尔热只是一个籍籍无名、绘画事业起步不久的年轻人，四年环球旅行后回到祖国的他却成了一个公认的"中国'专家'",[2] 其关于中国的画作在巴黎大受关注。如此大的转

---

[1] 德布雷：《奥古斯特·博尔热的中国》，出自奥古斯特·博尔热《奥古斯特·博尔热的广州散记》，钱林森、张群、刘阳译，上海书店出版社，2006，第 161－165 页。

[2] 奥古斯特·博尔热：《奥古斯特·博尔热的广州散记》，第 161 页。

变，究其原因，并不在于博尔热的绘画技艺在 19 世纪的法国画家中如何翘楚——诗人波德莱尔（Charles Baudelaire，1821－1867）曾认为博尔热并不是一位一流的画家①——而是像作家巴尔扎克（Honoré de Balzac，1799－1850）所说，法国人一向是通过屏风、瓷器、花瓶、绘画等进口自中国或由欧洲人仿造中国风格制成的缺乏透视或写实效果的工艺品来想象这个遥远的东方国度的,② 当一个法国画家从中国带回自己在那里创作的、以欧洲写实手法表现当地实景的画作，并配以文字叙述，在国人面前展现时，这第一手的图文记录所填补的国内空白产生了物以稀为贵的效应，使得其笔下的澳门风土人情成为真实中国形象的代表。

一　画家博尔热的中国影像

1. 19 世纪以前法国的中国主题绘画

直至 18 世纪，法国人接触直观的中国形象大致通过两个渠道：一、从中国进口的工艺品、绘画和图书插图；二、欧洲艺术家根据欧洲人的审美创作的以中国为主题的绘画。前者虽然可以说是了解中国人形象的一手材料，但中国传统绘画艺术一向注重传神甚于形似，与欧洲人的写实审美有很大距离；后者虽然采用写实的手法，却鲜有画家真正接触过中国或中国人，而多是在欧洲情调中加入进口艺术品上中国形象的轮廓，这种混合物常常显得不伦不类。

如果说马可·波罗为 13 世纪末的欧洲带去了纸醉金迷的中国梦，那么，四百年后的欧洲商人则为他们的同胞提供了可以装点其

---

① 奥古斯特·博尔热：《奥古斯特·博尔热的广州散记》，第 169 页。
② 巴尔扎克：《奥古斯特·博尔热的〈中国和中国人〉》，出自奥古斯特·博尔热《奥古斯特·博尔热的广州散记》，第 116－117 页。

异国梦的实物——中国工艺品。17-18世纪,欧洲大量进口或仿制包括青花瓷、彩瓷、德化白瓷等在内的瓷器(见附录图1)以及漆器和屏风等中国工艺品。除了根据欧洲人需要而定制的基督教、欧洲神话和世俗生活等主题,中国场景和人物也经常出现在这些工艺品上。其中,场景多为亭台楼阁、花园和山水等人文、自然风景,而人物则有儿童、男人、妇女、文人、仆役、和尚等各种年龄层次和社会身份的人。这些绘画或浮雕秉承了中国传统美术重神似甚于形似、重写意甚于写生的特点,不讲究焦点透视、明暗阴影等立体效果,人物形象则用线条来勾勒,忽略解剖和人物比例,总之,与欧洲写实主义的绘画原则背道而驰。[1] 同样的情况也发生在中国纸制绘画作品中,尽管这一类作品在进口数量上无法与工艺品相提并论。康熙皇帝曾送给法国国王路易十四两批礼物,包括图书、中国画和屏风等物件。其中,关于中国花鸟画和园林的画册及其他带有插图的书籍除了被皇家图书馆收藏外,还有一部分散落在私人藏家手中,从而得以在一定范围内与非特权阶层见面。[2] 然而,不同的美术原则必然与不同的审美相辅相成。追求写实的欧洲人很难欣赏符合中国审美标准的中国画。在他们看来,中国画扁平、单薄,甚至怪异。在华法国耶稣会士李明(Louis-Daniel Lecomt,1655-1728)就曾说:"我们希望中国人绘于瓷器的画能够画得更美丽些……他们的人物画都是畸形的。他们使外人发生轻蔑之心;外国人只通过这个媒介来认识中国人,因而就会推想实际生活中的中国人一定如画中人

---

[1] Lin Ci, Translated by Yan Xinjian and Ni Yanshuo, *The Art of Chinese Painting* (Beijing: China Intercontinental Press, 2006), p. 9. Web. 22, Aug. 2011. < http://books.google.com/books? id = JMVWZMQDJJsC&lpg = PA3&hl = zh - CN&pg = PP1#v = onepage&q&f = false >.

[2] Michael Sullivan, *The Meeting of Eastern and Western Art* (Berkeley and Los Angeles: University of California Press, 1989), pp. 99 - 100. Web. 22, Aug. 2011. < http://books.google.com.hk/books? id = PMFwC1gPOBkC&hl = en&source = gbs_ navlinks_ s >.

那样的怪诞可笑。"① 虽然法国人并不完全相信"中国和中国人就如同在大屏风、小围屏和小瓷器、大花瓶及绘画中的形象一样",② 但是,由于中国工匠的作品无法写实地反映中国和中国人的面貌,因而对于想要了解中国形象的法国人来说,参考性不高。然而,绝大多数法国艺术家笔下的中国形象也并不比前者更接近事实。

事实上,很少有法国画家亲眼见过中国人或亲自去过中国。据耶稣会士、史学家荣振华(Joseph Dehergne)统计,18世纪到过法国的中国人约有30名。他们都是像沈福宗(1657－1692)和黄嘉略(1679－1716)这样的基督徒。前者曾随耶稣会士柏应理(Philippe Couplet,1624－1693)前往法国、英国、罗马和比利时等欧洲数国,受到路易十四的接见;后者则以法国传教士梁弘仁(Artus de Lionne,1655－1713)秘书的身份前往欧洲,并留在巴黎,担任法国国王的中文翻译。除了少数几个外,这些人中的大多数在法国逗留的时间都不长,因而,与法国画家的接触机会也有限。③ 现存记录中,有一张1690年前后巴黎制作并出售的沈福宗铜版画像(图2)。如果将这幅画与同一时期德国画家高德弗雷·科奈勒(Godfrey Kneller,1646－1723)在英国为其所作的另一幅肖像油画(图3)做比较,前者的写实水平令人怀疑。其画风仿佛还未脱离文艺复兴时期版画的呆板,又似乎是跨越国度、加入到了中国清朝历代皇帝程式化画像的行列中。

中国人在法国留下的肖像画尚且稀少,到过中国的法国画家就更罕见了。中国明清两代政府为了海防,多次实行海禁政策,禁止或限制中国人与外洋的接触。这不仅影响了合法的中国对外贸易,也大大减少了外国人进入中国的机会。17－18世纪,在华法国人主

---

① 利奇温:《十八世纪中国与欧洲文化的接触》,第42页。
② 巴尔扎克:《奥古斯特·博尔热的〈中国和中国人〉》,出自奥古斯特·博尔热《奥古斯特·博尔热的广州散记》,第116页。
③ 许明龙:《欧洲18世纪"中国热"》,山西教育出版社,1999,第17－37页。

要包括传教士和商人两类人群,而在这些人中,仅有的画家就是王致诚(Jean-Denis Attiret,1702-1768)等耶稣会士。很多耶稣会士都是具有各种才能的饱学之士,王致诚也不例外。大约 1739 年到达中国澳门后,王致诚很快凭借其出色的画技进入清朝宫廷,成为乾隆皇帝的御用画师。中国传统绘画不以写实为最高旨趣,传统汉族文人画师也不追求画作如照相般的逼真。当时的耶稣会士汪达洪(Jean-Matthieu de Ventavon,1733-1787)曾这样描述欧洲画家在中国所面临的困境:

> 一名欧洲画家,在开始时特别会感到束手无策。他必须放弃其鉴赏力以及为适应该国的思想而对许多问题产生的想法。无论他的技艺显得多么精湛,他最好还是在某些方面成为艺徒,因为在这里的绘画中,人们丝毫不喜欢阴影部分,或者其喜欢程度几近于零。①

然而,清朝的满族皇帝和王公贵族却对欧洲肖像画的写实效果颇感新奇,甚至兴味盎然。王致诚就曾经描写道:

> 这些鞑靼人不太习惯看到自己被如此画像,对于在绢本上辨认出自己感到很惊讶,非常高兴地能与自己相见……当我画了几笔之后,他们多少都发现了画像与自己之间的少许相似性。当完全相似时,他们又如同是心醉神迷一般。②

正是这种被汉族文人贬为"画匠"技艺的欧洲写实肖像风格俘获了乾隆皇帝。与其祖父康熙一样,乾隆对西洋的"奇技淫巧"很感兴趣。他让王致诚为自己、皇室成员、后宫嫔妃和一些宠臣作画像,还命其像"随军画家-报道记者"般画下自己出巡时的情景。

---

① 伯德莱:《清宫洋画家》,耿昇译,山东画报出版社,2002,第 103 页。
② 伯德莱:《清宫洋画家》,第 61 页。

现在我们看王致诚当时为清廷所画的作品，会发现，画面将欧洲的写实主义肖像画（人物或动物）和中国传统风景画奇特地结合在了一起。有时，人物的衣着也像风景画一样刻意地向中国传统美术的去立体化靠拢。但有时却正好相反，风景画中加入了一些写实的元素。这两种不同风格的相互并存甚至杂糅显得不同寻常，但并不生硬。法国学者伯德莱（Michel Beurdeley）对于这种奇特画风的形成提供了一种看来合理的解释。乾隆时期，紫光阁曾展出一组描绘清朝边境征战功臣的大型画像。据伯德莱称，完成这组画像动用了三组人马。第一组是王致诚、意大利人郎世宁（Giuseppe Castiglione，1688－1766）或波希米亚人艾启蒙（Ignaz Sichelbarth，1708－1780）等耶稣会士御用画家以及他们的中国学徒。耶稣会士负责用欧洲的写实技巧描绘画中人物的脸部。第二和第三组则是中国画家，使用传统中国绘画技巧，注重线条的勾勒。① 由此我们可以推想，王致诚画中的中国元素可能也是借由中国画家之手完成的，而他自己则主要负责人物或动物的肖像部分。终其后半生，王致诚没有离开过中国，而他在中国创作的所有画作中，仅有屈指可数的几件得以运回法国。这几件就是《乾隆平定准部回部战图》的部分底稿。《乾隆平定准部回部战图》是16幅表现1755－1760年清军平定准噶尔及大小和卓木叛乱的战争场面的版画，由王致诚、郎世宁、艾启蒙和意大利传教士安德义（Joannes Damascenus Saslusti，1781年卒）共同绘制底稿，其中的《阿尔楚尔之战》（图4、图5）、《和落霍澌之捷》和《平定回部献俘》等图由王致诚单独完成。在法国耶稣会士的推荐下，画稿被送到法国制成铜版画，1775年运抵中国。实际制作的版画数量比运回中国的多，法国人将多印的版画留在了国内，一部分献给当时的国王路易十六，另一部分则为权贵和少数汉学家

---

① 伯德莱：《清宫洋画家》，第35、62页。

所收藏。① 传教士的底稿自然不会向法国公众展出。但1786年，巴黎却出版了一本收入缩小版（尺寸为原图的一半）16幅铜版画的图册，使得普通公众能一饱眼福。②《乾隆平定准部回部战图》铜版画虽然叙述的是中国的战事，采用的也是中国常见的将不同时间和地点发生的故事描绘在同一幅画中的表现方式，但无论是刻画人物还是风景的绘画技巧，都是纯然欧洲式的——"整个作品强调光线的明暗、投影；人物造型上则比例恰当，注重解剖、结构"。③ 然而，版画上风景的中国地貌特色并不明显。至于人物，如果我们仔细观察他们的脸部（尽管普通法国人可以看到的铜版画只有长约45厘米、宽约28厘米的大小，而且由于是全景式的人物和战马群像，每个人物脸部的刻画空间都不大），会发现，除了穿着打扮外，戴着帽子的中国人的相貌与欧洲人没有太大不同。④ 究其原因，很可能是法国的铜版画家由于缺乏真实参照物而以习见的法国人为模特，将中国人并不那么生动的眉眼也画得像欧洲人的脸那样立体起来。很可惜，这样的"中国画"并不能给法国人了解中国和中国人的真实形象带来多少实质性的参考价值。

尽管去过中国或接触过中国人的法国画家很有限，可这并不妨碍中国元素在18世纪成为法国风靡一时的艺术创作主题。包括华托（Antoine Watteau, 1684 – 1721）和布歇（François Boucher, 1703 –

---

① 伯德莱：《清宫洋画家》，第68 – 78页。
② Lothar Ledderose, "Chinese Influence on European Art, Sixteenth to Eighteenth Centuries," Thomas H. C. Lee, *China and Europe: Images and Influences in Sixteenth to Eighteenth Centuries* (Hong Kong: The Chinese University of Hong Kong, 1991), p. 226.
③ 聂崇正：《〈乾隆平定准部回部战图〉和清代的铜版画》，《文物》1980年第4期。http://www.battle-of-qurman.com.cn/literature/Nie5-WenWu_1980-04-30.pdf，最后访问日期：2011年8月22日。
④ 据故宫博物院研究员聂崇正称，《乾隆平定准部回部战图》铜版画每幅长90.8厘米，宽55.4厘米。见《〈乾隆平定准部回部战图〉和清代的铜版画》，《文物》1980年第4期，第61页。

1770）在内的具有代表性的洛可可画家都在自己的作品中描绘过所谓的中国场景和人物。华托曾为坐落于布劳涅森林（Bois de Boulogne）的拉缪埃特（La Muette）城堡画过《中国和鞑靼各色人物》组图（图6）。由于组图中的大部分都已随城堡一起在18世纪中叶被毁，我们现在只能从布歇和其他人根据原图所作的版画来一探原貌。① 从它们各自的题名，我们可以发现，这些作品描绘的是不同身份的中国人，包括宫妇、太监、医生、尼姑、道姑、丫头、老人、少年等——尽管只从画中人物的衣着或配饰来判断他们的身份是比较困难的。比如，道姑梳着类似拿破仑时期的女式发型，穿着宽松的朝鲜式女袍，拿着一把铁扇公主的扇子。虽然他们的打扮似乎是中国式的，或者更确切地说，是欧洲人臆想的中国式的，但作品实际呈现的其实是一群身着类中式服装的欧洲人——人物的脸部特征几乎是清一色的欧式深眼窝、高鼻梁。事实上，华托并非没有见过中国人。从维也纳阿尔贝蒂娜（Albertina）博物馆收藏的一幅出自他笔下的肖像素描来看，华托想必认识画中的曹（Tsao）先生（图7）②——这个一身典型清朝服饰、手持一把折扇、眼睛细长、鼻翼宽扁的年轻中国男子。这幅写实肖像画真实地反映了中国人的相貌。此外，华托的朋友包括让·德·朱利安那（Jean de Julienne，1686 - 1766）等进口中国画收藏家。他很可能在他们那里看到过许多中国画家的作品。③ 即便如此，从绝大多数我们所能见到的其他画家根据华托的绘画所制作的版画来看，画中的中国人物却都是不伦不类、"中西合璧"的——就像这些版画家之一的布歇在自己的油画中所表现的那样。布歇画过一系列以中国为主题的作品（图8）。画面的背景具有混合的东方特色，其中既有中国模样的亭榭楼阁，又有印度

---

① Michael Sullivan, *The Meeting of Eastern and Western Art*, pp. 100 - 103.
② Michael Sullivan, *The Meeting of Eastern and Western Art*, p. 103.
③ Michael Sullivan, *The Meeting of Eastern and Western Art*, p. 100.

的棕榈树。画中人物的装束可以说很中国化，但在发型、帽式等细节上却又令人困惑。皇帝和官员类似唐、宋打扮，普通男子则留着像满族而又非满族的奇怪发型，还有些人物甚至戴着阿拉伯头巾。所有人物的神态和举止都与布歇笔下的希腊众神无异：白发苍苍的老者优雅地摆着姿势，仆人则像美惠三女神那样高举着双手围成圈，欢喜雀跃。我们看到的是一群在一个混合着中国、印度和阿拉伯风情的想象环境中被中国工艺品所包围、身着中国或东方装束、举手投足有着布歇式优雅的人。布歇必定从进口中国工艺品和中国画中看到过中国的景象和中国人的模样（从他的画中可以看出，布歇的中国藏品可能种类繁多，不仅限于清朝题材一例），因此，他能凭借自己精湛的技艺画出中国的某些景物和装饰品以及中国人的服饰和大致相貌。然而，这些画面由于混淆的背景、奇怪的部分人物装扮和错位的姿态始终给人一种异样和不真实感。布歇的作品虽然比《中国和鞑靼各色人物》之类的版画更接近真实的中国，但显然还不是中国。

总之，19 世纪以前，绝大多数法国人对中国形象的直观印象要么停留在中国画家和工匠的扁平单线条中国画上，要么停留在法国画家的立体东西方"混血"画面上。两者都不能真实而完整地反映中国和中国人的形象。

2. 博尔热的中国主题绘画

博尔热是第一个完整而真实地将中国的形象呈现在法国大众面前的人。虽然他在中国的知名度不如耶稣会士画家，在法国美术史上的地位也不如华托和布歇，但他写实主义的作品原貌在版画中得到了很好的体现，而且，他在本国所展示的中国画作也没有数量上的缺憾。

博尔热 1808 年出生在法国中部伊苏登（Issoudun）的一个富裕家庭，从中学起开始学画。1829 年，他走出家乡，来到艺术家之都巴黎。在这里，他结识了著名的海景画家泰奥多尔·居丹

（Théodore Gudin，1802－1880）以及巴尔扎克、欧仁·苏（Eugène Sue，1804－1857）和拉马丁（Alphonse de Lamartine，1790－1869）等文人。三年后，像许多年轻艺术家一样，博尔热踏上了"壮游"（Grand Tour）的学习之旅，游历了地中海沿岸、阿尔卑斯山、比利牛斯山以及文艺复兴以来欧洲艺术家的圣地——意大利，并带回一幅描绘意大利风景的画作《台伯河岸》参加1836年的巴黎沙龙展。同年10月，博尔热又一次整装待发，而这次是环球旅行。当时的法国正时兴异国情调的绘画，德拉克洛瓦（Eugène Delacroix，1798－1863）在北非获得了无限创作灵感和素材。客死异乡的年轻植物学家维克多·雅克蒙（Victor Jacquemont，1801－1832）从北美和印度寄回的书信也在1836年出版，向他的同胞展现了他生前环游世界的探险经历。或许是受到去海外探索艺术之旅的好奇心的驱使，博尔热顾不得家人和朋友的异议，以一家商业企业合伙人的身份登上了开往美洲的船。好友巴尔扎克对他的这第二次出行并不乐观：

> 我已经列出了理由，我跟奥古斯特说别去做他所谓的旅行。他只是在浪费时间。但他拒绝承认存在一种能掌握所有艺术的技巧。无论是在文学、绘画领域还是在音乐、雕刻领域，十年的苦功是必需的，那样他才能在做主题－材料分析的同时，理解艺术界的命题……对他来说，他最好还是待在家里在光和色彩上练习两年，就和从未离开过家的［伦勃朗］（Rembrandt）一样，而不是远游到美洲，却带着残酷的失望回来，他一定会失望的。①

---

① 奥古斯特·博尔热：《奥古斯特·博尔热的广州散记》，中文版序，第1－2页；斯塔弗里德：《环游世界之旅》，出自奥古斯特·博尔热《奥古斯特·博尔热的广州散记》，第187－189页。《奥古斯特·博尔热生平简历》，出自奥古斯特·博尔热《奥古斯特·博尔热的广州散记》，第206－297页。

巴尔扎克的担忧看来主要是出于"技术层面"的考虑。我们至少可以从中看出一点，那就是，此时的博尔热绘画技巧尚不纯熟，也还没有形成自己的风格。博尔热自己曾在写给巴尔扎克的信中承认："事实上直到今天我几乎未曾工作，却可能是太想去模仿了。"① 那么，四年的环球之旅是否给画家博尔热带去了艺术上的收获呢？

在1836－1838年两年不到的时间里，博尔热先后来到美国、巴西、阿根廷、智利、秘鲁和夏威夷群岛。不出巴尔扎克所料，南美殖民当局对印第安人的残暴和对黑人奴隶的非人道行为果然让博尔热倍感失望。然而，新大陆的异域风情——无论是自然的还是人文的——却让他惊叹不已。每到一个地方，他都如饥似渴地用画笔记录眼前的一切。纽约的哈德逊河岸、里约热内卢的大街小巷、巴西的瓜纳巴拉湾和博塔福戈海滩、智利的瓦尔帕莱索港口、夏威夷群岛等地都留下了博尔热不知疲倦的身影。他曾这样描述自己在秘鲁阿雷基帕的写生经历：

……我在这个城市逗留的整段时间中，我的手从未停歇半刻，我的铅笔也没有。驼马队载着成包的货物行进，或是在阴凉处休憩。印第安人穿着彩色的披风，留着怪异的发式，他们年轻的脸庞上是麻木而顺服的神情，还有教堂富丽堂皇的门面，住家的内部构造，朴实的棉纺纱工的家，屋里的纺纱轮由一滴滴水推动运行。我把一切都画了下来，当然没有忘记经常被烟雾笼罩着的火山。②

---

① 转引自卡泽《奥古斯特·博尔热：画家、旅行家》，出自奥古斯特·博尔热《奥古斯特·博尔热的广州散记》，第181页。
② 转引自斯塔弗里德《环游世界之旅》，出自奥古斯特·博尔热《奥古斯特·博尔热的广州散记》，第195－196页。

博尔热在南美遇到了一些艺术家同行,其中对他影响最大的是德国画家鲁甘达(Johann Moritz Rugendas, 1802－1858)。鲁甘达曾两次前往美洲,描绘当地风土人情,并于1835年出版《巴西风景之旅》(Voyage pittoresque dans le Brésil)一书。在1831年开始的第二次赴美旅行中,鲁甘达在海地、墨西哥、智利、阿根廷、秘鲁、玻利维亚和巴西等国度过了15年的时间。1837年,博尔热在智利遇到这位出色的拉美风情画家,与他建立了亦师亦友的关系。据洛伊克·斯塔弗里德(Loïc Stravrides)称,鲁甘达向博尔热指出了他在绘画技巧上的不足,尤其是在人物画上。20世纪50年代,博尔热的一本画册曾出现在艺术市场上,里面有许多幅模仿鲁甘达的美洲速写的作品,其中的一些就出自《巴西风景之旅》。然而,鲁甘达很快在1837年底与博尔热告别,离开智利。不久,博尔热也随货船"亨利·克莱"号前往秘鲁和夏威夷。3个月后,"亨利·克莱"号横渡太平洋,向中国方向驶去。[①]

1838年8月,博尔热到达中国——这个在他之前法国只有耶稣会士画家身临其境、用画笔描绘过的国家——开始了他10个月的中国之行。博尔热先在中国海岸和香港做了一个月不到的旅行,之后又在广州待了近两个月。初到中国的他难掩兴奋之情,在给友人的信中写下了下面这段话:

> ……我终于靠岸了,我拥有了天国王朝!我对此感到非常自豪,就像我征服了一个国家,我通常不会碰到破坏我梦寐已久的乐事:想法并没有扼杀事实,而真相也丝毫没有失去它的魅力,如此长久的等待之后还存在这种情况确实非常

[①] 斯塔弗里德:《环游世界之旅》,出自奥古斯特·博尔热《奥古斯特·博尔热的广州散记》,第189－196页;《奥古斯特·博尔热生平简历》,出自奥古斯特·博尔热《奥古斯特·博尔热的广州散记》,第207页。

罕见。①

不知道是对另一种不同于欧洲或美洲的异国情调的着迷或者是由于他对中国期待已久的热情美化了他眼前的景象，博尔热认为很多中国人都"好看得不可思议"，像是"一个消亡了的种族的幸存者"。即使是一群"剃着光头、一身褴褛"的中国人，也比驱赶着他们的"脸庞酒红、表情愚蠢、嗓音嘶哑、举止粗俗"的欧洲海军好看。② 广州作为当时中国唯一的对外通商口岸（乾隆皇帝于1757年加紧清朝的闭关锁国政策，下令关闭其他所有港口），是一个对外贸易发达的繁荣城市。③ 博尔热把他在广州城里城外看到的一切新鲜事物都描绘在了信纸和画册上：城外河道里漂亮的竹帆船，岸上用鲜花点缀的房子和阳台上颜色鲜艳而欢快的柱子，美丽的山丘，形态不一的宝塔；广州城里建筑风格各异的十三洋行，洋行广场上从事各种行当的手工艺人和生意人，他们所用的各色阳伞（其中的棕榈叶和芦苇伞在博尔热看来极具异国情调），午后广场上的踢毽子、遛鸟和放风筝等娱乐活动，洋行前往来穿梭的各种做买卖和摆渡生意的船只，脖子上挂着葫芦和护身符的小孩以及因地势而建的美丽寺庙。像任何有阶级分化的地方一样，广州既有住宅如"威尼斯的宫殿"一般奢华的富人，也有由小孩领路、乞讨为生的盲人。无论到哪儿，博尔热都"毫不松懈地画着，因为总是有东西可画，总有［他］在别处没有见过的事物出现"。④

1838年10月底，博尔热到达澳门。澳门自16世纪中叶起成

---

① 奥古斯特·博尔热：《奥古斯特·博尔热的广州散记》，中文版序，第5页。
② 斯塔弗里德：《环游世界之旅》，出自奥古斯特·博尔热《奥古斯特·博尔热的广州散记》，第197页。
③ 许明龙：《欧洲18世纪"中国热"》，第7页。
④ 博尔热：《中国和中国人》，出自奥古斯特·博尔热《奥古斯特·博尔热的广州散记》，第20–54页。

为葡萄牙人的租借地。葡萄牙人向中国政府缴纳租金,以换取在澳门居住停留的权利。此外,他们还在澳门设立民政官和治安官。明清两代,在葡萄牙人的影响下,澳门逐渐从一个小渔村发展成为一个在中西交往史上有着特殊而重要地位的港口城市。它不仅在中国政府实行全国海禁时保留了对外贸易的自由,也是欧洲传教士来华的基地。许多传教士到达中国后,先在澳门学习中文和中国文化,再进入内地传教。虽然随着葡萄牙海上霸主地位的衰弱以及雍正时期其他中国通商口岸的开放,澳门的港口地位受到很大影响,但乾隆时期的闭关政策使得澳门的对外贸易又得到复兴。当广州成为中国唯一的对外通商口岸的时候,作为广州外港的澳门便成为其对外贸易的中转港口。许多外国船只都先经过澳门,再开往广州。[①] 此外,由于乾隆帝下令禁止外商在广州过冬,但允许他们迁往澳门暂住,澳门也成为除葡萄牙人以外的其他外国商人的居留地。[②]

与广州这样的大城市相比,澳门或许只能算是一个中小型城市。1557-1839年,澳门人口最多的时候只有4万人,而19世纪初广州的人口已经突破50万。然而,在这个葡萄牙式的中国港口城市,中国和外国居住者的比例却值得注意。据1839年林则徐进行的人口普查结果显示,澳门总人口为12645人,其中7033人为中国人,5612人为葡萄牙人,另外还有57户英国人——外国人与中国人在数量上如此接近。葡萄牙耶稣会士、汉学家潘日明(Benjamin Antonio)曾著书《殊途同归:澳门文化交融》,其题中所说有一定道理。一般将澳门的城市结构分为内城和外城两个区域,内城主要是葡萄牙人居住,而外城则是中国人的聚居区。然

[①] 韦庆远:《澳门史论稿》,广东人民出版社,2006,第91-92、102-111页。
[②] 章文钦:《龙思泰与〈早期澳门史〉》,出自龙思泰《早期澳门史》,吴义雄等译,东方出版社,1997,第29页。

而，内城的内港地区作为一个商业贸易区，却是中国人和葡萄牙人的交汇地。这里的中国人从事商业、贸易、手工业和翻译等工作，为葡萄牙人提供服务。有些人还学习葡萄牙人的生活习惯和文化，皈依了天主教。与这些从事服务业和手工业的中国人不同的是，住在城外的农村的中国人大多从事农渔业。[①]

对于博尔热来说，同来自欧洲的葡萄牙人并不是他感兴趣的对象，黄皮肤的中国人才是他画笔描绘的重点。这些中国人男性前额剃光，只留后脑勺的一巴掌头发，编成长辫，垂在脑后或盘在头上；而女性则多将头发盘起，有的还包上头巾；无论男女，穿的裤子都又宽又肥，很多人还打着赤脚。博尔热的画面上有玫瑰堂前的各色手艺人（铁匠、剃头匠、鞋匠和商贩）、住在船屋里的疍民、在街头或岸边掷骰子玩的人、带小孩的妇女、双手提东西的农妇、寺庙里祈福的平民和官员、寺庙外的热闹人群、坟前祭扫的人、闲散的士兵和带着枷锁的犯人，也有晾满衣服的街道、安静的村落、停靠船只的内港、木偶戏剧场和城外的军营。在所有人群中，疍民、掷骰子的人和剃头匠是博尔热比较偏爱的写生对象。疍民是一个独特的族群，主要以渔业为生，也做水上载客、货运的工作，因其日常起居都在船上而腿部多变形弯曲，故又人称"曲蹄"。这是一个辛苦劳作的群体，然而，博尔热却常常描绘他们聚在一起玩掷骰子的游戏场景。澳门华人的赌博历史由来已久，不仅是疍民，其他中国人也热衷于此。博尔热有一幅画就表现在妈阁庙前掷骰子玩的人群。此外，让博尔热着迷的还有澳门的剃头匠。他不厌其烦地用画笔记录下这些手艺人为顾客洗头、编辫子和掏耳朵的景象。对博尔热来说，"再没有比看一个中国人剃头更奇特的事情了"，剃头匠使"任何经

---

① 严忠明：《一个海风吹来的城市：早期澳门城市发展史研究》，广东人民出版社，2006，第3、50-51、187-188、191-192、230页。

过他手的人都重返年轻"。①

博尔热在澳门所绘作品大多为素描，也有水彩。这些作品中的一部分后来由出色的法国石版画家欧仁·西塞里（Eugène Cicéri，1813 – 1890）绘制成石版画，西塞里本人是一名优秀的风景画家，有过美洲、北非等海外经历。② 博尔热的澳门素描犹如一幅幅小品画，笔触张弛有度，画面时而精致细密，时而简练，人物则如漫画般生动、有趣。这一绘画风格的形成与他在澳门遇到的一位老师不无关系。像在智利遇到鲁甘达一样，博尔热在澳门也认识了一位杰出的同行——英国画家钱纳利（George Chinnery，1774 – 1852）。钱纳利毕业于英国皇家美术学院。他在爱尔兰生活了5年后，于1802年前往印度，成为当地知名的肖像画家。1825年，由于债务原因，钱纳利离开印度，来到中国。在此后的27年时间里，除了小部分时间待在广州和香港，他长期生活在澳门。钱纳利是在澳门生活的时间最长的外国画家，他的作品记录了濠江的风土人情，从普通中国百姓到外国商人，从城区的大街小巷到港湾的自然风景。葡萄牙人很少出现在他的画布上，与他们相比，钱纳利显然更喜欢淳朴的疍家女。他的画以水彩和油画居多，素描则似速写般简洁。钱纳利在澳门收了许多学生，其中既有毕十达（Marciano António Baptista，1826 – 1896）这样的土生葡人，也有中国人关乔昌（1801 – 1860）。关于钱纳利对博尔热在美术上的指导，一说主要在水彩技巧方面，又一说在素描和速写上。③ 仔

---

① 博尔热：《中国和中国人》，出自奥古斯特·博尔热《奥古斯特·博尔热的广州散记》，第113页。
② 德布雷：《奥古斯特·博尔热的中国》，出自奥古斯特·博尔热《奥古斯特·博尔热的广州散记》，第163页。
③ 斯塔弗里德：《环游世界之旅》，出自奥古斯特·博尔热《奥古斯特·博尔热的广州散记》，第198 – 199页。陈继春：《钱纳利与澳门》，澳门基金会，1995，第156页。

细比较两人的作品，会发现，博尔热对风景的描绘比钱纳利更为细致，而钱纳利的线条则更为简洁明快，但两人的水彩画均多用以黄色和蓝色为主的色调。博尔热有好几幅画的场景、人物以及构图都与钱纳利的某些作品相似〔如在玫瑰堂前的小贩场景图（图9、图10）、岸上的疍民船屋图（图11、图12）、玩掷骰子的人（图13、图14）等〕，从中可以看出后者对前者的影响。

与他和鲁甘达在美洲的分别不同，这次是博尔热被迫离开澳门，与他的英国老师告别。博尔热在写给巴尔扎克的信中道出了离去的原因："……你知道吗？我亲爱的朋友，成功就在我的指间？当时如果没有鸦片走私的话，就不会有战争；如果没有战争，我就不会带着三万或四五万法郎离开澳门了……"1939年6月——中英鸦片战争开战前一年，博尔热恋恋不舍地离开了生活了8个多月的澳门。之后，他又到过菲律宾、新加坡和印度，在继续旅行了一年多之后返回法国。①

回到法国的博尔热根据之前在澳门画的素描和速写创作了多幅油画。1841年，他的油画《澳门一个中国大寺院景观》（图15）和其他几幅以亚洲为主题的作品在巴黎的绘画沙龙上展出，获得巨大的成功。拿破仑三世将《澳门一个中国大寺院景观》一画买走。此后，博尔热东方风情的画作在巴黎和外省频繁展出。1842年，由塞夫勒皇家制造局（Manufacture de Sèvres）向他订购的《中国的闲逸》展出，用此画来做装饰的橱后来被拿破仑三世送给瑞典国王查理十五世。1848年，法国公使拉萼尼（Théodose de Lagrenée，1800－1862）向他订购一幅表现使团1844年到达澳门时的场景的画。此画同年出现在使团成员、摄

---

① 斯塔弗里德：《环游世界之旅》，出自奥古斯特·博尔热《奥古斯特·博尔热的广州散记》，第199－200页。

影家于勒·埃及尔（Jules Itier, 1802 - 1877）出版的《中国游记》（*Journal d'un voyage en Chine en 1843, 1844, 1845, 1846*）一书中。拿破仑三世非常欣赏博尔热具有异国情调的绘画，买下了他的多幅作品。1842年，博尔热出版书信体游记《中国和中国人》献给国王。书中除了文字，还有32幅西塞里根据他的原画制作的石版画。三年后，博尔热又出版了两本画册《环球之旅摘录》（*Fragments d'un voyage autour du monde*）和《维希》（*Vichy*），并为作家爱弥尔·福尔格[Emile Forgues, 1818 - 1883, 笔名"老尼克"（Old Nick）]的《开放的中华——一个番鬼在大清国》（*La Chine ouverte：Aventures d'un Tan - Kouei dans le pays de Tsin*）一书创作了215幅插图。此外，博尔热还在《外省艺术》（*l'Art en Province*）等多本杂志上发表关于中国的文章和插图。[①]

博尔热是第一位向法国人呈现真实的中国面貌和中国人形象的法国画家。他的作品就地取材，将真实的中国作为场景，将活生生的中国人作为模特。尽管他只到过澳门、广州和香港等东南沿海城市，可博尔热笔下的中国和中国人无疑比之前法国版画家和洛可可画家创作的中国主题的绘画更真实、自然，更有信息性，也比之前法国人所见到的进口中国画更能直观地反映具象中国。事实上，与其说洛可可画家想要表现的是真实的中国，不如说他们追求的是臆想中混合了中国、印度和阿拉伯等异国情调的遥远东方国度。虽然布歇的一些中国主题画已经在诸如瓷器、人物服装甚至脸部等细节上很接近真实了，但他的画缺少中国氛围，很难让人相信画中的故事发生在中国，而更像是发生在一个

---

① 德布雷：《奥古斯特·博尔热的中国》，出自奥古斯特·博尔热《奥古斯特·博尔热的广州散记》，第161 - 165页；斯塔弗里德：《环游世界之旅》，出自奥古斯特·博尔热《奥古斯特·博尔热的广州散记》，第200 - 203页；《奥古斯特·博尔热生平简历》，出自奥古斯特·博尔热《奥古斯特·博尔热的广州散记》，第208 - 209页。

想象的世界。与这种欧洲人自创的异国情调所不同的是，博尔热以真实中国为写生对象、用他精致的小品式绘画风格创造的纸上国度。在这个国度里，有博尔热想向法国人介绍的关于他所知道的中国的一切——山、水、船、街、房、庙和人——只不过，所有的景物和人物都以缩小的比例呈现在观众面前。博尔热似乎并不想表现中华帝国的大气，相反，他像之前的洛可可画家一样，将一切都描绘得那么小巧精致。他的纸上世界仿佛由一个个微缩景观所组成，现实生活中的景物一样不缺，却让人感觉不到空间上的延伸感。这或许是因为他所追求的是内向的精细，比如，他在树叶和建筑的细部描绘上有着令人吃惊的技艺。与景物一样，他笔下的人物也生动、有趣，有时甚至可爱——不只是因为他们肥胖的裤腿将他们的身材都压缩了，还因为他们椭圆的脑袋、突出的前额和腮帮都使他们显得有些漫画化。你不能否认博尔热描绘的是真实的中国，然而，这个真实的中国必须透过博尔热的视角才能看到，尤其是通过他的素描和水彩作品（博尔热回国后创作的不少油画都更偏向现实主义的风格）。这些画面传递了博尔热在描绘眼前景象时所怀有的善意和友爱之情——我们将在下文详细叙述这一点，从而让我们也看到了一个诙谐、有趣的纸上国度。其实，博尔热和洛可可画家一样，也在创造一个理想中国——只不过，这个理想中国对他来说，就是他所看到的现实。

在巴黎生活了十年以后，博尔热移居布尔日。① 虽然他继续根据之前旅行途中所作的草稿创作东方风情的绘画，但随着越来越多的法国人前往中国（战争最终将天朝的大门彻底打开），其"中国专家"的名声日渐淡薄，不久便被人遗忘。然而，100多

---

① 《奥古斯特·博尔热生平简历》，出自奥古斯特·博尔热《奥古斯特·博尔热的广州散记》，第209页。

年后,博尔热的名字却在他生活了 10 个月的国度被再次提起,①他对澳门这个中西文化交汇之地的形象和文字记录已经成为我们了解中法交流和澳门历史的珍贵材料。

二 旅行家博尔热的中国印象

如果说哪一本书有点现实意义的话,这本书不就是吗?假如我们不是像现在这样,不是旅行经历最少、最自以为是的世界民族,那么,本书在那些负责售书的书商那里肯定会卖得一本不剩的。假如作者不是在巴黎刊行此书,而是用英语写成,并且在伦敦出版这本书,那么,只要一个上午,它就会从卖这本书的书店中消失的。一个法国人在中国!他是个艺术家!一个真正的观察家!②

这是巴尔扎克在评论博尔热的《中国和中国人》一书时所说的话。如果说绘画和文字都能够用来表现一个国家和在这个国家生活的人的形象,那么,写实主义绘画是以直观的方式在平面上表现一个个场景,而文字则传递了画面上看不到的立体信息和作者的内心独白。巴尔扎克或许不是一个专业的绘画鉴赏家,但这位现实主义作家却不可能不是一个细心的社会观察家。因而,他对博尔热中国游记的评论虽不排除有主观感情色彩,却是中肯的。

---

① 1979年,《南华早报》在香港出版由罗宾·哈琼(Robin Hutcheon)写的《忆奥古斯特·博尔热》(Souvenirs of Auguste Borget)一书。2006年,上海书店出版社出版了由钱林森等人翻译的《奥古斯特·博尔热的广州散记》。
② 巴尔扎克:《奥古斯特·博尔热的〈中国和中国人〉》,出自奥古斯特·博尔热《奥古斯特·博尔热的广州散记》,第115页。

自17世纪以来，法国人主要通过在华耶稣会士的描述来了解中国。尽管博尔热用文字所展示的中国形象与耶稣会士的描述不无相似之处，可是，他更贴近中国的中下层民众，他对中国的描述也并没有因为利益的原因而加以取舍或夸张，他的立场是中立的，甚至有时可以说是略微偏向中国的。博尔热通过对自己在澳门旅居经历的叙述让法国人见识到了中国社会的百态以及普通中国人的生活——没有马可·波罗的传说中的财富，却有穷人的善良和乐观。

1. 17–18世纪法国的中国形象

法国与中国的直接交往始于17世纪。通过耶稣会士的记述，一个趋向真实的中国形象被引入法国。这个形象在历史的长河中不断演变，从最初的单一化和理想化发展到后来的多面和立体。这一过程在体现法国人对中国认识的不断加深与全面的同时，也反映了法国社会的不同群体在中国映像上所投射出的自身的不同诉求。

法国人一开始对中国是充满倾慕之情的。他们景仰中国文化，特别是孔子开创的儒家学说。而这要归功于从17世纪起到中国传教的法国耶稣会士，[①] 他们的著述在最初一段时间内是法国人了解中国的唯一直接信息来源。

从16世纪中叶开始，陆续有欧洲耶稣会士来到中国传教，其中最著名的可能是意大利人利玛窦（Matteo Ricci, 1552–1610）。法国耶稣会士大量来华始于17世纪80年代。此后，法国人在在华欧洲耶稣会士中的比例不断增加，影响力也越来越大，甚至超过了

---

① 耶稣会（Society of Jesus）是天主教的一个主要修会，1534年由圣依纳爵·罗耀拉（St. Ignatius of Loyola）成立，以期在天主教内部进行改革，应对新教的出现。耶稣会士致力于在全世界传播福音，其誓言是贫穷、纯洁和服从。除了传教和从事人道主义事业外，耶稣会士也以其在教育、学术研究和文化探索等方面的贡献而知名。

其他欧洲国家的传教士。1685年，法国国王路易十四派5名耶稣会士——洪若翰（Jean de Fontaney, 1643 – 1710）、白晋（Joachim Bouvet, 1656 – 1730）、张诚（Jean – François Gerbillon, 1654 – 1707）、刘应（Claude de Visdelou, 1656 – 1737）和李明——前往中国。与受命于耶稣会的其他国家耶稣会士不同，法国耶稣会士由法国国王直接派遣，与本国的联系更加密切。他们将自己在华的见闻和体会记录在书信或者著作中，这些文字在法国出版后，成为法国人了解中国的第一手材料，对法国人的中国印象的形成起到了关键性的作用。① 总的来说，法国耶稣会士笔下的中国是一个道德完善、尊孔敬儒的国家。有一个事件对这个形象的塑造产生了决定性影响，这就是延续了一个世纪之久的"礼仪之争"。

"礼仪之争"是在华传教士内部围绕中国的礼仪而展开的一场论战。论战的一方是包括法国人在内的绝大多数耶稣会士，另一方是天主教会的其他传教士，以多明我和方济各会士为主。② 两方在传教方式上有所不同。以澳门为基地的耶稣会士因循利玛窦的灵活策略，通过向中国文化（尤其是儒家文化）靠拢、从文人和官员入手来传播基督教。他们试图从中国古代典籍中寻找与《圣经》相似的地方，从而让中国人慢慢接受基督教。并且，他们允许中国信徒继续奉行尊孔和祭祖的传统风俗礼仪。多明我和方济各会士则深入中国的各城镇以及农村，针对普通百姓传教。在传

---

① David E. Mungello, *The Great Encounter of China and the West*, 1500 – 1800（Rowman & Littlefield, 2009）, pp. 15 – 17. http://books.google.com/books?id=9x3vE0UMPkMC. 最后访问日期：2011年8月22日。

② 多明我修会（Dominican Order）是天主教的主要托钵修会之一，1215年由圣多明我（St. Dominic）为传播福音和打击异教而建。其会士因身着黑色斗篷而被称为"黑衣修士"。方济各修会（Rule of St. Francis）是天主教的另一个托钵修会，1209年由圣方济各创立。其会士身穿灰色会服，被称为"灰衣修士"。因为对贫穷问题的不同看法，方济各修会分裂为守规派（Observants）、住院派（Conventual Franciscans）和嘉布遣派（Capuchins）三派。

教过程中，中国老百姓的迷信给他们留下了深刻的印象。对此，他们认定一切非基督教的当地习俗都是异教崇拜——其中也包括儒家的祭拜礼仪，并决定采取坚决排斥的态度。"礼仪之争"主要就是围绕中国人的传统礼仪是否与基督教教义相悖这个中心问题而展开的，与其说是学术问题，不如说是传教策略的问题。这场论战从 1643 年多明我会士黎玉范（Juan Bautista de Morales, 1597 - 1664）向罗马教廷提交"十七个问题"的报告控告耶稣会士开始，直到 1742 年教皇发布圣谕严禁中国礼仪宣告结束。期间，两方为了阐述各自的观点，以争取欧洲的支持，都对孔子的儒家学说以及中国的伦理和宗教进行了一番研究。而这些研究的内容就展现在传教士在欧洲出版的各种关于中国的著述中。虽然"礼仪之争"最终以耶稣会士的失败以及中国皇帝对天主教的禁令而告终，但这一"百年之争"却使得中国成为当时欧洲各界人士关注的热点，并促成了中国形象在欧洲的不断发展。[①]

当法国耶稣会士到达中国时，"礼仪之争"已进行了将近半个世纪。除了刘应外，其他 4 位"国王数学师"都支持在华耶稣会士的立场。很快，法国耶稣会士进入中国宫廷，受到康熙皇帝的赏识。就在此时，同样来自法国、但站在多明我和方济各修会一边的巴黎外方传教会福建代牧主教颜珰（Charles Maigrot, 1652 - 1730）发布中国礼仪禁令，[②]并向罗马教廷呈报，使矛盾进一步扩大，最终造成清廷和罗马教廷之间的对立。学者们由此猜测"礼仪之争"的背后不仅存在学术矛盾，还有法国耶稣会士因受法国国王和中国皇帝青睐而导致的与其他修会之间的利益矛盾。至此，"礼仪之争"已经演变成了天主教内部不同团体因嫉妒而互相排挤

---

① David E. Mungello, *The Great Encounter of China and the West*, 1500 - 1800, pp. 49 - 63.
② 巴黎外方传教会是一个天主教传教组织，1658 - 1663 年间在巴黎成立。这是一个由世俗教士和其他世俗人员组成的致力于在海外进行传教事业的组织。

的斗争，以及对法国国王和罗马教皇不同效忠之间的斗争。①

虽然"礼仪之争"不是简单的学术争论，但是通过"礼仪之争"，法国耶稣会士却为自己的国人带去了构建中国形象的重要材料。从17世纪下半叶起，在华法国耶稣会士不断通过书信、报告、著述和中国古代经典的译文向法国人介绍中国。在这些作品中，被编纂成书并在法国出版的有李明的《中国近况新志》(Nouveaux mémoires sur l'état présent de la Chine)、白晋的《康熙皇帝历史画像》(Portrait historique de l'Empereur de la Chine)、《耶稣会士通信集》(全名《若干耶稣会传教士写自海外传教区的感化人的珍奇的书信集》，Lettres édifiantes et curieuses, écrites des missions étrangères, par quelques missionnaires de la Compagnie de Jésus, 1702 – 1776)、杜赫德 (Jean – Baptiste Du Halde, 1647 – 1743) 编辑的《中华帝国全志》(Description géographique, historique, chronologique, politique de l'Empire de la Chine et la Tartarie chinoise)、《北京耶稣会士中国论集》(Mémoires concernant l'historie, les sciences, les arts, les moeurs et les usages des Chinois par les Missionnaires de Pékin, 1776 – 1814)，等等。其中，《耶稣会士通信集》和《中华帝国全志》是18世纪最为流行的两本关于中国的著作，为法国人塑造中国形象提供了重要信息。②

由于"礼仪之争"是围绕中国传统礼仪是否属于异教迷信这个话题展开的，而大部分法国耶稣会士对此都持否定态度，因此，他们的著述基本上都是从正面论述中国孔子学说和伦理道德及其与基督教的关系。针对"礼仪之争"的三个中心问题——中国文人祭孔是纪念老师还是将孔子当做神来祭拜，中国人祭祖是

---

① 艾田蒲：《中国之欧洲：从罗马帝国到莱布尼茨》，许钧、钱林森译，广西师范大学出版社，2008，第196 – 199页。
② David E. Mungello, *The Great Encounter of China and the West, 1500 – 1800*, pp. 95 – 103.

尽孝道还是迷信祈福，以及中国古代经典中的"天"是否是基督教的"上帝"——耶稣会士主要通过两方面的论证来表明立场。首先是孔子学说和基督教的同源性。利玛窦曾在中国发现犹太人，从他开始的耶稣会士由此宣称，基督教很早就在中国出现过，只是后来被中国人逐渐遗忘，仅在孔子经典这样的古老书籍中还保留痕迹。① 他们试图证明，儒家学说与基督教在精神上是一致的。② 其次是儒家的伦理道德观。耶稣会士指出，儒家讲究孝悌等伦理道德，而祭祀祖先正是中国人遵奉这一道德的表现之一。③ 除了儒家学说外，耶稣会士也将中国的政治和经济体制、文化艺术和风俗民情等一起介绍到了法国。

为了证明自己传教策略以及观点的正确性，并争取欧洲的同胞对自己在华传教事业的支持，耶稣会士向法国人所展现的中国形象是带有选择性的。在整理出版关于中国的著述时，他们经常修改与自己所希望宣传的中国形象不一致的内容，比如，删除关于中国人对占卜的迷信的段落。④ 就连利玛窦本人都承认："我花费极大精力，将儒教的主要人物孔夫子往我们的观点立场上拉……我以对我们有利的方式对孔夫子著作中一些模棱两可的东西……做了解释。"⑤ 耶稣会士对中国的这种"基督教伦理化"描写直接影响了法国人对中国的印象。至少到18世纪中叶，在法国人看来，中国总体上是一个有着完备道德体系和贤明君主的富庶之国。持有这种看法的人中间就有伏尔泰（Voltaire，原名

---

① 艾田蒲：《中国之欧洲：从罗马帝国到莱布尼茨》，第14页。
② 利奇温：《十八世纪中国与欧洲文化的接触》，第75、78页。
③ David E. Mungello, *The Great Encounter of China and the West, 1500–1800*, pp. 56–62.
④ 艾田蒲：《中国之欧洲：西方对中国的仰慕到排斥》，许钧、钱林森译，广西师范大学出版社，2008，第153页。
⑤ 艾田蒲：《中国之欧洲：从罗马帝国到莱布尼茨》，第176页。

François - Marie Arouet，1694 - 1778）等启蒙哲人。他们在孔子学说中发现了与自己开明专制的启蒙政治理想相契合的地方。不过，与耶稣会士不同的是，启蒙哲人并不承认儒家学说与基督教的任何联系。相反，他们认为，儒家学说是人类理性智慧的体现。①

在耶稣会士将中国介绍到法国之后，包括法国在内的 18 世纪欧洲掀起了一股追捧中国的热潮。启蒙哲人倾慕中国的儒家政治，重农学派推崇中国以农为本的经济体制，而艺术家则从中国艺术中获取洛可可风格的灵感来源。②

如果说一切都因耶稣会士而起，那么一切也将随耶稣会士而落。在教皇禁止中国礼仪后的 1773 年，耶稣会遭到取缔。就在此时，法国乃至欧洲的"中国热"冷淡下来。③ 我们在三年后出版的《北京耶稣会士中国论集》④ 中看到了与之前的《耶稣会士通信集》不同的记录风格。耶稣会士对中国的描述变得更加客观，赞美与批评并存取代了原先一味的溢美之词。法国国内对中国的态度冷静下来，除了耶稣会士的记述外，商人和其他赴华旅行者对中国的评价逐渐受到重视。⑤ 英国人乔治·安逊（George Anson，1697 - 1762）所著的《环球航行记》（*A Voyage around the World in the Year 1740 to 1744*，1748）是一个代表性例子。安逊是一名海军军官。1741 年 11 月，他率领的英国远航舰"百夫长"号（Centurion）到达澳门，在

---

① David E. Mungello, *The Great Encounter of China and the West*, *1500 - 1800*, p. 125.
② 利奇温：《十八世纪中国与欧洲文化的接触》，第 129 页。
③ 艾田蒲：《中国之欧洲：西方对中国的仰慕到排斥》，第 260 页。
④ 全称《北京传教士关于中国历史、科学、艺术、风俗习惯之论文集》（Mémoires concernant L'Histoire, les Sliences, les Arts, les Moeurs, les Usages des Chinois par les Missionaires de Pekin），详见本书第 14 页。
⑤ 许明龙：《欧洲 18 世纪"中国热"》，第 102 - 103 页；利奇温：《十八世纪中国与欧洲文化的接触》，第 129 - 130 页。

珠江停靠5个多月，获得补给和整修后离开。不久，"百夫长"号在菲律宾海域遇到一艘西班牙商船。当时，英国和西班牙正在欧洲交战。在击败了敌国商船后，"百夫长"号又于1742年7月驶回澳门，再次停留4个多月。《环球航行记》中记载了"百夫长"号在华的这段经历。书中的中国百姓普遍贪财、不可靠，商人狡猾、爱欺诈、不守诚信，而官员也经常索贿、办事拖沓。虽然安逊的日记与中方的记载颇有出入，但是某些中国人的弄虚作假——尤其是小贩在家禽和猪的腹内塞石头或灌水以增加其分量的行为——就是在今天的我们看来或许也不会觉得陌生。① 当欧洲正沉浸在耶稣会士对中国的一片礼赞声中时，安逊对中国人的反面描写显然是刺耳的异声。然而，随着"中国热"在欧洲的降温，这样的异声却因为打破了单一的中国"神话"而得到越来越多的关注。《环球航行记》在英国出版后的第二年就被翻译成法语。对"中国热"一向持怀疑态度的孟德斯鸠（Charles-Louis de Secondat, Baron de La Brède et de Montesquieu, 1689-1755）和卢梭（Jean-Jacques Rousseau, 1712-1778）分别在再版《论法的精神》（*De l'esprit des lois*）和《新爱洛漪丝》（*Julie, ou la nouvelle Héloïse*）中援引安逊的描述，认定中国人虚伪而不诚实。② 此后，越来越多的法国人开始质疑耶稣会士笔下的中国形象的真实性。"恐华派"（sinophobie）的声音愈加响亮，逐渐与"亲华派"（sinophilie）势均力敌。③ 于是，一个愈加客观而多面的中国形象呼之欲出。由于不同的人对中国的评价不一，因而，呈现在法国人面前的是一个褒贬互见、毁誉参半的中国。正如狄德罗（Denis Diderot, 1713-1784）所说："赞颂中国的人勾勒了

---

① Richard Walter, *Anson's Voyage Round the World*, The Text Reduced, 2005, Chapter 30-32, 35-40. http://www.gutenberg.org/files/16611/16611-h/16611-h.htm. 最后访问日期：2011年8月11日。
② 许明龙：《欧洲18世纪"中国热"》，第108-109、296页。
③ 许明龙：《欧洲18世纪"中国热"》，第203、287页。

一幅图景，诋毁中国的人则勾勒了另一幅图景。或许能从两种意见的对比中得到某些使之彼此靠近的启示。"①

尽管如此，直至18世纪末19世纪初，到过中国的法国人除了耶稣会士外，主要就是商人和外交官。由于亲历者有限，关于中国的一手材料也有限。对于大多数法国人来说，中国的形象还是有较大想象空间的。一位18世纪下半叶的法国学者曾经说："我们不谈……中国人，因为我们不能仅仅以虚构的报道和故事作为依据。"② 巴尔扎克在1842年甚至还如此谈论博尔热的中国之旅："哎！让法国人知道有关中国的真实情况，似乎有点冒天下之大不韪，损害人的想象力。"在他看来，当代的"想象力丰富的"法国"幻想家们"仿佛还像启蒙运动中的伏尔泰一样，需要一个理想化的中国，继续让自己沉浸在"神奇的梦"中和"想象力的象牙之门"内，编织一个"虚幻神奇、诙谐有趣的中国"形象。巴尔扎克认为，由于博尔热在中国的旅行距离较短、时间不长，其所见所闻对法国人的中国印象的影响因而也有限。③ 在某种意义上，他的这种评论是正确的。博尔热的中国印象不可避免地受到之前法国的中国形象的影响。不过，他在沿袭前人的一些观点的同时，又为这些褒贬不一的观点提供了真实的一手材料。同时，他观察中国的视角也受到法国国内时代的变迁和个人价值取向的影响。在澳门生活的7个多月中，博尔热接触最多的就是中国的普通百姓。他的中国书信为当时的法国人也为后来的中国人提供了一份珍贵的关于中国平民生活状况和风俗的报告。此外，博尔热也本着与中国文化沟通的愿望，将在中国的见闻与法国同类事物做比较，求同存异。他的这种精神或许比其中西比较的实际成果更有

---

① 转引自许明龙《欧洲18世纪"中国热"》，第248页。
② 转引自许明龙《欧洲18世纪"中国热"》，第299页。
③ 巴尔扎克：《奥古斯特·博尔热的〈中国和中国人〉》，出自奥古斯特·博尔热《奥古斯特·博尔热的广州散记》，第117–118页。

意义。

2. 博尔热的中国印象

（1）社会分化与下层民众

英国历史学家艾瑞克·霍布斯鲍姆（Eric Hobsbawm）曾把从 1789 年法国大革命爆发到 1914 年第一次世界大战爆发之间的这段时期称为"漫长的 19 世纪"，而这个 19 世纪又分为三个阶段。其中，第一阶段从 1789 年持续到 1848 年，是以法国大革命和工业革命为双轴的"革命的年代"。① 博尔热生于 1808 年，1836 年离开法国，开始为期 4 年的环球旅行。虽然在法国生长的这 28 年中，博尔热没有亲历过巴黎人民为反抗特权等级攻占巴士底狱，也还没有目睹巴黎工人的大规模武装起义，但这近 30 年的时间足以让一个法国人感受到"革命的年代"的丰富内涵。博尔热出生时正值拿破仑帝国统治时期，尽管专制帝权限制了人民的政治自由，可是大革命在民权上的成果却被拿破仑以法典的形式保留并确立了下来，普通人在非政治权利上的平等和自由得到了保障。更重要的是，经过大革命的洗礼，平等的观念已经深植人心。于是，继法兰西第一帝国倒台后复辟的波旁王朝不得不颁布《1814 年宪章》：一方面，在法律上承认既有的、属于人民的平等权利；另一方面，实行议会制，设立由国王指定的贵族院和由选举产生的众议院。然而，随着复辟王朝的统治日趋保守和专制，社会各阶层反对绝对君主制的情绪越来越高涨。由小资产阶级、学生和工人为主要组成的革命力量于 1830 年 7 月推翻了波旁王朝，路易·菲利浦上台，正式承认君主立宪制，金融大资产阶级掌权。七月王朝期间，法国爆发了第一波较大规模的工人起义：1831 年和 1834 年的里昂见证了法国渐进式工业革命所带来的新的阶级矛盾。如

---

① 见 Eric Hobsbawm, *The Age of Revolution: 1749 – 1848* (Auflage: Vintage Books, 1996)。

果法国大革命像保罗·汉森（Paul Hanson）所说，"建立了法国政治将为之争论两个世纪的要素，或者说，框架"①，那么它同时也为法国民众——无论是资产阶级还是新兴的产业工人——带来了平等和自由的观念，而博尔热正是这些观念形象化的见证者和观念本身的接受者。可以说，大革命的精神遗产影响了博尔热观察澳门当地社会的视角。

博尔热在澳门看到了伴随社会分化而来的贫富悬殊。议事亭前地是澳门当时最大的广场。它的一端是葡萄牙人的议事会，另一端则连着中国人聚居的板樟堂街。根据博尔热的记叙，此处是中国人和葡萄牙人活动区域的分隔地带，也是两者的交汇处。在这里，既能看到葡萄牙妇女和她们的黑人仆役，也能看到各色中国商贩和顾客。作为一个集市，它聚集了澳门社会的各个阶层和群体。就是在这样一个浓缩社会百态的地方，博尔热以生动的文字描绘了与杜甫"路有冻死骨，朱门酒肉臭"的诗句异曲同工的情景：

  一个被喂养得很好的小孩舒适地走着，尝着厨师刚端到她面前的菜，菜盛在小茶托里，而她的邻座在买饭之前，仔细地计算着是否还有钱剩下来明天用；在一个角落里，另一名男子在和那些肥猪抢叶子和食物，而通常都是白费力气，这里到处都有很多猪。

与养尊处优、衣食无忧的富家小孩形成鲜明对比的是紧缩开支甚至与猪争抢剩菜的穷人。与其说这些穷人沦落到了与猪同等的地位，不如说博尔热将澳门的底层中国百姓比喻成猪，一句"这里到处都有很多猪"似乎在暗示着澳门的穷人之多。他感叹道："总是穷人和富人之间的对立，以及各种制度的胜利，它们要

---

① Paul Hanson, *Contesting the French Revolution* (Wiley‐Blackwell, 2009), p.189.

求每个人都要尊重所有权。"① 在这里，我们看到了法国大革命《人权宣言》的平等、自由精神，其普遍意义在博尔热寄托于澳门的愿景中得到了体现。

在博尔热看来，所有的人都是平等的，无论他们的实际社会地位如何。他多次去澳门最古老的寺庙妈阁庙写生，而经常去庙里烧香、祈福的当地妇女成了他的主要观察对象。由于一般当地男性不能接近汉族上层女子，更不用说是一个外国人，因而，博尔热被禁止参加有她们在场的宗教仪式，只能在其离去时窥见隐在轿帘后的样貌片段。尽管希望能有机会近距离观察这些"特权人物"，可是对他来说，在庙里看到的普通中国妇女的脸也是"与前者等值的"：后者将一切希望寄托在这种妈祖宗教上，其虔诚甚至迷信深深触动了他。② 另一个群体也是博尔热经常描绘的对象：澳门地处珠江口西岸，他的很多画都是表现在江上打鱼为生的疍民的生活面貌的。这些传统上以船为家的人生活贫苦，社会地位低下，受到陆上居民的歧视，但据说正是他们构成了1841－1842年澳门人口的1/4，③ 可见当地的中国人的总体生活水平之低。清朝开始，有少量疍民移居上岸。他们在江边的地面打上木桩，架船为屋，或者铺上木板，建构起有限的空间作为居所。博尔热用文字这样描述他的画笔所展现的画面：

> 无论……都无法与水边的街道和吊脚楼住宅区遭遇的不幸相比。在一个欧洲人看来，这么多的人能一起生活在一个如此狭小的空间里，这简直无法想象，即使在他看见了这个

---

① 博尔热：《中国和中国人》，出自奥古斯特·博尔热《奥古斯特·博尔热的广州散记》，第61－62页。
② 博尔热：《中国和中国人》，出自奥古斯特·博尔热《奥古斯特·博尔热的广州散记》，第73－74页。
③ 陈继春：《钱纳利与澳门》，澳门基金会，1995，第106页。

事实时,他也无法相信……最初来到的一批人占领了土地,在那里搁下了他们那条不能再下水航行的旧船,后来到达的人在周围竖立了许多木头,从而在别的船上加上一层,或者把他们的船吊起来,或者在没有船时,设立一层楼板,用席子铺起来,在上面做成屋顶状。最穷的人又来这里。他们没有土地,没有船,没有木板,没有木柱,在两家住所之间的空地上居住,在那里支起他们的吊床。

尽管生活环境艰苦,可博尔热却认为这样的一个社会群体因为内部的平等共处而值得肯定——"在这里,一部分人不会有所有权,另一部分人也不会被奴役。"①

博尔热的平等观也体现在他对穷人的同情上。他曾经在给友人的书信中叙述过一个关于坟前的狗的故事,我们毋宁把它当作一个比喻。清明节祭祖扫墓是中国人的传统。博尔热发现,扫墓者祭拜完毕之后留在坟头的祭品经常成为野狗的食物。然而,并不是每条狗都能得到命运女神的眷顾:先来的狗很快把祭品都吞食完,后到的狗通常只有舔渗着油脂的土地的份儿。博尔热对比了这两种狗的肖像:

> 从每条狗的举止、神态就可明白它应该是哪个等级。先来的狗直立着脑袋,身上的毛稍微竖起,耳朵的肌肉紧绷着,眼里是挑衅的目光;它们满怀愉悦地精心修饰一番,并不只是人类试图使人不嫉妒[他]们的幸运。另外的狗则完全相反,它们走路的时候脑袋、耳朵都耷拉着,尾巴可怜地垂在两腿之间,而先到的狗则总是晃动着尾巴,而且傲慢地把尾巴翘得很高;对有些狗来说,同样的失误会经常出现,它们

---

① 博尔热:《中国和中国人》,出自奥古斯特·博尔热《奥古斯特·博尔热的广州散记》,第56-59页。

或是出于它们的处世哲学,或是出于自尊而装出一副顺从的样子。

与其说这是在描写走运和不走运的狗,不如说是在影射因生活如意而趾高气扬以及生活失意而垂头丧气的人。然而,最后还有几条狗,来得最晚,因此一丁点收获都没有,这些狗是最让博尔热感到可怜的。它们表面上装得"泰然自若,与幸运的狗混在一起","人们以为它们在看天空、看风景,事实上它们是在细心地观察着远处,希望能发现新的轻烟燃起"。博尔热重点描绘了其中一条又丑又瘦的老狗。这条狗找到一个新目标后,为了防止被其他狗发现,从而与其争抢,假装"漫不经心地"走来走去,

> 在离坟墓一定距离的时候,它又慢慢转过身,测量着自己与狗群之间的距离,当它确定自己是第一个到达的时候,它像箭一样地跑过去……但是,看吧!在辛苦盘算这么久之后,它也只有土地可以舔……这些可怜人把他们带来的祭品又带回家自己吃了,他们本能地以为活人的需要比死人的需要更重要。我无法不同情这只动物,它平常肯定都没有东西吃,因为它为了得到如此小的收获却花了那么大的心思。①

博尔热并没有因这条狗的外貌而嫌恶它,也没有因为其卑微的小小心计而鄙夷它。相反,他体谅它因饥饿而费尽心机,可怜它的命运,就像他可怜那些把祭品带回家的扫墓者。似乎,在他看来,生活困顿并不是这些人自己的错——而是,因为有富人,所以才有穷人。

在中国,博尔热对穷人的同情也找到了另外一个理由,那就

---

① 博尔热:《中国和中国人》,出自奥古斯特·博尔热《奥古斯特·博尔热的广州散记》,第 89-90 页。

是，穷人的善良。弱势群体彼此之间的互相帮助和接济让他感动。上一个故事中的不走运的狗仿佛以其本体形式在这里出现了。一个又老又瘦的疍民住在江岸的破船上。他的船没有顶棚，只靠一些稻草和破布遮盖。这个看上去毫无生气的老人已经丧失了劳动能力，经常只靠吃动物的皮填饱肚子。博尔热从不见他主动向别人乞讨。"他总是那么无动于衷，那么顺从。这是一个堕落的人吗？还是他在一生的悲惨中汲取出了这种顺从？"——狗的哲学原来就是人的哲学。但这个老人其实并不是孤苦无依，因为其他的疍民在接济他。一些年轻的船家女不时给他送去食物和水，而他则把欧洲人施舍给他的钱分给她们。最后，他的后事也是由这些疍民负责料理的。博尔热不禁感叹："施舍的多少是与财富的多少相反的，穷人总是随时把他的生活必需品与人分享，而富人却从来都没有多余的东西。"[①] 这句话不仅是在批判上层阶级的冷酷、自私，也表达了博尔热对善良的下层民众的敬意。

博尔热对穷人的好感还表现在他对后者乐观的生活态度的描绘上。虽然岸上的疍民如前所述生活在逼仄、简陋的"船楼"里，但是，物质上的贫乏并不代表精神上的贫乏。在这些不过"五尺高、五尺宽、十尺长"的屋子里，每家都供奉着一个小佛龛，里面有一个小神像。麻雀虽小，五脏俱全。疍民们每日两次给神像奉茶、敬香，以祈求平安。同时，疍民的生活也不乏情趣：他们用鲜花来装点自己的"船楼"。"……到处有花，虽然空间不大，但在如此艰苦的生活之中，又获得了某些诗意，我感到一种无限的快乐。"疍民还喜欢热闹，"听到外面传来一点点声音，原以为冷清的所有这些住家顷刻间活跃起来；可以见到数不清的人集合在一起"。掷骰子是疍民的一项娱乐活动，他们一得闲就聚在一起

---

① 博尔热：《中国和中国人》，出自奥古斯特·博尔热《奥古斯特·博尔热的广州散记》，第 80-82 页。

玩，博尔热有多幅画就是表现其在岸边或街头玩掷骰子的场景的。疍民的生活看似简单、普通，但他们乐在其中。"亲爱的朋友，不要以为这些穷人的艰辛会影响他们的健康；不……每张脸庞都洋溢着快乐。"① 通过阅读博尔热的记叙，我们虽然不能说疍民享受贫苦生活，但可以肯定，博尔热对这些穷人抱有极其友好的态度。如果他们的实际生活状态并不像他描绘得这么轻松，那么，只能说，博尔热在美化他们的生活，而这样做的原因则源于他对底层百姓的深切同情——无论后者是什么国籍。

据《奥古斯特·博尔热的广州散记》一书中有关博尔热生平简历的记述，他晚年在法国的大部分时间都致力于帮助穷人的事业。②

（2）社会道德

平等的观念，从政治和社会的角度看，是伸张一种权利，而从个人情感的角度看，就是一种道德的体现。博尔热对穷人的同情与他本人的道德品性直接相关。居丹曾把博尔热看做自己"绘画上的学生、美德上的老师"，而巴尔扎克总是称呼他为"善良的奥古斯特"。③ 博尔热一方面凭着自己的道德感对中国社会的善恶美丑进行褒贬；另一方面他也受到此前欧洲的中国形象的影响，在肯定中国乃道德化社会的同时，指出道德被软性制度化后产生的痼疾。

同情弱者是人类最自发的道德情感的表现之一。与狗在坟头争抢活人给死人的祭品相类似的，是老百姓在寺庙里争抢居官者

---

① 博尔热：《中国和中国人》，出自奥古斯特·博尔热《奥古斯特·博尔热的广州散记》，第 59 页。
② 《奥古斯特·博尔热生平简历》，出自奥古斯特·博尔热《奥古斯特·博尔热的广州散记》，第 210 页。
③ 转引自斯塔弗里德《环游世界之旅》，出自奥古斯特·博尔热《奥古斯特·博尔热的广州散记》，第 188、189 页。

献给神佛的供品,有时,狗甚至与这些穷人一起争食。对此,博尔热写道:"那位捐赠人一点都没有为此感到不安,继续一点都不少地向其他神仙献上他的敬意;而且正相反,他笑看着这些抢食的孩子,克制了对他们的指责。"居官者在这里对老百姓是否大度不是关键,重要的是,博尔热对这种慷慨表示肯定。他对穷人不是居高临下的怜悯,而是胸怀宽广的包容。他在现场所做的,即是加入到争抢的人群中,拿一份点心给绑在母亲背上的一个小孩吃。① 博尔热对弱者的同情并不仅限于个体或某个社会群体,还扩大到整个民族:中、西遭遇中,他在情感上偏向前者。在他看来,欧洲人在中国使用了一定的暴力和强权,从而造成了部分中国人对他们的反感和排斥。初到天朝,在从香港去广州的水路上,博尔热遇到当地百姓对他们棍棒相向,试图驱赶他们的船。这时,他的第一反应不是责备这些中国人,而是检讨欧洲人一直以来没有友善地对待中国人:"这难道不是某些暴力行为和极端傲慢的举止引起的后果吗?""我担心人们认为欧洲人既不公正也不真诚,使得别人很有理由与我们保持距离。"② 博尔热是带着结交友好之心来到中国的,在他所指涉的不公行为中,中国是弱者,欧洲是强者,对弱者的同情使他不自觉地将情感的砝码移向前者。因此,在别处被邀请去当地人家里做客、受到热情款待时,他反而"倍感羞耻",为他的同胞感到愧疚。③

对不公行为的反感也表现在博尔热对风水先生与和尚的态度上。澳门人对风水的迷信给他留下了深刻的印象,不过是负面的。

---

① 博尔热:《中国和中国人》,出自奥古斯特·博尔热《奥古斯特·博尔热的广州散记》,第 75 页。

② 博尔热:《中国和中国人》,出自奥古斯特·博尔热《奥古斯特·博尔热的广州散记》,第 25 页。

③ 博尔热:《中国和中国人》,出自奥古斯特·博尔热《奥古斯特·博尔热的广州散记》,第 15 页。

澳门人相信自己的运气和父母墓地的风水有关（巴尔扎克将此解读为是秉承了儒家对祖先的尊崇①），而风水先生就利用这种愚蠢的迷信骗取普通人的钱财。博尔热在日记中详细记叙过一段经历。他曾在墓地中看到一个风水先生怎样领着一个男子找他父亲的坟墓。博尔热这样描述这个风水先生的外貌：

> 他扁平的大鼻子上几乎没有凸出的骨头，尤其是在根部上，人们都以为是上天造他的时候给他拿掉了。一位灵巧的艺术家只需几抹淡淡的色彩就足以画出他的肖像；他那薄薄的几乎没有肉的嘴唇贴在几颗相当长的牙齿上，这几颗牙齿把上下唇分开来。两撇白胡子垂下来，与他下巴的胡须在一个高度；他的两只小眼睛里满是坏心眼，而肿胀的眼皮和脸上凸起的颧骨使他的眼睛显得更小；整张脸被两只分得很开的又大又平的耳朵夹在中间。

正是这样一个貌不惊人甚至丑陋的老头却像一个"艺术家"那样观察着周围的地理环境，仿佛在考察天体和地貌。他用手中的棍子东敲敲，西看看，口中还念念有词，有时又作思考状。他带着那个男子和两个随行仆人满山丘地转。经常是似乎找到了地方，仆人开始挖土，他又让他们停下，再接着去别处找。博尔热笔下的风水先生就像是个招摇撞骗的巫师，利用生人的迷信赚死人的钱，在他看来，可鄙又可笑。②

同样利用迷信骗人的还有和尚。在博尔热笔下，澳门的和尚几乎是贪婪和不诚实的化身。他们滥用信徒的虔诚来获取利益，

---

① 巴尔扎克：《奥古斯特·博尔热的〈中国和中国人〉》，出自奥古斯特·博尔热《奥古斯特·博尔热的广州散记》，第143页。
② 博尔热：《中国和中国人》，出自奥古斯特·博尔热《奥古斯特·博尔热的广州散记》，第91-94页。

比如，无视信仰的神圣，擅自享用信徒留在佛像前的供品。"他们一点都不为信徒们圣洁的心愿担忧，如果信徒的虔诚来得稍慢一点，或者他们的收入减少了的话，他们就会不择手段地赚取钱财。"① 博尔热举了一个卖画的例子。一次，他看中庙里的一幅古画，上面描绘了《白蛇传》里的故事。当庙中的和尚明白博尔热的意图后，"目光突然亮起来"，很快与他达成了交易。可是博尔热身上没带钱，为了防止画送到后买主赖账，和尚将博尔热的朋友扣在庙中，直至博尔热取了钱回来。② 在这个故事里，和尚成了一个唯利是图的象征，行事与六根清净的佛教原旨背道而驰。

在利用普通人的迷信为自己的利益服务这一点上，博尔热认为和尚和亚洲的基督教神父如一丘之貉。③ 有趣的是，17世纪来华的耶稣会士也曾批判中国和尚对信徒的欺骗。然而，他们这样做的原因主要是为了排斥佛教在中国的地位，从而为基督教的传播铺平道路。法国耶稣会士李明曾声称，和尚自己都不相信自己所选择的宗教。他讲了这样一个故事。曾有两个和尚看见一户人家的鸭子肥，便放声大哭，对女主人说鸭子是他父亲的投胎。女主人信以为真，就将鸭子交给和尚。于是，鸭子便成了和尚的盘中餐。向法国人叙述这些故事的耶稣会士当然不会想到，两百年后，一个道德感强烈的法国人会将本教神父的行径与他们所唾弃的这些和尚的作为相提并论。④

从17世纪开始，一直到18世纪，法国耶稣会士和启蒙哲人曾

---

① 博尔热：《中国和中国人》，出自奥古斯特·博尔热《奥古斯特·博尔热的广州散记》，第75页。
② 博尔热：《中国和中国人》，出自奥古斯特·博尔热《奥古斯特·博尔热的广州散记》，第76页。
③ 博尔热：《中国和中国人》，出自奥古斯特·博尔热《奥古斯特·博尔热的广州散记》，第75页。
④ 许明龙：《欧洲18世纪"中国热"》，第188页。

先后把中国描绘成一个道德完善的儒家治国的国家。无论是耶稣会士还是启蒙哲人，都认为孔子学说对中国有着举足轻重的影响，并且，他们都推崇儒家学说中的道德哲学。不同的是，耶稣会士把道德与宗教联系在一起，认为儒家学说是一种与基督教相容相通的宗教，两者宣扬一些共同的道德准则；而启蒙哲人则更注重道德与政治的关系，认为中国是一个道德治国的典范。

很多西方学者认为，耶稣会士在欧洲对中国文化的宣传是有选择性的。他们贬低在中国流行的所有基督教以外的宗教，如佛教和道教，而推崇为中国知识分子所熟知的儒家学说，推崇其中他们认为与基督教互补的部分。① 这一相容的部分就包括道德。在耶稣会士看来，儒家所宣扬的伦理规范与基督教是一致的。"这个由文人组成的教派……希望每个人都具有高尚的德行。为了达到这一目的，他们提出一些无疑非常适合的训诫，所有这些训诫都是与我们心间的自然光辉和基督教真理相一致的。"② 有选择性其实意味着两层含义。首先，中国的形象被片面化了，与此同时，耶稣会士所突出的中国文化的某些方面也被放大和美化了。对于耶稣会士这样做的原因，大致有两种解释。一种认为，将儒家学说描绘成与基督教相通的宗教，是为了表明中国是一个适宜传布基督教的国家；而将中国美化成一个道德社会则是为了让欧洲人对中国产生好感。所有这一切都是为了吸引欧洲继续在人力、物力和财力上支持耶稣会士在华的传教事业。③ 另一种认为，耶稣会士通过说明儒教在中国的地位——成为统治阶级的治国之本——以及它所起到的道德教化的重要作用，以类比天主教在欧洲的传

---

① David E. Mungello, *The Great Encounter of China and the West, 1500 - 1800*, p. 104.
② 转引自艾田蒲《中国之欧洲：从罗马帝国到莱布尼茨》，第 182 页。
③ 许明龙：《欧洲 18 世纪"中国热"》，第 319 页。

统地位，为巩固这种地位做宣传。①

在耶稣会士之后崇扬中国道德哲学的是法国的启蒙哲人。中国的道德政治在 18 世纪的欧洲风靡一时。从未去过中国的启蒙哲人关于这个国家的所有观点都建立在耶稣会士提供的材料基础之上，然而，他们却因为否认孔子学说的宗教性而与耶稣会士相对立。启蒙哲人认为，儒家学说不是一种宗教，相反，它处处体现了人类的理性。中国是启蒙哲人理想中由开明专制君主统治的国度。在那里，不需要宗教，道德就可起到教化整个国家的作用，因为统治者将道德融入施政之中，由此，道德不仅仅只存在于纸上或说教中，还被人们在现实生活中实践着。②

在法国哲人中，伏尔泰是中国道德政治说最有力的宣传者。他宣称，中国人"具有完备的道德学，它居于各科学间的首位"。③然而，他区分了中国的统治阶级和平民对儒家学说的不同实践。中国的统治阶级是伏尔泰希望欧洲效法的对象。在他看来，他们才是儒家学说的真正信仰者和遵循者。而中国的平民与欧洲平民几无二异——粗俗鄙陋、迷信、狭隘。④伏尔泰对中国儒家道德政治的褒扬在他所创作的戏剧《赵氏孤儿》中可见一斑。《赵氏孤儿》本是元代纪君祥写的一部杂剧，被耶稣会士马约瑟翻译成法语，引入法国。故事讲的是春秋时期晋国贵族赵氏一家遭奸臣陷害被诛杀，唯一幸存的孤儿在几位忠臣以自我牺牲为代价的营救和保护下长大成人，最终报仇雪恨。伏尔泰在这出戏中看到了中

---

① 参见张国刚、吴莉苇《启蒙时代欧洲的中国观：一个历史的巡礼与反思》，上海古籍出版社，2006。
② Lothar Ledderose, "Chinese Influence on European Art, Sixteenth to Eighteenth Centuries," Thomas H. C. Lee, *China and Europe*, p. 58; David E. Mungello, *The Great Encounter of China and the West, 1500 – 1800*, p. 127.
③ 转引自利奇温《十八世纪中国与欧洲文化的接触》，第 79 页。
④ 利奇温：《十八世纪中国与欧洲文化的接触》，第 80 页。

国道德的完美体现:"《赵氏孤儿》是第一流的作品,其有助于了解中国人的心理,超过所有过去以至今后关于那个广大疆域的著述。"① 于是,他在这个故事的基础上,写了一部伏尔泰式的《赵氏孤儿》。故事的背景搬到了宋朝末年,原本晋国的赵氏孤儿变成了宋朝的最后一个皇子,奸臣则由暴君成吉思汗所取代。原来的孤儿复仇变成了现在的暴君被儒家道德所感化、转而保护遗孤,悲剧变成了皆大欢喜的结局。伏尔泰将原来的政治冲突改为现在的民族冲突和爱情冲突(成吉思汗、忠臣和忠臣之妻之间)。这些冲突最终都由儒家的伦理道德来化解。如果说纪君祥的故事还有《史记》作为历史依据,那么,伏尔泰的《赵氏孤儿》则完全是虚构的了。他将剧中的忠臣取名为尚德,顾名思义,这个人物就是儒家伦理道德的化身。最终,蛮族成吉思汗拜倒在汉人的儒家道德面前,不仅不杀孤儿,还要求尚德教他汉人的道德和法律。伏尔泰把中国看作道德政治的理想典范,或者说,他将自己的道德政治理想寄托在中国身上。在这种理想中,帝王是一个依凭道德而不是暴力施政的智者,贤明而不严酷。从耶稣会士的记述中,伏尔泰看到,中国的皇帝就是一个将道德与政治相融合的君主:他"该是位最优秀的哲学家",下的诏书"几乎全是道德训诫与忠告"。而孔子开创的儒家学说正为这种治国方式提供了理论依据:"孔夫子……是古代圣贤……是他教给了中国人美德。"② 借由对中国道德政治的宣扬,伏尔泰希望他理想中的开明君主制也能在欧洲得到实行。

　　伏尔泰是最热烈鼓吹中国道德的法国启蒙哲人。另一个启蒙运动的旗手狄德罗虽然也肯定中国人对道德的重视,但他认为,这恰恰是中国社会因为人口众多而无法为美德的普及提供充足物

---

① 转引自利奇温《十八世纪中国与欧洲文化的接触》,第 81-82 页。
② 转引自艾田蒲《中国之欧洲:西方对中国的仰慕到排斥》,第 188、204 页。

质条件的结果。因此，在他看来，中国人更多的是在强调道德，而未必是实践道德。① 差不多同一时期，以魁奈为代表的重农学派推崇中国的政治经济体系。与伏尔泰一样，他们也歆羡儒家的道德政治，认为这是遵循了重农学派所倡导的自然法则。②

无论是耶稣会士还是启蒙哲人，他们对中国的描绘（如果不是想象的话——对于后者来说）都是片面化、理想化的。而他们对中国儒家道德的宣扬（无论现实中国社会的道德实践如何）则影响了后来像博尔热这样的法国人。

初到中国的博尔热认为这是一个人人知书达理、通晓法律的国家。不识中文的他把每户人家门口贴着的对联看做是一条条警句格言。而这正是他从之前法国对中国的描绘中得到的印象："人们在欧洲声称会读书是中国的一种科学，因为这儿的每个人都会读书，任何人违反了法令时都不能推脱说自己不懂法律。"③ 这显然是一个理想化的中国：一个读书人的国度，一个儒学普及的国家。除了因为他本性善良外，对中国道德化的这种先入为主的看法也在很大程度上影响了博尔热对中国百姓道德性的判断。有两个例子。一个是对小偷的民间审判。一天，当博尔热在妈阁庙前作画时，一个偷汗巾的男子被当众捉住。然而，人们没有把他押送到官府，而是将他绑在庙前的柱子上示众，接受老百姓的责骂，羞辱完了再放人。原来，如果交由官府处理，那么小偷就会被施以刑罚，一生都会留下烙印，这样也就断了他改过自新、重新做人的后路，非但不会达到惩罚的效果，反而只会使他继续做小偷。为了惩罚小偷同时挽救他，老百姓便成立一个民间法庭，用这种当众羞辱的方式来教化罪犯。博尔热对此大有感触。在他看来，

---

① 许明龙：《欧洲18世纪"中国热"》，第251页。
② 利奇温：《十八世纪中国与欧洲文化的接触》，第93页。
③ 博尔热：《中国和中国人》，出自奥古斯特·博尔热《奥古斯特·博尔热的广州散记》，第13页。

这是一个改造罪人的大善之法。中国人的仁慈和宽厚能使"一个犯了大罪的人……变成正直的人",而"这种仁慈比热情地安慰通常的不幸者更胜一筹"。① 另外一个例子与看戏有关。博尔热发现澳门人非常喜欢看戏。戏班子一来,人们便全跑去戏台前的广场上。各式各样的人都被戏剧所吸引,聚集在一起——富人和穷人,陆上居民和疍民,穿着入时的公子哥和年轻的船家女,甚至还有盲人、乞丐及和尚。有限的空地上挤满了人,甚至屋顶的竹竿上也爬满了看客。然而,就是在这样一个各色混杂、有钱人与底层百姓共处的地方,却没有争执或打架。戏的精彩吸引了人们全部的目光,而这种共享的乐趣并不由人们热烈的鼓掌声所表现,而是体现在观众屏息凝神观看演出的安静气氛中。博尔热对中国人在看戏过程中所表现的礼貌感到惊奇。他认为,这要么是因为他们的性格温良,要么是他们恪守纪律的表现:"这是不是这个民族的宽厚善良或它的美好准则的结果呢?"② 显然,之前法国国内知识分子对中国儒家道德的渲染影响了博尔热对真实中国的看法。

博尔热对中国道德社会的信念甚至还使他反过来为受到法国抨击的某些中国"陋习"做辩护。在欧洲,一直流传着关于中国人杀死婴儿的说法。从16世纪末17世纪初开始,在华的欧洲传教士(如利玛窦)就有关于中国人杀女婴的记载。③ 而在18世纪法国出版的《耶稣会士通信集》中,耶稣会士也提及了他们在中国所见的婴儿(尤其是女婴)被父母抛弃或溺杀的现象。④ 欧洲人将

---

① 博尔热:《中国和中国人》,出自奥古斯特·博尔热《奥古斯特·博尔热的广州散记》,第82-83页。
② 博尔热:《中国和中国人》,出自奥古斯特·博尔热《奥古斯特·博尔热的广州散记》,第78-80页。
③ David E. Mungello, *The Great Encounter of China and the West*, *1500-1800*, p. 137.
④ 许明龙:《欧洲18世纪"中国热"》,第322-323页。

这种现象主要归咎于两个相互关联的原因：一是中国人口众多，二是由此造成的贫穷。"这个国家尽管地大物博，却养活不了它的居民。除非国土扩大四倍，否则他们无法过上舒心日子。"甚至耶稣会士自己都说："这个国家既是世界上最富庶、最繁荣的国家，从另一种意义上说，却又是最贫穷、最悲惨的国家。"① 中国的统治者对此也无能为力。"政府虽然非常人道，体恤、关怀大众，但面对这种残酷的屠杀也只能熟视无睹，听凭这幕惨剧每日不断地上演。"② 所以，来中国之前的博尔热经常听到关于中国人杀婴以及这种行为受法律保护的传闻。然而，到了中国后的博尔热却发现这不是事实。"当我看到这些可怜妇人对孩子的抚爱和仔细照料时，根本无法相信这种说法。"即使有杀婴现象，那也是个别的，只会发生在将人性逼向绝望的饥荒的时候。③ 在这里，儒家所宣传的伦理道德和博尔热的善良将中国道德社会的形象进一步纯化了。

然而，博尔热笔下的中国道德社会并不是平面的。尽管他着力称赞中国人的道德品性，可他也看到，道德被奉行儒家学说的知识分子和统治阶级强调甚至隐性制度化后，被剥离了其实质性内容，或者说丧失了它产生的情感基础，结果，道德就只剩下形式的躯壳。这就是中国社会存在的部分人的集体形式主义现象。对于此，除伏尔泰以外的法国启蒙哲人其实早有察觉。卢梭就曾在小说《新爱洛漪丝》中说，中国人"把一切义务当作逢场作戏，把道德变成装腔作势，除了彼此请安问好，再也不懂得其他人情"。④ 狄德罗也在《百科全书》（*Encyclopédie, ou dictionnaire raisonné des sciences, des arts et des métiers*）中评价过中国人的孝道，

---

① 许明龙：《欧洲18世纪"中国热"》，第322页。
② 艾田蒲：《中国之欧洲：西方对中国的仰慕到排斥》，第271页。
③ 博尔热：《中国和中国人》，出自奥古斯特·博尔热《奥古斯特·博尔热的广州散记》，第50页。
④ 转引自许明龙《欧洲18世纪"中国热"》，第110页。

认为"在这些外部表象中,做给人看的成分大于真实的感情"。[1] 孟德斯鸠更是从中国礼教的本质中寻找造成这种形式主义的原因。他认为,中国人从小被教导礼教,整个国家也宣传礼教,礼教规范了人们"生活上一切细微的行动"。然而,这最终只是一种行为上的伦理道德约束,并不能从情感上感化人们。[2]

博尔热在中国看到了许多因制度化约束退化而来的形式主义现象。首先是在宗教上。博尔热每天都在庙里参加中国人的祈愿仪式。通过观察,他发现,有些人总是一副无所谓的样子,宗教仪式对他们来说,只是走个过场,在其身上看不到任何敬畏或者虔诚之情。在庙里,他们像在外面一样随意抽烟、唱歌和吹口哨,有时甚至拿佛像前供着的香来点烟。因此,博尔热表示:"尽管他们也进行宗教仪式,但我还是无法了解信服这个民族的宗教精神。"[3] 与此相关的是中国人的祭祖行为。清明节是中国人祭奠祖先和逝者的节日。在这个"没有一个中国人敢忽视"的"神圣的祭日",生人到死去的亲人墓前摆上几碟小菜、酒和茶,烧些纸钱,然后用磕头或者鞠躬来完成祭奠。有钱的人还会请和尚做法事。然而,在坟前磕头的妇女虽然哭喊声响亮,却不见其脸上有任何悲伤的表情。甚至这些前来扫墓的人在祭奠过程中还笑着跑开,去看一旁的博尔热作画。博尔热由此感叹,"这一祭奠先人的仪式是他们宗教教育的一部分,而且深入这个民族的道德规范之中,这使得这个视条令和文书为一切的民族对这个仪式的重视超过了哀悼本身的真挚性;我们甚至可以说他们就把这一点给免去了"。这一评价显得讽刺而无奈,却深刻揭示了中国礼仪躯壳之下情感实质的缺失。中国的法律规定,"人们有履行各种仪式的义

---

[1] 许明龙:《欧洲18世纪"中国热"》,第 246-247 页。
[2] 许明龙:《欧洲18世纪"中国热"》,第 242 页。
[3] 博尔热:《中国和中国人》,出自奥古斯特·博尔热《奥古斯特·博尔热的广州散记》,第 73 页。

务，任何一个忽视义务履行的中国人将受到严厉惩罚"。① 法律的惩罚只能使道德异化成冷漠。说到底，制度和礼仪只能从表面达到目的，不能影响到本质。然而，这个"礼仪之邦"的形式主义不只是渗透在民间仪式中，还表现在国家军队的对外作战中。每当外国战舰在澳门海岸抛锚时，中国巡逻舰就迅速出动，但驶到离对方船只一定距离后停下，绕着它不断转圈。等到对方船舰一走，它才重新前进，假装追赶，最后鸣炮表示击退，"宣称敌人在伟大的皇帝所向无敌的威力前退缩了"，极具讽刺意味。② 军队在履行职责（或者说恪守职业道德）时所采取的形式主义的自欺欺人，显得可悲又可笑。其后果之一或许就是，北京的统治者对他们的无能一无所知。

（3）艺术

法国人对中国的艺术并不陌生。18世纪的欧洲"中国热"期间，法国进口并仿制了一系列中国工艺品，中国元素成为当时在法国风靡的洛可可风格不可或缺的组成部分。而与传统欧洲风格迥异的中国园林建筑艺术也由耶稣会士介绍到欧洲，为许多人所欣赏。博尔热作为一名画家，自然在澳门对亲眼所见的中国艺术嗅觉灵敏。在其观点不可避免地受到之前欧洲化的中国风格影响的同时，博尔热为法国人带回了一份更详细、直观并真实的艺术考察报告。

洛可可风格是18世纪在法国出现的一种艺术风格，路易十五统治期间达到鼎盛。这种风格以优雅、小巧和精致为特点，出现在绘画、雕塑、建筑等各种艺术形式——尤其是装饰艺术中。洛可可风格常常给人以戏谑、轻佻、矫饰甚至阴柔的感觉，与之前

---

① 博尔热：《中国和中国人》，出自奥古斯特·博尔热《奥古斯特·博尔热的广州散记》，第85-86页。
② 博尔热：《中国和中国人》，出自奥古斯特·博尔热《奥古斯特·博尔热的广州散记》，第55页。

盛行的巴洛克风格雄性的庄严和凝重形成对比。这种风格与中国搭上关系，可谓是顺应了由赴华耶稣会士掀起的欧洲"中国热"的风潮。这股风潮不仅席卷了欧洲的思想知识界（法国的启蒙哲人就是一个例子），也影响了艺术界以及贵族和资产阶级的生活风尚。在这后一方面的表现就是一种所谓"中国艺术风格"（Chinoiserie）的兴起。正如前文所提到的绘画艺术那样，"中国艺术风格"混合了现实、想象和欧洲口味等三方面因素，其产物是一种欧洲化的中国形象。它的中国依托在于进口到欧洲的中国工艺品以及耶稣会士和其他游历者对中国的描述。[1] 然而，中国元素是手段，欧洲口味才是目的，中间又加入了欧洲人的想象这一调味品。由于当时在法国盛行的艺术口味是洛可可，中国元素便被洛可可化。久而久之，未到过中国的法国人便以为中国的艺术风格就是洛可可风格，后者成了前者的自然联想。

洛可可时代的"中国艺术风格"是与瓷器、漆器、丝绸等源自中国的工艺品紧密相连的。一开始，法国人从中国进口这些商品，其中有不少是中国工匠根据前者的喜好而制造的。后来，法国人开始自己仿制华瓷、华漆和丝织品，从款式、颜色、图案和花纹上进行模仿。路易十五的情妇蓬巴杜夫人曾向法国最有名的漆匠马丁兄弟大量购买其仿自中国和日本的花鸟漆器，用来装饰她的官邸美景宫（Château de Bellevue）。法国人对中国的花鸟图案特别喜爱，各地的艺术学校都争相学习和模仿，用于王室用品的设计中。在当时，还流行一种"中国壁纸"，上面绘有各种颜色鲜艳的花卉图案。[2] 法国人从中国的瓷器中看到了精致的色调，从漆器中看到了优雅的光泽，而闪亮的丝绸则赋予了他们纤细和娇媚，

---

[1] 张国刚、吴莉苇：《启蒙时代欧洲的中国观：一个历史的巡礼与反思》，第352页。

[2] 利奇温：《十八世纪中国与欧洲文化的接触》，第23–46页。

这些都为洛可可所欣赏。洛可可时期的装饰艺术以西洋穴怪图（grotesque）的动植物图案为特色，中国花鸟图案又恰好为其提供了素材来源。如果我们将洛可可风格与传统的中国艺术做比较，可能会觉得两者在某些地方形似，但绝对达不到神似。然而，正如德国学者利奇温所说，"洛可可时代的嗜好，抓住了投合他们自己的装潢观念的东西"。[①] 一个有说明性的例子是，作为路易十五宫廷中洛可可风格的有力推动者，蓬巴杜夫人曾让法国的手工艺人将中国花瓶改造成带有洛可可式手柄的欧式大口水罐。由此可见，不是"中国热"造就了洛可可，而是洛可可与其他方面的因素一起促成了"中国热"。

如果说，中国艺术风格是以洛可可的面目见诸法国的，那么，博尔热把他在澳门所见的妈阁庙的建筑装饰风格称为"蓬巴杜夫人式"就不足为奇了。博尔热将妈阁庙与法国的教堂做比较，发现前者不像后者那么高大而朴素。相反，妈阁庙小巧、精致得像"小人国"的"玩具"，其建筑风格极富细节的修饰。博尔热举了一面刻满小雕塑的墙为例。

> 每个格子都是经过精心雕刻的；雕出来的装饰有兵器、乐器、花和人像。所有这些浮雕中有一块雕饰最打动我，我发现它与其他组成部分之间的关系有点特别，一流的雕刻师们把这些组成部分完全对称地排列着。浮雕上面有一个幼童，骑在一头动物身上，我无法辨别那是什么动物；幼童占据着重要位置，他的两边则是些重要人物，不是国王就是哲人，其衣服上的褶皱都很有艺术性；他们的头顶上方雕着两位衣着华丽、撑着阳伞的妇人；底部是一个长角的魔鬼，在惊恐

---

① 利奇温：《十八世纪中国与欧洲文化的接触》，第41页。

地逃跑。①

这种细致而精巧的装饰艺术似乎与洛可可艺术的风韵不谋而合。然而，中国的艺术不仅有精细小巧的一面，也有大气写意的一面。只不过，精细小巧恰好是洛可可的偏好。

除了装饰艺术外，博尔热对中国建筑艺术的浑然天成、人工与自然的和谐统一也赞不绝口。博尔热称妈阁庙为"我在这个国家看到的最美丽的奇观"。这座庙宇"完美的中国特质"深深吸引了他。在这里，"中国特质"指的是建筑的布局——"所有建筑之间的和谐，建筑物在岩石和百年老树间所处的位置"。前者意指建筑群的风格一致、自成一体——从一个个殿堂到院落，再到广场，从殿堂里的圆窗和柱子到广场上的栏杆，再到连接不同殿堂和广场的阶梯。后者指的则是中国园林艺术的典型特点：自然与人工巧妙结合，以至于看不出人工布局的痕迹；一切仿佛一气呵成，即兴而作。如，"台阶面依据地形的变化而忽宽忽窄，因为人们尊重一切事物，无论树或石头"。"有时候院墙在一块岩石那儿中断了，然后又重新出现，岩石被连砌在院墙上，一半在院内，另一半则露在院外。"人工的庙宇与大自然的景致相映成趣、和谐一体，仿佛"某位仙女的手"在建造庙宇的同时使大自然得到了"一种严格的尊敬"。博尔热由此赞叹中国人的艺术天分和智慧。表面上看，这些像是艺术家的即兴创作："他没有依据任何做好的计划，也没有做任何研究，只是简单地利用位置优势来建这些小建筑，并在它们的建造过程中使之相互协调，以他一时的突发奇想来决定建筑的位置。"然而，在仔细研究之后，博尔热觉得，这是"一项长久而深入的工作"，因为呈现在他面前的布局是最完美的布局，人工被雕琢得仿佛自然天成。"表面上表现出来的艺术性

---

① 博尔热：《中国和中国人》，出自奥古斯特·博尔热《奥古斯特·博尔热的广州散记》，第64页。

如此之少，那包含在内的艺术性就应该是无止境的，因为它的胜利就在于避开了一切表面的检测，制造出如此自然的效果，而这些效果看起来似乎都不是刻意追求得来的。"①

关于中国园林对自然元素的巧妙运用，欧洲其实早有著述。到过紫禁城的法国耶稣会士王致诚就在 1749 年出版的《耶稣会士书简集》中最早向法国人介绍通过人工来表现自然性的中国园林艺术。他举了一个水道的例子。"这儿的水道与我们的水道一点都不一样，不是用笔直的方石砌成的，而是很简朴地用岩石块砌成，其中有些石块突出，有些则往里陷，参差不齐，但是堆得很有艺术性，可以说这是大自然的杰作。"② 博尔热对妈阁庙布局的称赞与此可谓是异曲同工。除此之外，王致诚还将中国和欧洲的园林建筑做了一个对比。欧洲人喜欢"规整和对称"，中国人则效法自然，偏爱"无序和反对称"。将中国的园林建筑风格真正引进欧洲的是英国人威廉·钱伯斯（William Chambers, 1726 – 1796）。他曾随瑞典东印度公司到过中国，回国后出版了《中国建筑、家具、服饰、机械和器具设计（附录：庙宇、房屋和花园描述）》（Designs of Chinese Buildings, Furniture, Dresses, Machines, and Utensils: to which is annexed a description of their temples, houses, gardens, 1757) 一书。在该书中，他是这样描述中国园林艺术的特点的："大自然是他们的标准，他们的目的就是模仿大自然的全部不规则美。建园之前，中国人首先要察看地形，看看地块有多大，是否有坡度，有无小丘、湖荡或小河，然后就势造园，隐去其缺陷，凸现其自然之美，使之最符合自然面貌。" 依照他所理解的中国园林风格，钱伯斯在英国设计建造了一座有假山、瀑布、小桥、

---

① 博尔热：《中国和中国人》，出自奥古斯特·博尔热《奥古斯特·博尔热的广州散记》，第 62 – 72 页。
② 转引自德布雷《奥古斯特·博尔热的中国》，出自奥古斯特·博尔热《奥古斯特·博尔热的广州散记》，第 173 页。

流水和宝塔的"丘园",成为其他欧洲国家争相模仿的对象。由此,中国园林在 18 世纪下半叶的欧洲风靡一时。① 在法国,不对称风格园林融入"中国艺术风格"中,成为洛可可艺术的另一载体。黑兹花园(Désert de Retz)就是这种被称为"英中式"园林的一例。

(4) 中西异同

在论述中国建筑装饰艺术时,博尔热将其与法国的洛可可风格做类比,这是一种中西比较的行为。纵观他从中国写给法国友人的书信,博尔热曾多次将这个陌生的国度与自己所熟悉的祖国做比较。然而,这种比较并不带有居高临下的欧洲中心主义的偏见——萨义德的东方主义在这里并不很适用;② 相反,博尔热一开始就带着友善之心,试图从比较中寻找两国的相通之处,从而更好地理解中国和中国人。

中国和法国的宗教是博尔热比较得最多的方面。法国是一个传统的天主教国家,而中国则是一个多宗教的国家。澳门的传统中国宗教主要有道教和佛教两种,其中的道教又以妈祖信仰为主。这一宗教特点在中国既有代表性,又有特殊性:虽然佛教和道教是中国的主流宗教,但对妈祖的崇拜却是沿海地区渔民的传统。澳门的很多庙宇同时供奉着这两种信仰的偶像,妈阁庙也不例外。

尽管中法两国的宗教不同,可是信徒对信仰的虔诚程度却没有差别。博尔热观察到,中国和世界其他地方(包括法国)一样,女性比男性更加虔诚,更加频繁地去庙宇。他曾详细描述一个年轻母亲为儿子祈福时的情景:

---

① 转引自许明龙《欧洲 18 世纪"中国热"》,第 127 – 129 页。
② 萨义德(Edward Wadie Saïd, 1935 – 2003),巴勒斯坦裔美国学者,在《东方主义》(*Orientalism*, 1978)一书中提出了他的后殖民主义理论。他用"东方主义"一词来形容自 18、19 世纪欧洲帝国主义时期以来的西方在学术和艺术上对东方的"外来"偏见的解读传统。

……母亲跪在孩子身边,借助几块小木签祈求好运,并且虔诚地为儿子的健康祈祷。这个受难的可怜小东西面黄肌瘦,从来没有微笑过。当占卜表明凶多吉少时,母亲似乎丧失了勇气,她的眼里充满了眼泪,而当小木签表明吉多凶少时,她的目光立刻有了生气。她的举动和姿态全都流露出欢乐,这种欢乐一直在持续,直到她来到另一个祭台,欢乐随着新的不测又消失了。

相较之下,男性则忙于世俗事务,多依靠自己的实际能力而不是宗教迷信来达到目的。他们即使去庙中参拜,也不像"无所事事的"女性显得那么感情投入与孤注一掷,而更像是在完成一种仪式。① 这种东西方相似的男女宗教角色分配在一定程度上反映了传统社会中男女地位不同这一共性。

博尔热还注意到中法两国在关于宗教建筑的由来上的相同点。无论是中国的庙宇,还是法国(或者说欧洲)的教堂,都是由虔诚的信徒发起建造的。根据传说,澳门的妈阁庙是由一位在海上旅行时遭遇风浪而求诸海中女神、许愿若得平安便为其建造庙宇的公主兑现诺言所建。同样,西方教堂的诞生也源自信徒在危难中的誓言,"归功于上帝在迫在眉睫的危险中突然给出的启示,以及他及时介入的说服力"。② 这种相通处反映了宗教产生的一个重要因素:传统社会中人类求助于超自然力的普遍性。

与宗教相关的是墓碑铭文。中国人和欧洲人一样,在墓碑上刻有逝者的名字和功德。由于"死亡可以原谅一切",人们对逝者总是抛却怨怼、心怀仁慈,任何人在死后都能得到宽恕。于是,

---

① 博尔热:《中国和中国人》,出自奥古斯特·博尔热《奥古斯特·博尔热的广州散记》,第 74–75 页。

② 博尔热:《中国和中国人》,出自奥古斯特·博尔热《奥古斯特·博尔热的广州散记》,第 64 页。

墓碑上对于亡者一生的总结都是正面的，避讳提及缺点。而这些被称颂的品德"可以或真或假"，这在东西方都一样。①

虽然博尔热竭力寻找中国和法国的相同点，但他也不得不正视两者间存在的客观差异。一个最简单的例子是和尚与教士对待戏剧有着截然不同的态度。基督教的神职人员禁止观看戏剧，而中国的和尚则非但不反对，相反还加入到看戏的队伍中。② 在澳门度过了后半生的瑞典驻华总领事龙思泰（Anders Ljungstedt，1759 – 1835）就曾记载，葡萄牙主教试图通过下令拆毁戏台和禁止基督徒看戏等方法来对抗中国人的戏剧演出。③ 另一个意味深长的区别在军队方面，而这与第一次鸦片战争的导火索虎门销烟事件有关。清朝从雍正时（1729 年）开始禁止鸦片贸易。但此后，英国商人的鸦片走私依然猖獗。到道光年间，鸦片已经给中国带来了严重的社会和财政问题。博尔热就曾这样描绘他所目睹的鸦片走私贸易：

> 当看到在这个小港湾里，这两艘抛锚靠岸、造得很结实的船上装载的唯一货物就是鸦片时，谁会相信在这个天朝王国中鸦片交易是被禁止的！当看到不断被清空而又总是被装满的巨大的船侧两边，在无数形状多样、大小多变的小船上挤满了成千上万饥渴的中国人，他们就像一群扑向猎物的猎犬，这个时候，谁又会相信在这个海岸上有 9 个村庄、3 个城市，而每个城市里都有一大群官员负责执行最新的抵制印度麻醉药的法令？④

---

① 博尔热：《中国和中国人》，出自奥古斯特·博尔热《奥古斯特·博尔热的广州散记》，第 63 页。
② 博尔热：《中国和中国人》，出自奥古斯特·博尔热《奥古斯特·博尔热的广州散记》，第 76 页。
③ 龙思泰：《早期澳门史》，吴义雄等译，第 184 – 185 页。
④ 转引自德布雷《奥古斯特·博尔热的中国》，出自奥古斯特·博尔热《奥古斯特·博尔热的广州散记》，第 166 页。

博尔热显然对鸦片的危害有所认识。而正如他所指出的,清朝官员的玩忽职守是导致鸦片走私猖獗的原因之一。1838年底,道光皇帝发布禁烟令,任命态度强硬的林则徐为钦差大臣,赴广东禁烟。在收缴了外国烟商的鸦片之后,林则徐于1839年6月3日至25日在虎门当众销烟。就在这期间,博尔热于6月20日写信给友人,叙述了自己在澳门看到林则徐手下官兵驻扎军营的事情。此前,博尔热已经谈到中国巡逻舰在遇到外国战舰时虚张声势、例行公事的形式主义,这次,他对中国军队面貌的描述异曲同工。博尔热指出,在营房的样子、排列方式和干净程度上,中国和欧洲是相似的,然而,在士兵的精神面貌上,两者却是迥异的。"欧洲的士兵总是在运动,穿着轻便的军装,脸上总是一副好战的神情,而这些爱好和平的人穿着宽大的袍子,配备的武器是矛、梭镖和火枪!"与时刻保持警惕的欧洲军人相比,中国士兵显得慵懒萎靡,对他们来说,满足食欲似乎比服从军人的职责更重要。博尔热由此暗示,中西交战,胜负可以预见,尽管"这种事情对他们〔中国人〕来说是不可能发生的,因为他们离欧洲那么远"。[①] 然而,这个看似"不可能发生"的事情却确确实实发生了,博尔热一语成谶。1840年6月,英国战舰到达广州海面,点燃了中英鸦片战争的硝烟。两年后,清军战败,不得不向英国求和。正是由于战前的紧张局势,博尔热被迫于1839年6月结束自己的中国之行,前往马尼拉。[②] 一年之后,携异国情调"纪念品"回到法国的博尔热在巴黎受到热烈欢迎。

---

① 博尔热:《中国和中国人》,出自奥古斯特·博尔热《奥古斯特·博尔热的广州散记》,第94-95页。

② 巴尔扎克:《奥古斯特·博尔热的〈中国和中国人〉》,出自奥古斯特·博尔热《奥古斯特·博尔热的广州散记》,第118页。《奥古斯特·博尔热生平简历》,出自奥古斯特·博尔热《奥古斯特·博尔热的广州散记》,第208页。

三　结语

  作为画家的博尔热为法国带去了之前的法国画家未能完整而真实展现的中国画卷。即使这幅画卷只是从东南一隅来描绘天朝，即使博尔热由于身份所限，更多的是用普通人的形象来代替少数权贵的面貌，然而，与旨趣背道而驰的中国人自画像相比，与被法国版画家们"西洋化"了的耶稣会士作品相比，与布歇们的"自创中国画"相比，博尔热的画作是一面独一无二的反映真实中国影像的法国镜子。他的中国主题绘画之所以受到拿破仑三世及其他法国人的青睐，主要由于其历史价值。因此，即使巴尔扎克将它们贬斥为"拙劣的画"，[①] 也不能否认这些视觉作品在法国人构建直观的中国印象中的意义。

  与他的绘画共同帮助形成法国的中国形象的是博尔热的文字。法国人长期受到耶稣会士对中国"基督教道德化"描述的影响，看到的是一个片面、理想化的中国形象。当这一形象受到商人等更实利化报道的冲击以及耶稣会士本身处境转变的影响时，法国人又对褒贬不一的中国形象感到无所适从。事实上，这正是中国形象在法国不断丰满与立体化的一个进程。到了 19 世纪，这些由不同人创造的不同中国形象叠加在一起，影响着法国的博尔热们。博尔热到澳门后，不由自主地把眼前所见的中国与在法国听说的中国相联系。同时，他的个人品性与价值观也影响了他的观察和判断。其结果就像西方积累到 19 世纪对中国的认识一样，有褒有贬。然而，归根结底，博尔热是本着友好和善意的态度来到中国

---

① 转引自斯塔弗里德《环游世界之旅》，出自奥古斯特·博尔热《奥古斯特·博尔热的广州散记》，第 201－202 页。

的。他所寻求的是两种文化之间的交流与沟通，而不是枪炮相向。尽管他笔下有狡猾、贪婪、愚蠢和虚伪的中国人，可这些人并不是主体。博尔热更多地描绘的是善良、宽容、能苦中作乐、有艺术天分的普通中国人——这或许是中国留给他最深印象的地方。这一印象通过他的文字和绘画穿越空间，传递给了其他法国人，从而在一定程度上促进了中法交流；同时，它也穿越了时间的距离，成为后世的中国人了解澳门社会历史的一份珍贵档案。

【附录】 博尔热的中国印象相关插图

图1 中国瓷花瓶（1650－1660）

图2 沈福宗铜版画像

图3 沈福宗肖像画（高德弗雷·科奈勒作）

图4 《阿尔楚尔之战》（画稿）

图5 《阿尔楚尔之战》（版画）

图6 道姑（布歇根据华托原画所作版画）

图7 曹先生（华托作）

图 8　中国舞蹈

（布歇，1742，布上油画，42×65 厘米）

图 9　澳门玫瑰堂前的路边食档

（博尔热，1939，纸本铅笔、水彩，17.5×24 厘米）

图 10　街景

（钱纳利，1829，钢笔和墨水画）

图 11　澳门岸边船

（博尔热，1839，铅笔纸本）

图 12　澳门内港舢板（钱纳利作）

图 13　掷骰子的中国人（博尔热作，1838）

澳门纪事：18、19世纪三个法国人的中国观察

图 14　五个中国人（钱纳利作）

图 15　澳门一个中国大寺院景观
（博尔热，1840，油画，75×135 厘米）

参考文献

中文

艾田蒲著《中国之欧洲：从罗马帝国到莱布尼茨》，许钧、钱林森译，广西师范大学出版社，2008。

《中国之欧洲：西方对中国的仰慕到排斥》，广西师范大学出版社，2008。

奥古斯特·博尔热著《奥古斯特·博尔热的广州散记》，钱林森、张群、刘阳译，上海书店出版社，2006。

伯德莱著《清宫洋画家》，耿昇译，山东画报出版社，2002。

陈继春：《钱纳利与澳门》，澳门：澳门基金会，1995。

利奇温著《十八世纪中国与欧洲文化的接触》，朱杰勤译，商务印书馆，1962。

龙思泰著《早期澳门史》，吴义雄等译，东方出版社，1997。

聂崇正：《〈乾隆平定准部回部战图〉和清代的铜版画》，《文物》1980年第4期，第61－64页。网上资源，2011年8月22日。
< http：//www.battle－of－qurman.com.cn/literature/Nie5－WenWu_1980－04－30.pdf >

韦庆远：《澳门史论稿》，广东人民出版社，2006。

许明龙：《欧洲18世纪"中国热"》，山西教育出版社，1999。

严忠明：《一个海风吹来的城市：早期澳门城市发展史研究》，广东人民出版社，2006。

张国刚、吴莉苇：《启蒙时代欧洲的中国观：一个历史的巡礼与反思》，上海古籍出版社，2006。

西文

Paul Hanson, *Contesting the French Revolution*, Wiley－Blackwell, 2009.

Eric Hobsbawm, *The Age of Revolution*: 1749 – 1848, Auflage: Vintage Books, 1996.

Lothar Ledderose, "Chinese Influence on European Art, Sixteenth to Eighteenth Centuries," Thomas H. C. Lee, *China and Europe: Images and Influences in Sixteenth to Eighteenth Centuries*, Hong Kong: The Chinese University of Hong Kong, 1991, pp. 221 – 250.

Ci Lin, *The Art of Chinese Painting*, Translated by Yan Xinjian and Ni Yanshuo. Beijing: China Intercontinental Press, 2006. Web. 22, Aug. 2011. < http: //books. google. com/books? id = JMVWZMQDJJsC &lpg = PA3&hl = zh – CN&pg = PP1#v = onepage&q&f = false >

David E. Mungello, *The Great Encounter of China and the West, 1500 – 1800*, Rowman & Littlefield, 2009. Web. 22, Aug. 2011.
< http: //books. google. com/books? id = 9x3vE0UMPkMC >

Michael Sullivan, *The Meeting of Eastern and Western Art*. Berkeley and Los Angeles: University of California Press, 1989. Web. 22, Aug. 2011. < http: //books. google. com. hk/books? id = PMFwC1gP0 BkC&hl = en&source = gbs_ navlinks_ s >

Richard Walter, *Anson's Voyage Round the World*, The Text Reduced, 2005. Web. 22, Aug. 2011. < http: //www. gutenberg. org/files/ 16611/16611 – h/16611 – h. htm >

第三篇

不再神奇的中国
——埃及尔的澳门掠影与中国认识

一 导入

2012年6月26日上午11点33分,新华网登出这样一则消息:

巴黎6月25日电,中法有关部门25日签署了关于举办"前尘影事"摄影展的意向书。摄影展将于11月在巴黎中国文化中心展出,展品为法国摄影家伊捷于19世纪在中国拍摄的11幅银版原作。

签字仪式在位于塞纳河畔的巴黎中国文化中心举行,中国文学艺术界联合会下属的中国文学艺术基金会秘书长姜昆、巴黎中国文化中心主任殷福与法国摄影博物馆馆长朱利·科尔特维尔签署了意向书。

1839年8月19日,法国法兰西学院正式宣布摄影术的诞生,摄影术开始在全世界普及开来。1844年,法国海关官员朱尔·伊捷随同法国贸易谈判代表团来到中国广东沿海地区,用刚刚诞生的达盖尔银版摄影技术和器材,拍摄了一批中国风土人情的照片。

这是有史以来首次将中国的人文景观用摄影技术永久地记录下来。由于伊捷的原作是在银版上直接曝光，材质珍贵，不易保存，因此法国摄影博物馆一直将这些作品封存，从未公开展出过。今年为了庆祝法国发明摄影术 173 周年以及伊捷到中国之旅 168 周年，特地让这些珍贵的影像与世人见面。据介绍，摄影展还将参加 11 月在法国巴黎大皇宫展览大厅举行的世界上最大摄影博览会，届时将有 20 多万专业人士参加。此外，该展览还将到中国的北京、丽水、武汉等地展出。

与银版照片一同首次展出的还有埃迪尔在当年撰写的拍摄日记。主办者希望通过这次展览，使中法两国人民重温这段历史，亲眼目睹最早的中国影像和早期摄影器材，感受摄影术发明的伟大和对人类作出的巨大贡献。

上述这则消息中所提到的第一个用摄影记录中国的"朱尔·伊捷"，就是本篇所写的于勒·埃及尔（Jules Itier）。他在 1844 年来到澳门和广州，用照相机和笔记录下了他所见到的中国。他留下的记录之所以珍贵，不仅是因为这是第一次以摄影技术拍摄澳门，记录中国，还因为 19 世纪 40 年代正是中西方关系和彼此认知发生变化的特殊时代。

18 世纪末至 19 世纪上半叶，是欧洲及整个世界历史急剧变革的时期。与欧洲一系列政治革命、工业革命和社会变革相伴随，欧洲的自我认识和对世界、对中国的认识发生了引人注目的转变。

这一时期的欧洲在物质层面取得了巨大进步。工业革命的发生和接近完成使得欧洲在科技水平方面遥遥领先于闭关锁国的中国。伴随着商品经济的发展，欧洲迫切需要开辟新的世界市场。人口众多、市场前景广阔的中国成为欧洲关注的对象。开工业革命先河的英国人甚至在期待着用英国呢绒取代中国人习惯用的丝绸，那样的话，中国将是多么大的一个呢绒市场！

第三篇
不再神奇的中国

1792年，英人马噶尔尼勋爵以为乾隆祝寿之名，带领庞大的访华使团远渡重洋来华，想要敲开清王朝的紧紧关闭的大门，希望按照西方的外交规矩在中国增开通商口岸，降低关税，设置常驻外交使节，开设租界，遭到乾隆皇帝的拒绝。使团离京后，沿着京杭大运河到杭州，后又至广州，在东南沿海做了大量调查，近距离地观察中国。使团回国以后，有关中国的报道和书籍纷纷在英国发表出版。在使团成员的笔下，中国是个半野蛮的专制帝国，沉沦在"卑鄙的暴政下"，那里商人欺骗、农民偷盗，官吏则敲诈勒索他人钱财。马噶尔尼日记中"中华帝国只是一只破烂不堪的旧船，只需几艘三桅战舰就能摧毁其海岸舰队"，虽然它"将不会立刻沉没。它将像一个残骸那样到处漂流，然后在岸上撞得粉碎"的判断，影响遍及整个欧洲。法国著名社会学家阿兰·佩雷菲特说："马噶尔尼勋爵使团在西方与远东的关系中是一个转折点……它在西方人中间开始了对中国形象的调整阶段……中国形象从此黯淡了。"[1]

1840年，英国发动鸦片战争，用暴力这种最强有力的语言同中国对话，迫使"天朝"屈服于西方的武力，向西方敞开大门。鸦片战争中，中国军队一触即溃、俯首求和，使中国的声誉一落千丈。美国学者哈罗德·伊萨克斯所著的《心影录——美国人心目中的中国和印度形象》中提到，随着鸦片战争的爆发，军人对屈膝在他们面前的弱者是没有尊重可言的，这些情形急剧改变了西方对于中国的认识，但是，"古代辉煌"的中国印象并没有"灭亡"，它只是被"淹没"而已。[2] 法国19世纪一份专门推介新书的《新书评论杂志》（*Revue critique des livres nouveaux*）1840年之前涉及中国的书籍多为介绍中国古代的历史、文化、哲学等方面的内容，所用话语仍保留

---

[1] 阿兰·佩雷菲特：《停滞的帝国——两个世界的撞击》，王国卿等译，三联书店，1993，第420页。

[2] 哈罗德·伊萨克斯：《美国的中国形象》，于殿利等译，时事出版社，1999，第126页。

着欧洲启蒙时期的主流话语,中国依然维系着它的正面形象。而从1840年起,这份杂志开始更多地评论那些关涉中国现实的书籍,尤其是参与过鸦片战争的英国人所撰写的回忆录,负面评论接连不断。

在欧洲思想界,黑格尔在1807年的《精神现象学》和1823年的《历史哲学》等著作中先后发表了他对中国的看法。他认为世界历史就是自由精神在时间上的发展历程,根据其历史哲学体系,他把整个中国都排除在历史发展进程之外。他认为,中国人的显著特征,就是凡是属于"精神"的一切,一概都离他们很远;① 中国人根本没有"精神","根本不懂得逻辑与必然的秩序,没有理性思考的能力,他们在数学、物理学、天文学方面远远落后,那是因为他们的精神从未脱离幼稚获得自由"。② 黑格尔对中国的批评与否定显然比法国启蒙时代抑华的孟德斯鸠还要来得彻底,他不仅把中国置于欧洲的对立面,而且置于整个世界文明发展进程之外了。

19世纪上半叶,西方人的"中国印象"发生了很大的转变,已成为学界的共识,但对于这一转变的具体状况及原因的认识则有所不同。

在转变的具体表现上,一种观点认为这种转变是在某个时间点上突然发生的,该时间点前后"西方中国印象"发生了彻底的改变。如有人认为,19世纪上半期"鸦片战争的爆发以及清政府的落败求和几乎在瞬间扭转了西方人的中国观"。③ 另一种观点则认为这种转变是逐步过渡而来的,提出"两个极端的中国形象的关系,并不是过去是一种形态,到了某一个时间点就突然变成另一种形态,而只

---

① 黑格尔:《历史哲学》,王造时译,三联书店,1987,第181页。
② 周宁:《永远的乌托邦——西方的中国形象》,湖北教育出版社,2001,第166页。
③ 姚斌:《鸦片战争后美国来华传教士与中国形象之分析》,《辽宁大学学报》2008年第1期。

不过是出于某种需要，在某些时期突出某一方面的特征罢了"。① 美国学者哈罗德·伊萨克斯则认为，这一时期的中国印象，始终在相反的两个极端间摇摆，只是一种处于显势状态，另一种则处于潜在状态。②

关于转变的具体原因，主要有以下几种观点。

（1）中西力量关系的变化导致了西方人心态的变化。很多学者认为，19世纪上半期西方中国印象的转变，在根本上受制于双方的经济和物质文化水平发展的巨大差异。"工业革命和蒸汽机时代给予欧洲人一种他们前所未有的优越感和效率感。欧洲人现在觉得自己不仅在自然科学、贸易和发明创造方面，而且也在伏尔泰认为中国人已经是完美了的伦理学方面，都是最优异的。"③

（2）19世纪上半期是西方殖民主义加速扩张的时代，夸大中国及中国人的劣性为西方的殖民统治和扩张提供了合理的借口。法国学者艾田蒲指出，"谁有胆量去把一个曾给予世界这么多东西的文明古国变成殖民地呢？那么，首先只有对它进行诋毁，然后再用大炮来摧毁它"。④

（3）中国自身发生的变化也是西方中国印象转变的一个重要因素。科林·马科拉斯提出，"中国人这一时期是如何向西方展示自身形象、中国人接受西方的态度以及中国自己的现实状况都是决定西方中国印象之变化的重要因素"。⑤

---

① 白阳：《西方殖民主义视野下的中国形象及影响》，《陕西教育学院学报》2009年第3期。
② 哈罗德·伊萨克斯：《美国的中国形象》，第1-87页。
③ 赫德逊：《欧洲与中国》，转引自吴孟雪《明清时期——欧洲人眼中的中国》，中华书局，2000，序言第7页。
④ 艾田蒲：《中国之欧洲》（上），许钧、钱林森译，广西师范大学出版社，2008，第387-388页。
⑤ Colin Mackerras, *Western Images of China* (Oxford, Oxford University Press, 1999), p. 184.

现有的研究多是在"中国中心论"或"欧洲中心论"的基础上来审视这一时期的西方中国印象,也有的在"后殖民主义"或"后现代主义"文化语境中进行讨论。而当前学界运用最多的是萨义德的"东方主义"理论与福柯的"权力-知识"理论,从本质上讲,二者都是批判"欧洲中心论"衍生的产物。"东方主义"是后现代主义理论的典型代表,萨义德强调:"东方是欧洲的'他者'形象,东方学是西方用以控制、重建和君临东方的一种方式,带有19-20世纪欧洲殖民主义强烈而专横的色彩。"① 对于这一理论,国内外学界在研究时既肯定了"东方主义"的合理性,也提出了一定质疑。② 福柯的理论认为,作为话语的知识是紧密地同权力联系在一起的。知识话语的产生和散布要靠权力的运作,而且知识作为话语本身就是权力的一种表现。反过来,权力的运作也离不开知识话语的参与,这样就把知识和力量捆绑在一起了。

值得注意的是,无论对欧洲人的东方认识做出怎样的解释,都不应该绝对化,无论是对社会整体印象,还是对具体的个人判断。因为认识本身就是因人而异,因时空而异的,更何况在19世纪上半期这样一个西方人对中国认知转化的时代,在西方社会对中国的传统集体想象和尚未成形的新判断的双重影响下,西方人的中国认识,羡慕、批判、尊敬、仇视、包容、排斥交叉并存,中国形象斑驳不

---

① 萨义德:《东方学》,王宇根译,三联书店,1999,第2-4页。
② 目前学界从四个角度对东方主义的实用性提出质疑:(1) 近代中国并未完全像西亚、南亚一样被西方殖民化,西方在华的控制,无论是时间还是空间,都是有限的,参见 Jeffrey N. Dupée, *British Travel Writers in China*: *writing Home to a British Public, 1890 - 1914* (E. Mellen Press, 2004), p.4;(2) 西方对华也有真实的记录,并非全部都是东方主义思维下的描述,参见 Nicholas Clifford, *A Truthful impression of the country*: *British and American Travel Writing in China* (University of Michigan Press, 2001), pp. 15 - 17;(3) 西方尚未出现殖民运动之前的中国形象研究不能使用后殖民主义理论,参见陆文雪《阅读和理解:17世纪-19世纪中期欧洲的中国观》,香港中文大学哲学博士学位论文,2006。

清，需要做具体深入的分析。

　　这里要探讨的法国人于勒·埃及尔是在第一次鸦片战争后来到澳门和广州的。他是参与中法《黄埔条约》谈判的法国使团成员之一，又是法国财政贸易部代表兼首席监督，同时又是首次在中国使用摄影技术记录中国的摄影师。另外，他还是虔诚的基督教徒，加上他来中国之前以贸易代表的身份刚刚随拉萼尼使团游历了一些非欧洲的国家，见多识广。这样的多重身份与经历，使得他在观察中国时具有政治的、经济的、文化的多重视角，这是其他以单一身份来华的人的认识所不能及的。他既以批判的眼光打量中国及中国文化，又保持着对中国的欣赏和理解；既有意识形态化的中国印象，又有相对朴素、直观的中国解释，这些都体现在他1844年写的游记之中。1862年，他写出《论中国文明及其未来》一文，表达他对中国的看法，在欧洲贬低中国之声泛滥的情况下，为中国文明及其未来辩护。他的澳门纪事和中国评论很好地还原了当时一部分西方人这一时期的中国印象中所具有的过渡特色，是这一时期欧洲人特别是法国人对中国认识的典型代表。

　　目前，国内除澳门文化司署出版的《文化杂志》中有一篇关于埃及尔的简要生平介绍及一些摄影书刊中出现过只言片语的简介之外，尚无针对埃及尔的专门性研究。国外对于埃及尔的研究亦为数不多且偏报道性质，20世纪法国一名摄影研究学者Gimon Gilbert在1981年的美国杂志《摄影史》（*History of photography*）发表了一篇名为《于勒·埃及尔——达盖尔摄影爱好者》（*Jules Itier，Daguerreotypist*）的文章；1991年，Michel Boyé主编、Nelly Coudier协助编撰了《环球旅行者和报道者：于勒·埃及尔》（*Globe - trotter et reporter Jules Itier*）一书。

　　非常幸运的是，我们在做"全球化进程中的法国人与澳门"课题的时候，注意到了埃及尔这个非比寻常的人物，并在浩如烟海的资料中找到了他1844年写的《中国游记》（*Journal d'un voyage en*

Chine en *1843*，*1844*，*1845*，*1846*）① 和 1862 年撰写的《论中国文明及其未来》(*De la civilisation en Chine et de son avenir*)② 两篇珍贵的历史资料。此外，我们还找到了埃及尔在澳门和广州时拍下的摄影作品。这些摄影作品像他留下的文字一样，无论对于研究中西方文化交流，还是研究东西方的彼此认识都意义非凡。这里，我们就利用这些珍贵的原始史料，努力还原埃及尔的中国之行及其对中国的认识，并试图找出他的中国认识的成因，以期弥补一直以来有关埃及尔及埃及尔中国印象研究的缺失，并给 19 世纪法国人对中国的认识以补充。

二　埃及尔生平

2008 年，由张明编著、中国摄影出版社出版的《外国人拍摄的中国影像——1844-1949》一书中，于勒·埃及尔的名字列在首位。

2009 年 3 月，澳门艺术博物馆首次带着 300 件馆藏进入中国美术馆，其中一张具有 166 年悠久历史的《澳门南湾风光》照片成为众人关注的焦点，此乃中国现存最早的摄影作品之一，正是出自于勒·埃及尔之手。

至今，在巴黎郊区小镇毕耶芙赫的法国摄影博物馆内，仍保存着一位中国名人在历史上留下的"处女写真"，此人为备受争议的清末两广总督耆英，而这张黑白正身人头像同样也是于勒·埃及尔的作品。

他不是一名正式的"记者"，却用照片见证了中法《黄埔条约》

---

① Jules Itier, *Journal d'un voyage en Chine en 1843，1844，1845，1846*, Paris：chez dauvin et fontaine, 1848.

② Jules Itier, *De la civilisation en Chine et de son avenir*, Marseille, 1862.

的签订；他不以摄影为专业，但他在中国拍下的照片，即使品相不好，也可以在如今的拍卖会上售出 30 多万元人民币的高价。

他既是迄今所知第一位把摄影术带到中国的外国人，也是迄今所知用摄影记录中国的先驱，他就是法国人阿丰塞·埃乌吉纳·于勒·埃及尔（Alphonse Eugène Jules Itier，1802－1877）。

埃及尔于 1802 年 4 月出生于巴黎，是两个多世纪前定居在塞弗尔的一个古老家族的后裔。父亲让—约瑟夫·保尔（Jean - Joseph Paul）在 1793 年攻打土伦时，任高阿尔卑斯军团第五营指挥官，母亲名佐埃·德·鲍依斯（Zoe du Bois），从姓氏上看，也是出身贵族家庭。埃及尔于 1809 年开始就读于拿破仑中学，1818 年在马赛完成学业，同年进入其舅舅当行政主任的海关任职，1821 年被任命为文书，1830 年任督察，随后分别在马赛、洛里昂、马伦纳、奥罗龙、奥莱特和贝利担任这一职务。

埃及尔在海关的工作使他有了很多旅行的机会，为其用相机记录下沿途各国创造了条件。1842 年，埃及尔被派往塞内加尔、圭亚那和安的列斯群岛工作。继后，1843－1846 年，他以贸易代表的身份，随同拉萼尼大使前往东方。

1843 年 11 月，埃及尔乘"西来纳"号离开布雷斯特，次年 1 月 28 日，抵达其此行的第一站——巴西。他在当地结识了一位移民至巴西的法国人，在游记中记录了大量此人向其所提出的改善法国与巴西贸易状况的建议。2 月 23 日，埃及尔离开巴西，途经好望角，于 4 月 24 日抵达法国的一个海外省——留尼旺岛，岛上迷人的风景及清新的空气令其沉醉，他还考察了该省的工业及农业状况，记录了当地蒸汽机的使用情况以及在农业方面使用的中国养蚕术。

6 月 29 日，埃及尔至马六甲海峡，他参观了周边城市，发现其城市设计极为规律，非常讲究对称原则，城市里的一些漂亮房子为管属殖民地的英国人及一些中国富裕商人所有。他在此开始真正接触和认识中国人，并对中国人在信仰佛教时所遵行的供奉方式感到奇怪,但也认为比起其他一些地方来说,也许没那么怪异了。7月3日,埃及尔到达新加坡,发现这里3/4的人口都是来自于中国广东、福建及海南的移民,这些中国人大多皆因在国内过于贫穷而选择来此寻找财富。埃及尔在这里接触了不少中国人,并开始了解他们的生活习惯及民族特性,尤其是他们爱吸鸦片的特点。7月16日,埃及尔离开新加坡,在西南信风的吹拂下,于7月25日到达了西班牙统治的菲律宾首都马尼拉,这也是埃及尔抵达中国前的最后一站。埃及尔观察到,这个城市同样聚集了不少中国人,他们中的很多男性为娶到当地的女子而改信了基督教,但一旦积累够了一定财富回到中国后,便又会改回本国的宗教信仰。

埃及尔在到达中国之前,就已经实际接触到了一些中国人及中国文化,这使得他对这个古老国度的好奇进一步加深。8月15日,经过9个月的长途跋涉后,埃及尔及法国使团其他成员终于顺利抵达中国澳门,埃及尔也终于踏上了他心中向往已久的"这片神奇的土地"①——中国。他在此参与了中法《黄埔条约》的谈判及签订,与耆英、黄恩彤等清政府的政治人物以及潘仕成等商业名流交往频繁,他还深入中国大街小巷对中国人及中国文化进行了深入观察。在其游记第八章和第九章中,他详细记录了在中国澳门和广州的游历,内容涵盖了中国政治、经济、科学、社会等各个层面,并留下了宝贵的照片记录。两个月后,10月29日,埃及尔进入中国开放口岸——广州,短暂逗留后,于11月25日返回澳门,并于12月10日离开澳门重返马尼拉。回国途中,他还前往了菲律宾(1844年12月-1845年1月)、爪哇(1845年3月-4月)、婆罗洲(1845年5月)以及越南南部(1845年6月),最

---

① Jules Itier, *Journal d'un voyage en Chine en 1843, 1844, 1845, 1846*, Vol. 1, p. 243.

第三篇
不再神奇的中国

终于1846年2月途经马耳他返回法国。

埃及尔停留中国的时间为1844年8月15日至12月10日，其中除10月29日－11月25日在广州外，其余时间都在澳门。尽管驻留澳门和广州总共只有近4个月的时间，而他这次海外之旅长达两年多，但在他的各国游记中，他用了近1/3的篇幅来记录此次中国之行。概括起来，他在中国的活动具有如下特点。

首先是活动地域的特殊性。埃及尔在中国的活动地域仅限于澳门和广州两地，其中澳门乃鸦片战争前西人在华的最早盘踞地和贸易处所，也是天主教传入中国的起源地；而广州则是鸦片战争以前，清政府实行闭关锁国政策下对外贸易的唯一特许关口，这使其成为中西交流尤其是中西物质文明交流的重要城市。历史上的澳广两地既是西方宗教、文化科技乃至鸦片输入中国的前沿据点，同时也是早期西方介绍中国和传播中国文化的桥梁。直至鸦片战争爆发后，澳广地区也仍在一段时期内保持着其在中西交流方面的重要地位。

鉴于这一地域的特殊性，使得一方面中西文明在交流过程中发生的融合与碰撞在这一地区都极具代表性；另一方面囿于西人难以深入中国内地，也常常使西方人认识到的中国非常狭隘，往往将在澳广地区见到的中国推而广之为整个中国的概貌。在埃及尔的活动过程中，这种以偏赅全的情况也时有发生，例如在去广州的旅途中，"一直到黄埔，我们正巧看到了一个新生婴儿漂浮在水面上，江水把这个新生孩童的死尸带向大海。通过这样一些基本事实，我们可以立即推断出这样一个结论，即：在中国，杀害婴儿的罪行是经常发生的"。[①]

与埃及尔同年到达中国、曾深入中国内地考察的古伯察曾批评耶稣会士对中国的过度美化，也指责18、19世纪之交的英国使团报道不实。他认为无论是在"半欧化"（half - Europeanized）的

---

① Jules Itier, *Journal d'un voyage en Chine en 1843，1844，1845，1846*, Vol. 2, p. 10.

通商口岸逗留的欧洲人，还是在监押下穿行中国的马噶尔尼和阿美士德使团，都无法客观地描述真实的中国，并声称自己深入"内地中国"的独特经历才确保了对华描述的公正性。虽然古伯察获取中国信息的主要途径是带有基督教背景的中国教徒，同样具有一定的局限性，但他对前人所报道的中国印象的批评却不无道理。

其次，由于埃及尔身份的多重性，使得他对中国的政治、经济、科学、艺术、宗教等各个方面都有关注，接触过形形色色的中国人。

身为一名外交官，他对中国的政治、外交有着浓厚的兴趣，并有机会与耆英①、黄恩彤②以及其他一些清政府官员来往较密，直接参与了《黄埔条约》的谈判及签订；具有财政贸易部代表

---

① 耆英（1790－1858），满族，爱新觉罗氏，字介春，满洲正蓝旗人。1838年，任盛京将军。1842年3月，奕经在浙江战败，清政府命耆英署理杭州将军。4月，他被任命为钦差大臣，同伊里布一起赴浙江向英军求和。8月，英军闯入南京下关长江江面，耆英同伊里布赶奔南京，跟英国代表璞鼎查谈判，签订了中国近代史上第一个不平等条约——中英《南京条约》。1843年，耆英再任钦差大臣，与英国签订中英《五口通商章程》和《虎门条约》。1844年，任两广总督兼办通商事务，与美国签订了《望厦条约》，与法国签订了《黄埔条约》。1858年第二次鸦片战争期间，他被派赴天津与英法联军交涉，由于英军在占领广州期间查获大量档案文件，发现耆英在上报朝廷的时候并没有如实禀报英方要求，因此拒绝与其谈判。耆英因惧罪擅自回京，咸丰帝令其自尽。

② 黄恩彤（1801－1883），原名丕范，字绮江，号石琴，别号南雪，宁阳县蒋集添福庄人。鸦片战争期间，黄恩彤参与办理对外交涉，力主妥协。1842年夏，他随耆英、伊里布与英国侵略军谈判议和事宜，于8月29日签订《南京条约》。清廷以议和有功，授其二品职衔。后又随耆英、伊里布赴广东与英国签订中英《五口通商章程》，并于1844年签订中美《望厦条约》及中法《黄埔条约》。1845年升任广东巡抚。1847年以亲老遵例归养为由，返回宁阳。1858年5月，英法联军攻陷大沽炮台，美、俄居间调停，他受命赴津协办，抵津时，《天津条约》已定，仍归养故里。1882年，清廷赐予其鹿鸣宴，赏还二品顶戴。次年，卒于乡里。

第三篇
不再神奇的中国

兼海关首席监督身份的他，对中国经济比常人更加关注，与当时富甲一方的广州十三行代表潘仕成①关系密切，多次受邀赴著名的潘氏别墅——海山仙馆做客；作为一名虔诚的信教徒，他同样关心着中国的传教事业，与美国传教士——伯驾医生②多有接触；他还是一名勤奋的摄影师，当达盖尔银版摄影法在法国问世不久，他就不远万里带着这一新鲜事物来到中国，虽然当时的摄影术不论拍摄还是曝光过程都异常繁芜，需要耗费大量时间和体力，但埃及尔依然不遗余力地力图用摄影真实记录中国各个角落，并在这个过程当中接触到了许多中国普通民众；此外，他还是一名科学家，在认真考察澳广两地地质情况的同时，还对中国各种特殊工艺饶有兴致，并将中国的豆腐及酱油的制作工艺做了详细记录，

---

① 潘仕成（1804－1873），字德畬、德舆，祖籍福建，世居广州，是晚清享誉朝野的官商巨富。潘仕成先祖以盐商起家，他继承家业后继续经营盐务，以至洋务，成为广州十三行的巨商。潘仕成一生主要在广州度过，他既经商又从政，既好古也学洋，既是慷慨的慈善家，又是博古通今的古玩、字画收藏家，他还出资自行研制水雷、从国外引进牛痘，获得官员和民众的普遍赞誉。其一生业绩为普通商贾所难得、学者所不能、官员所莫及，是广州近代史上的重要人物。他主持修建的私人别墅——海山仙馆，成为岭南文化史上的璀璨明珠。

② 伯驾（Peter Parker，1804－1888），毕业于耶鲁大学，获医学和神学博士学位，毕业当年即道光十四年（1834），他来到广州。次年冬天在广州西关十三行商馆区中3条著名的街道——同文街（New China Street）、靖远街（Old China Street）和新豆栏街（Hog Lane）——之一的新豆栏街丰泰行3号开设一间专科性质的"眼科医局"（又称"新豆栏街医局"）。第二年春天他在丰泰行7号开设博济医院，后来发展成中国最有影响、最完整的综合医院，并且开办了南华医学校（又称博济医学校）。1914年，博济医院开办附设护士学校，这是中国开办的第一所护士学校。伯驾行医之初，求诊者不多，但教会医院具有的福利性质和先进的西方医学诊疗，很快就吸引众多的中国病人前来求治。伯驾与众多中国官员包括来广州禁烟的钦差大臣林则徐等人交往，积极为他们治疗疾病，因而得到了欢迎和感谢，社会影响日益扩大。后来他奉美国政府之命从事外交活动，曾担任美国驻华公使。1844年，清廷官员耆英在澳门望厦村观音堂花园与包括伯驾在内的西方使团进行外交谈判，签订了中美《望厦条约》。伯驾在中国活动20多年时间，直至1857年返回美国。

后来传入法国。

埃及尔在中国活动的"地域局限性"和"层次多样化"的双重特点，为我们了解当时澳广两地的大致情况留下了宝贵资料，也为我们理解其中国印象的形成提供了依据。

他的这次旅行从巴西到南非好望角，再到新加坡（1843年7月3日-7月16日）、菲律宾（1844年12月-1845年1月）、爪哇（1845年3月-4月）、婆罗洲（1845年5月）以及越南南部（1845年6月），最终于1846年2月，途经马耳他回国，行程贯穿了东西半球。他在自己的游记中讲述了许多他脚力所至、目力所及的地方的自然史和人种的趣事，向人们介绍了一些人所未知或鲜为人知的各地的物产，如马来树胶、橡胶、岩藻糖等，还有中国的陶瓷制法。

埃及尔回国后，于1846年被任命为马赛市首席稽查。在担任马赛海关第一督察期间，他继续从事自己喜爱的摄影工作，并时时在家中进行一些理化试验。同年，他在格雷洛布莱与一位将军之女亨利埃特·德·布里蒙德结婚，两人育有一儿一女。1848年，埃及尔升任蒙彼利埃海关总督。经济宽裕后，1849年，他买下一幢房子，建立起了自己的摄影工作间。1857年，埃及尔辞去职务退休并在蒙彼利埃定居。退休当年，他获得了圣莫里斯和圣拉扎尔骑士奖。从他的家庭合影照片来看，直到1859年，他仍在从事摄影活动，但已改为使用火棉胶湿版法。1877年10月13日，他在蒙彼利埃去世，时年75岁。

埃及尔聪明过人，知识渊博，且具有批评精神；他心地善良，意志刚强，非常热爱生活，把毕生都献给了事业、家庭和科学。他的座右铭是"荣誉和义务"，他经常说："上帝赐给我的远比我梦想的多，我的'杯'总比我的渴望大。"同时他也是一些科学社团的活跃会员，其中莫尔比昂博学会（1827）、巴黎科学艺术学会（1837）、依塞雷统计学会（1839）、法国地质学会（1840）、沙旺埃皇家学术会（1841）、里昂科学会（1841）、里昂皇家农业会

(1846)、马赛统计学会(1849)、蒙彼利埃科学及文学学会(1854)、阿尔卑斯动植物学会(1857)、布切斯罗纳农学会(1858)、马赛学术会(1859)、各省竞争学会(1861)、马赛动物园学会(1877)、法国诸省学会(1877)等众多社团因为他所做的工作和发现为他颁发了勋章。可见在当时的法国,他是个非常有社会影响的人物。

三 1844年埃及尔笔下的中国印象

法国比较文学大师让·玛丽·卡雷曾将形象学定义为:"各民族间的、各种游记、想象间的相互诠释。"[①] 游记作者身上具有双重功能,一方面,他们是社会集体想象物的构建者,他们观察思考的结果自然会影响到后来者,会成为构建社会集体想象物的一部分;另一方面,他们自身也受制于社会集体想象,在观察异国的过程中,任何人都不可能不带有某种先验的成见,这种成见就出自社会集体想象。[②]

知识社会学认为人类社会有两种思想体系,即意识形态与乌托邦。前者的功能为维护现行秩序,后者则为反对现行秩序。人类历史的更迭和演进在观念的维度上可表达为意识形态与乌托邦之间的振荡。[③] 法国哲学家保罗·利科尔将乌托邦与意识形态的分析运用到"社会想象"中。因为知识本身就在表述人们与现实存在的想象关

---

① "Avant-propos à la Littérature compraée",载基亚《比较文学》,PUF,1951, p.6. 转引自孟华《形象学研究要注重总体性与综合性》,《中国比较文学》2000年第4期。
② 参见张志彪著《比较文学形象学理论与实践:以中国文学中的日本形象为例》,民族出版社,2007,第13-14页。
③ 参见卡尔·曼海姆《意识形态与乌托邦》第四章,黎鸣、李书崇译,商务印书馆,1994。

系，社会想象实践在历史中的多样性表现，最终可以归结在乌托邦与意识形态两极之间。乌托邦是超越的、颠覆性的社会想象，是质疑现实的，而意识形态则是整合的、巩固性的社会想象，是要维护和保存现实。乌托邦从离心的保持在自身文化以外的角度来建立世界观，而意识形态是以群体文化为中心来建立世界观。社会想象的历史运动模式，就建立在离心的超越颠覆与向心的整合巩固功能之间的张力上。①

这一理论为我们理解西方的中国印象提供了一种解释框架，常被用于解释西方的中国印象的反复变化。周宁教授认为，西方的两种中国形象是随时间的变化而变化的，由于耶稣会传教士的宣传，前期的中国形象是美好的"孔教理想国"；当西方对中国的了解越来越深入，传教士所宣扬的中国神话就破灭了。他甚至给出了一个形象转变的确切时间点为 1750 年。② 笔者以为，这种以时间点来判断形象突变的观点有待商榷。因为照此推理，何以解释在西方中国热最盛的 18 世纪，也有攻击中国的作品问世，而到了中国最动荡混乱的 20 世纪早期，还有《消失的地平线》③ 这样对中国充满向往的畅

---

① Paul Ricoeur, *Lectures on Ideology and Utopia* (New York: Columbia University Press, 1986), pp. 194 – 197.
② 周宁：《天朝遥远：西方的中国形象研究》，北京大学出版社，2006，第 170 页。
③ 詹姆斯·希尔顿：《消失的地平线》，胡蕊、张颖译，云南人民出版社，2006。该书发表于 1933 年，共分 11 章。故事以第三人称叙述，用回忆的方式展开情节，讲述的是在 20 世纪 20 年代末，以主人公康维为首的四名西方人在东方某小国发生动乱时乘飞机疏散，不料飞机被人劫持飞往神秘的喜马拉雅山区，他们最后迫降在一个名叫香格里拉的地方，并滞留在那里生活了一段时日，从而了解到这个世外桃源的来龙去脉。当主人公离开后又再度前往喜马拉雅山区，希望回到那个世外桃源的时候，香格里拉却消失在茫茫雪域高原之上，无从寻觅。这是一部奇异的乌托邦小说，其奇异之处首先在于，跟当时许多涉及东方题材的西方文学作品不同，作者透过人物之口表述的一些观点及看法，在一定程度上超越了盛行于西方的东方主义，反映了作者对西方文明的失望和对东方尤其是中国的情有独钟。

销名著出现。两种极端中国印象的关系，并不是到了某一个时间点就会突然从一种形态变成另一种形态，而只是出于某种需要，在某些时期突出了某一方面的特征。这种突出某一方面特征的转变也并非瞬间完成，而常常是由一种状态向另一种状态平滑过渡。埃及尔笔下的中国印象正是 19 世纪上半期这一形象转折过渡期的代表，它既带有一定的殖民主义色彩，有大量意识形态化的中国印象，同时又兼具充满理解之同情以及对这个神奇国度的美好想象。

1. 中国外交官员：耆英与黄恩彤之印象

1840 年 6 月爆发的鸦片战争揭开了中外关系史、远东国际关系史的新纪元。在战争爆发之初，战局以及战争可能带来的后果就引起了西方世界的密切关注。英国在远东地区进行如此大规模的军事行动，作为其在欧洲的主要竞争对手法国更是高度关注。法国于 1841 年指派以真盛意 (Dubois de Jancigny) 为首的观察团前往中国及附近地区进行实地考察，观察团于 4 月 28 日从布雷斯特出发，12 月 8 日抵达澳门，于次年 1 月 27 日抵达广州。关于真盛意使团所肩负的使命，在法国外交部的档案中并没有相关的正式文件记录。按真盛意本人所述，他出使中国的主要任务是"从政治和商业的角度考察东印度群岛和中国的现状"，研究中国问题，"特别是中国与英国、美国和俄国的关系"。[1]

1842 年 8 月 29 日，清政府代表、钦差大臣耆英与英国代表璞鼎查在南京下关签订了中国近代史上第一个不平等条约——《南京条约》。法国政府认为趁火打劫的时机已经到来，于是指派拉萼尼为专使，率领 8 艘军舰前来中国，进行讹诈。

---

[1] *Note sur la Mission en Chine*, Archives du Ministère des Affaires Etrangères, Mémoires et Documents, Chine, Tome 4. 转引自李书源《真盛意使华与鸦片战争期间的中法关系》，《史学集刊》2003 年第 4 期。

鉴于拉萼尼此行使命重大，法国政府专门为其配备了一支庞大的出使队伍。随拉萼尼出使中国的成员有一等秘书拉斐耶侯爵（Le marquis de Ferrière Le Vayer）、二等秘书大古伯爵（Le Comte Bernard d'Harcourt）、随员达拉安德（Fernand Delahante）、达郎塔公爵（le duc de Tarente）、蒙热（前任真盛意使团成员）、拉纪胥子爵（le vicomte de Laguiche）、查鲁斯男爵（le baron de Charlus），主事孟体尼（Montigny）、《辩论日报》记者莱蒙（Xavier Raymond）、翻译加略利（J. M. Callery）、海关雇员兼埃及尔秘书拉沃莱（Charles Lavollée）、财政贸易部代表兼海关首席监督埃及尔（Jules Itier）；商业方面的代表有巴黎化妆业代表雷纳（Edouard Renard）、丝织业代表埃德（Isidore Hedde）、毛纺业代表隆铎（Natalis Rondot）、棉纺业代表奥斯马纳（Auguste Haussmann）；医生伊凡（Dr. Yvan）；此外，还有拉萼尼的夫人以及两个女儿，共计20人。① 拉萼尼使团于1843年12月12日从布雷斯特出发，经过254天的海上航行，于1844年8月13日到达澳门。10月24日，中法两国代表在广州黄埔的法国军舰"阿基米德"号上，签署了中法《五口通商章程》，也就是历史上的中法《黄埔条约》。

在《黄埔条约》中，法国不仅毫不费力地取得了英、美两国在中国已经取得的各项重大权利，比如片面最惠国待遇、五口通商、领事裁判权和协定关税等，而且还取得了一部分新的特权，例如条约除了规定法国人可以在五个通商口岸建造教堂以及坟地以外，还规定如有人触犯法国教堂和坟地，清朝地方官员必须对其"严拘重惩"，清政府还必须承担保障法国教堂和传教士安全的条约义务。

---

① *Note Confidentielle, 9 novembre 1843*（秘密训令，1843年11月9日），Archives du Ministère des Affaires étrangères, Mémoires et documents, Chine, volume 4。转引自葛夫平《法国与鸦片战争》，《世界历史》2000年第5期。

埃及尔作为法方财政贸易部代表兼海关首席监督全程参与了这次外交谈判过程，并与耆英、黄恩彤等中方外交人员有诸多接触。他在游记中涉及的外交记录，给我们描绘的已是一种不同于18世纪末19世纪初礼仪之争时期的外交场景。

埃及尔与特派钦差耆英的第一次见面是在10月1日耆英特赴澳门与法方洽谈条约事宜之时。"耆英在客厅的门前受到大使的欢迎，大使和他握了手并领他就座于准备好的接待用的沙发上。我们聚集在这二人的周围，翻译人员用令人惊叹的流畅语言解释并相互传达他们之间的客套寒暄。"① "耆英是一个58到60岁左右的男人，普通身材，非常善于组织协调。他深沉而且一丝不苟的做派丝毫不缺乏贵族气派，而且非常有活力，他的额头已经剃光，除了最高处的位置，那里稀疏的头发已经有些花白，并被编成了一条又细又短的小辫子。"②

这便是埃及尔对耆英的第一印象——亲切、沉稳、有活力、有贵族气质，甚至略显天真与可爱。在餐宴上，耆英喜爱一些花形的糖果，他乐此不疲地品尝巴黎最好的糕点师做出的糕点，笑得像个天真的孩子，并同时将这些糕点消灭在他的唇齿之间，他难以抵抗这些糖果给他带来的超强诱惑力，带着真诚的谢意接受了大使赠送的所有剩下的糖果，当场带着这些美味的储备上了轿子，并主动邀请和拉萼尼手挽手走到了轿子处。

虽然整个使团的外交使命是为攫取利益而来，但18世纪末英国马噶尔尼使团的外交阴影并未影响埃及尔的内心，他初看耆英时的情感判断是客观、理性也是友善的，而不是之前作为异族常有的警觉、排斥与偏激的态度。形成这种现象的原因大概有二：

---

① Jules Itier, *Journal d'un voyage en Chine en 1843, 1844, 1845, 1846*, Vol. 1, p. 289.

② Jules Itier, *Journal d'un voyage en Chine en 1843, 1844, 1845, 1846*, Vol. 1, p. 290.

一是外交理念和外交规则在发生变化。被炮声震醒的天朝大国由于与西方在军事实力上对比悬殊，再不可能以"天朝大国"的外交姿态"俯视蛮夷"。鸦片战争之后主持对外交涉的清政府官员们，多与西人建立了较为良好的个人关系，比如伊里布、耆英、黄恩彤、徐继畲等，在外交实践中他们突破了传统的"夷夏之别"，天真地意欲利用个人交情争取外交利益。二是在外交过程中，耆英个人在西方人中间建立起了为外人所推崇与称道的"良好"形象，埃及尔可能事先对耆英有了一定的了解，从而产生了先入为主的印象。参加南京和谈的英国代表巴夏礼在他的日记中写道："我有点喜爱耆英的风度，因为他也有一种雄伟正派的外貌和愉快亲切的神色。"①美国公使顾盛说："公道地评论，耆英以及和我交涉过的其他中国官员都曾在我脑海里留下良好的、高贵的、聪明的而真挚的印象。"②英国公使兼香港总督德庇时也曾称："耆英被高高推崇的地位，亦如他那值得被尊敬的品格一样，远远超过任何一个和他来往的欧洲国家的代表。"③

黄恩彤是耆英在谈判过程中最倚重的助手，是中方外交代表团中第二重要的人物，埃及尔是这样描述黄恩彤的："黄恩彤，耆英的贴身顾问，看上去大概有30岁到40岁。他那令人愉悦的相貌流露出他的聪明才智，他高高的舒展的前额蕴涵着崇高远大的思想，他的眼睛温柔而具有灵性，椭圆形的脸庞端正大方，两腮的颊骨丝毫不高耸，他的嘴唇棱角分明，让人隐约能看见里面整齐的牙齿，他鼻子的外形稍有些逊色，有些狭窄，线条有些凹陷，所有这些组成了最典型的汉族人的特征。他生于山东，父母出身卑贱，因才华而受到赏识，现居高位。他逐一获得了国家科举考

---

① 王尔敏：《论耆英的外交》，《中国近代现代史论集》，台北：文海出版社，1976，第361页。
② 王尔敏：《论耆英的外交》，《中国近代现代史论集》，第362页。
③ 王尔敏：《论耆英的外交》，《中国近代现代史论集》，第362页。

试中的秀才、进士和状元,被选为皇家翰林院成员,这是一个为国家各部提供尚书人选的机构。他在两广地区担任国库财务官员,每年经手不下 300000 银元,相当于 2700000 法郎。他头上戴着饰有孔雀羽毛的官帽和二品官员的红色纽扣。"①

从埃及尔对黄恩彤履历的描述,明显看出他在此次会晤之前,就已经对其有了比较充分的准备性了解。虽还不曾深入接触,埃及尔似乎便从外表上认定黄恩彤是一个充满智慧、有着崇高理想之人,并欣赏其虽出身寒微但凭借才华而受赏识被录用的奋斗过程。不过事实上,埃及尔真的会只是凭借外表就对人做出如此之高的评价吗? 同对耆英的认识一样,答案恐怕也是否定的。首先,埃及尔本人是一个虔诚的信教徒,这点在下文会详细述及,而黄恩彤恰巧也是一个对宗教并不排斥甚至极有可能也是基督信徒的少数中国官员之一,② 所以黄恩彤在此后天主教的弛禁活动中,经常与法方代表合演双簧,欺骗中国朝廷,同样的宗教信仰拉近了埃及尔与黄恩彤的距离。其次,西方的个人主义精神由来已久,早在文艺复兴时期,西方社会就开始强调个人能力;而在宗

---

① Jules Itier, *Journal d'un voyage en Chine en 1843, 1844, 1845, 1846*, Vol.1, pp. 290 – 291.
② 在中西和平交往时代,接受西学异教者即便在官员中也不乏见,典型者有如耶稣会来华时期的"圣教三杰"。但自康熙禁教开始,信教渐成非法,官绅陆续退出,特别是"苏努教案"发生后,宗教与政治权力倾轧相连,政府官员对基督教更是噤若寒蝉。信教者只能是暗中参与,教徒和同情教会者多在民间,官绅中极少,黄恩彤类是官员队伍中思想逸出常轨的异类和特例。黄氏为山东人,山东最晚在 17 世纪 40 年代就有天主教士前往传教,著名的西班牙方济各会士利安当(Antoine de Saint Marie Caballero)和黎玉范(Jean – Baptiste Morales)曾在鲁创建了教会。我们无从核查黄恩彤的家族成员是何时介入教会的,但从黄氏本人的自称来看,其家族成员与教会有关系是无可置疑的,黄本人因此对教会有不同于那个时代大多数中国官绅的另类认知也是毫无疑问的。参见郭卫东《近代中西冲突初期的另类——以黄恩彤在"弛禁"中的行状为分析个案》,《历史档案》2006 年第 3 期。

教改革期间，这一精神更是进一步渗透，形成了忍耐、克己、勤劳、无止境追求的艰苦创业精神，这也正是早期资本主义精神萌芽的动因之一；至 19 世纪中期，法国工业革命基本完成，这种通过个人努力和奋斗实现成功的个人主义精神已完全渗入法国社会。埃及尔欣赏黄恩彤的原因之一也正是基于这样的文化传统和认识背景，他对黄恩彤的奋斗历程深表认可，而对于一些因世袭庇佑获得权位的满洲贵族则难增此种特殊好感。再次，这也与埃及尔的个人经历有关，埃及尔本人也并非出身权贵，他成功的每一步都是基于自身努力，类似的人生经历让他对黄恩彤倍感亲切与赞赏。

当然，以上只是埃及尔对中方派出的最重要的两位外交代表的第一印象，此后，随着更深入的接触和了解，埃及尔对二人尤其是对耆英的认识悄然发生了变化。

在埃及尔眼中，耆英依旧"天真可爱"，例如在第二次法中双方会晤之后，"离席时，耆英让我们浏览了一下塔中形形色色的厅堂。我们在其中一间停了下来，这个是总督办公室，里面摆满了写字用的各种器具，也就是中国的毛笔、墨棒，另外还有一个研墨用的砚台，所有这些都摆放在桌子上。黄恩彤热情地告诉我们，耆英是国内最出色的书法家之一，这是一个人能获得的最高荣耀。一丝非常得意的微笑滑过了总督的嘴角，他还热情地向我们炫耀他的画作收藏以及他手中写满了诗词警句的折扇，脸上挂着少有的满足的表情。这些自命不凡的举止和这份书法家的荣耀巨细无疑地表露了出来，而最先显露出来的是总督的这份孩子气"。[①] 但就在此时，埃及尔对耆英的不屑也渐露端倪，因为他不懂中国书法，在他的眼里，这只是份微不足道的荣耀，不过是更准确或是

---

① Jules Itier, *Journal d'un voyage en Chine en 1843, 1844, 1845, 1846*, Vol. 1, p. 308.

不那么准确地组合文字而已。

埃及尔对耆英认识的转变，除了因为埃及尔对中国汉字确实有一些个人成见之外（这将在下文述及），更多的还是因为埃及尔与耆英在宗教理念上的不一致。在中法双方谈判的过程中，中法双方的最大分歧，不在于《黄埔条约》的签订，而在于基督教的弛禁问题。在以往的研究中，耆英经常被视为基督教弛禁的最大推动者，乃至被视为丧权辱国的卖国贼。然而事实上，在法方眼中，至少在埃及尔眼里，耆英在基督教问题上绝非"善类"，因为"在中国，他（指耆英）在众多场合都表示出对于宗教迷信做法的蔑视"，因而"受到基督教的严重质疑"。① 埃及尔作为一个虔诚的基督教徒，同时又本着法方的利益，和耆英在这个问题上有着巨大的鸿沟与隔阂。

1844年10月24日，法国"阿基米德"号蒸汽战舰停泊在中国的黄埔港。舰上旌旗招展，法国大使拉萼尼和中国钦差大臣耆英在舰尾的篷帷下签署了法国与中国之间的第一个不平等外交条约——《黄埔条约》，又称《五口通商章程》。据此，法国不费一枪一炮，不仅在中国攫取了除割地赔款之外和英美一样的在华利益，而且还获得了法国天主教在通商口岸自由传教，修建坟地，清朝地方政府负责保护教堂和坟地的保证。在整个谈判过程中，法方代表拉萼尼采取恫吓和讹诈等手段胁迫耆英，耆英也因为先后与英国、美国和法国签订丧权辱国的《南京条约》《虎门条约》《望厦条约》和《黄埔条约》而被钉在历史的耻辱柱上。而此时的耆英在埃及尔眼中绝非是一个投降派的软弱形象，在签订条约的过程中，埃及尔注意到耆英的崇武好战的本性。"他自己带来了一个空心的炮弹并仔细地观看这些军事设备，询问有关装药量、雷

---

① Jules Itier, *Journal d'un voyage en Chine en 1843, 1844, 1845, 1846*, Vol.1, p. 313.

管的问题。他很高兴地接受了我们提议的在他眼前操作和装填这个大炮的决定。接着，他表示要亲自拉引线，同时果断地坐到了大炮长官的位置上，抖了抖导火线，开始点火了！耆英对着他带来的圆形炮弹的回跳感到满意，他笑了。"① "耆英依旧有着暴力的本性，征服者好战的欲望；这是他政策的最后一招，如果没有效果他将大力反对欧洲的入侵。"② 从这些描述中不难看出，埃及尔所认识的耆英是一个保留着满洲人好战本性，内心崇尚武力，不甘心被征服之人，之所以接受条约，只是因为鉴于双方武力悬殊的事实而已，若非如此，耆英定将竭力反对欧洲入侵。在1858年第二次鸦片战争期间，耆英被派赴天津与英法联军交涉，由于英军在占领广州期间查获大量档案文件，发现耆英在上报朝廷的时候并没有如实禀报英方的要求，因此拒绝与其谈判。由此窥见，如埃及尔所判断，耆英不会也不可能完全臣服于西方侵略者一方，他的很多决定是因现实无奈所致。埃及尔早在此时便勾画出了一个与之前外媒所宣传的耆英完全不同的形象，这个形象应该是更深刻也更本质的。

2. 中国政治：专制制度与无能政府

中国家长制一直是西方人观察中国的重要方面，它以几千年的浸透力影响了整个中国传统社会，并以源远流长、根深蒂固的习俗限制人们的思想。及至清朝，皇帝把全国臣民都称为"家奴"，大臣跪见皇帝时自称"奴才"。这些都公开地告诉人们君臣关系就是主奴关系，如同父权制下的父子关系。

在短暂的中国之旅中，埃及尔看到在这样的体制之下，中国社会是极其不平等的，上层人和下层人不仅拥有的财富不同，政

---

① Jules Itier, *Journal d'un voyage en Chine en 1843, 1844, 1845, 1846*, Vol. 1, pp. 322–323.

② Jules Itier, *Journal d'un voyage en Chine en 1843, 1844, 1845, 1846*, Vol. 1, p. 323.

治权力也不相同。皇帝端坐在金字塔的顶端,成为最有权威的家长,是"所有中国人的父亲",享受所有人的供养。① 埃及尔观察到,在中国,法律还是有一定作用的。比如,广州的一家法国商行发生了火灾之后,"对于总督耆英,所幸的是火灾发生在市郊。如果火灾发生在城内,这位高官可能被免除一年的收入。若有十座房屋被毁,他会丢掉九个月的饷钱。但若是三百座房屋被烧毁,按照中国法律,他则会被降一级官衔。但中国的法律也像有的地方一样,遇强则弱,遇弱则强,好比让胡蜂通过而黏住苍蝇的蜘蛛网一般"。②

然而,这种集于一身的专制权力在此时的中国已经显露出衰败的迹象,表现为政府的指令不能执行,这点在鸦片问题上尤为突出。埃及尔看到,"就在我们云集演出厅期间,一股浓重的鸦片味弥漫出来。我下楼一看究竟,结果发现黄恩彤的随从们正在前厅抽鸦片。在中国,我们见到皇上颁布法令对吸食这种毒品的人处以死刑,而就在两广一个最高官员的眼皮底下,他自己的手下却沉迷其中。看到这一切的黄恩彤仅仅对向他报告的马车夫摆出一副达官显贵的厌恶表情",③"中国当局对鸦片走私根本视而不见,他们不能更不愿阻挠,因为鸦片已经成为中国南方大部尤其是沿海一带司空见惯的消费品,人们再也不用因担心被严厉处罚而躲藏着吸食,现在甚至可以在当局眼皮低下或者是众目睽睽之下进行享受"。④

埃及尔还看到了中国社会的贫穷状态和清政府在慈善救济问

---

① Jules Itier, *Journal d'un voyage en Chine en 1843, 1844, 1845, 1846*, Vol. 2, pp. 33 - 34.

② Jules Itier, *Journal d'un voyage en Chine en 1843, 1844, 1845, 1846*, Vol. 2, p. 120.

③ Jules Itier, *Journal d'un voyage en Chine en 1843, 1844, 1845, 1846*, Vol. 2, p. 79.

④ Jules Itier, *Journal d'un voyage en Chine en 1843, 1844, 1845, 1846*, Vol. 1, p. 268.

题上的乏力。"至于东郊,我想说的是东郊的三个慈善机构。乞丐收容所是残疾人和老人的避难所,由皇帝保护,每年收到的银两有 5100 两(40500 法郎);从这笔救济津贴可以判断出给残疾人的救助之不足,在一座像广州这样的城市里,残疾人超过数千人;所以当夜色降临,人们可以看到他们出来散布在街头乞求施舍,唱着单调的歌曲来吸引公众的注意力。记不清多少次,尤其是傍晚时分,我在街上碰到见人也不避让的不幸的失明人,他们在一些商店前逡巡,让人们听到两块木板互相敲击而发出的震耳欲聋的声音,直到店家决定施舍,赶走这种嘈杂的声音";①"不远处有育婴堂,或者称为弃孤院;孤儿在那里长大,直到他们能正常工作,然后他们就会被卖给有钱人做仆人。这所成立于约 150 年前的育婴堂只可以接收两三百名儿童,拨下来的费用大约 2225 两(20176 法郎)。在一个像广州这样的人口中心,真是无可置评"。②

专制的君主制度、不平等的法律制度以及陷入无能的清政府,构成了埃及尔对中国此时政治制度及政治现状的大致印象。埃及尔在形成这些看法的过程中存在着想象的成分和信息。比如,他仅看见一个示众的囚犯,便可联想起从前在这里发生过多少酷刑;仅看到清政府在广州城慈善救济问题上财力之不济,就认为整个中国在慈善问题上存在问题,而在他的心中,只有基督教国家的慈善救济才真正卓有成效。这些认定,基于真实观察,也不排除意识形态化的中国集体印象的影响。

3. 中国普通百姓:中国人之特性

不论在广州还是澳门,埃及尔在工作之余一有时间便会穿越大街小巷,游览四处风光,接触和观察中国的民风民俗和中国普通百

---

① Jules Itier, *Journal d'un voyage en Chine en 1843, 1844, 1845, 1846*, Vol. 2, pp. 34 – 35.

② Jules Itier, *Journal d'un voyage en Chine en 1843, 1844, 1845, 1846*, Vol. 2, p. 35.

姓的生活。在埃及尔眼中，这是一个千姿百态的世界，它既有热情美好的一面，也有不堪入目的一面；这也是一个很难用一种感情去面对的世界，埃及尔对中国普通百姓的态度时而关心同情，时而充满蔑视。

中国人的热情好客令埃及尔十分欣喜，在澳门街区，"中国人的店铺整洁而又井井有条。我们所到之处都得到盛情接待，甚至有茶迎客"。① 进入城内，"人们非常好奇地看着我们，时而透露出些许愉悦，女人和孩子们出现在门口或者窗台出神地看着来自他们早就听说过的西方男人们。这时一群人走上前来，表示出对我们的到来有些许担心，我们解释说我们是法国朋友，这让我们受到了欢迎，人们显现出夸张的喜悦并用力和我们握手，同时还争相说着请、请"。② 埃及尔的行李中有一个大木箱，里面装着摄影所需的一切器材，在澳门逗留期间，他尽可能将其所见都用摄影的方式记录下来，很多中国人欣然接受他的拍摄。"我把这两天的时间都用来用达盖尔相机拍下澳门最著名的景物；路人非常客气地满足我的一切要求。许多中国人都让拍照，但得让他们看看这器材的内部构造，以及反射在不光亮的玻璃上的物体，他们一个字也不说，只是听到不断的惊讶声和笑声。"③ 中国普通百姓诸多热情友好的行为深深感染着埃及尔，他更是欣赏中国人崇尚和平的态度，一次远足澳门某小山村的路上，"无数的鸟儿正飞绕在我们周围，正是中国人的和平养成了它们如此的习惯"。④

---

① Jules Itier, *Journal d'un voyage en Chine en 1843，1844，1845，1846*, Vol. 1, p. 252.
② Jules Itier, *Journal d'un voyage en Chine en 1843，1844，1845，1846*, Vol. 1, p. 262.
③ Jules Itier, *Journal d'un voyage en Chine en 1843，1844，1845，1846*, Vol. 1., p. 321.
④ Jules Itier, *Journal d'un voyage en Chine en 1843，1844，1845，1846*, Vol. 1., p. 257.

埃及尔还观察到了当时在广东沿海一带分布着的一个特殊群体——疍家人。这个富有诗意而形象的名字，一说来源于早前，他们居以为家的舟楫外形酷似蛋壳漂浮于水面；一说是因为这些水上人家长年累月生活在海上，像浮于饱和盐溶液之上的鸡蛋，所以被称为疍民。而疍家人自己则认为他们常年与风浪搏斗，生命难以得到保障，如同蛋壳一般脆弱，故称为疍家。埃及尔几乎每次乘船快登陆时，都会看见疍家人的生活，由于常年在海上漂浮，疍家人的生活是极其拮据和危险的，许多丈夫出海去世的女人便只能沦为妓女，而疍家人的孩子也常因各种条件的限制存活率极低。埃及尔见到了那些漂浮在水面的新生婴儿的死尸，他同情这些疍家人，言语之中流露出对清政府政策的不满。"生活在水上的穷人们通常把刚死去的孩子尸体放入江中进行水葬，由此可以节约一笔埋葬费；况且，当时在中国，这些水上人家没有举行葬礼的权利。"[1]

埃及尔还深入观察和了解了中国工场工人的生活情况，他去过当时广州最大的工场，里面的工人数不超过20个，"在这个工场，工人都是按年雇佣的，工头挣140皮阿斯特（840法郎），普通工人根据他们的技能，为60皮阿斯特（360法郎）到100皮阿斯特（600法郎）；此外，他们通常吃住都在工场，晚上，他们睡在糟糕的床上，凌晨就起来。一天的工作开始于早上六点钟，晚上六点钟结束；中午时分，一个半小时午餐和吸烟。在其他行业，一天的工作通常会持续十五个小时，并划分如下：从7：00至12：00，从1：00到6：00和7：00至0：00。首席工人享有工作时间抽空去吸几口鸦片烟的权利。在一般情况下，他们的工资取决于技能，一般介乎20-200皮阿斯特（120-1200法郎）。一

---

[1] Jules Itier, *Journal d'un voyage en Chine en 1843，1844，1845，1846*, Vol. 2, p. 7.

个好工人的平均年薪为 100 皮阿斯特（600 法郎）加上包食。可以计算出在一年中，仅仅有 30 天没有在工作；因为在中国没有对应于我们星期天那样的休息日。假期是罕见的，唯一一个他们从来不会不庆祝的节日，是在一年更替的时候（二月份），他们一般都会放下所有工作，大排宴席；这是家庭聚会的日子。大部分工人都在乡下娶了老婆，他们将会在这个时间回家探视，享受几天的家庭温暖"。① 这段文字流露出埃及尔对中国普通工人生活的同情，他还把中国的工人情况与法国工人进行了比较。

和其他许多来到中国的外国人一样，无论在广州还是澳门，埃及尔漫步于大街小巷时，会遭到一些中国人的排斥、辱骂，甚至是攻击。至澳门，"在一个小村外边，我们遭到了一头水牛的攻击，显然是有人故意放开的，但是几块石头甩出之后它就躲开了"；② 在广州，"'番鬼'（即外国鬼）这种称呼对我来说不绝于耳。这种称呼在广州城内任何角落都能听到。而且，到处可以看见一群群似乎具有骚扰外国人的特权似的小孩"。③ 最有意思的是吃同一顿饭，对外国人是每人半个大洋，而对中国人则只收 15 钱。

埃及尔也看到了一些中国人性格中丑陋的一面，他们有的好赌，"一群可怜的人围在一个高桌旁玩着猜单双赢取一堆铜钱的游戏，游戏是如此激烈，以至于游戏的每一阶段都在玩家们鄙恶的脸上显现"；④ 中国人有些狡诈，当狩猎的时候，"我们的猎手们在射击后让他们立即钻进矮树丛中寻找射杀的野味，但是把野味拿

---

① Jules Itier, *Journal d'un voyage en Chine en 1843，1844，1845，1846*, Vol. 2, p. 90.

② Jules Itier, *Journal d'un voyage en Chine en 1843，1844，1845，1846*, Vol. 1, p. 274.

③ Jules Itier, *Journal d'un voyage en Chine en 1843，1844，1845，1846*, Vol. 2, p. 65.

④ Jules Itier, *Journal d'un voyage en Chine en 1843，1844，1845，1846*, Vol. 1, p. 251.

回来却非易事，孩子们总是寻找机会将若干只藏起。如此引起的争执却是最有趣的，中国人狡诈、随机应变的才智暴露无遗"；①有些无知懦弱，"我们经过时受到'番鬼'的尖叫迎接，他们怕我们占用其土地，就强烈地用手比画着要砍掉我们的头。我们用嘲讽的微笑回应这徒劳的威胁。他们一看到我们的枪支，即便是最大胆的那个人也立刻闭上了嘴"。②

埃及尔对中国普通百姓的描述时而热情洋溢，时而悲天悯人，时而轻蔑不屑。他既发现存在于中国人天性之中善良美好的一面，也看见其中略显丑恶与扭曲的一面。同时他还会将在中国的所见所闻与法国国内情况或多或少地进行比较，力求客观与公允，而不是一味地贬低中国人，这反映出19世纪上半期西方中国印象在这一转折时期的过渡特点。让我们来看看他在中国所经历的这样一件事。

我们吃完饭后，出去在周围转转，观察一下当地的生活：一群人围住一个玩纸牌的人，全神贯注地听他宣布命运；另一边，玩骰子的人跪在一张席子上，手中拿着竹筒子。我走近放在三脚架上的一只大观景箱，箱子一边有八副用布遮着的放大镜供好奇的人选看，这玩意儿的主人说只需一个铜板就可以观看一次。我付了钱，靠在箱上观看，当我看到涂在画布上的那些令人作呕的猥亵的东西时竟不敢相信自己的眼睛。

……

但是，我们还不能以此来严格判断一个社会，这个社会

---

① Jules Itier, *Journal d'un voyage en Chine en 1843, 1844, 1845, 1846*, Vol. 1, pp. 258-259.
② Jules Itier, *Journal d'un voyage en Chine en 1843, 1844, 1845, 1846*, Vol. 2, p. 129.

是以人们的这些特点而著称的：具有家长制作风，品行谦和，对同胞有义务意识，忘记他们享有的绝对权利。因此，在围着观景箱的人山人海中，没有任何的不满，也不见任何争吵，每个人都赶快地排成行，这种有序交换的行为是我们在欧洲下层社会无法找到的，因为欧洲下层的人还是只有权利意识。①

虽然埃及尔对中国人可以公然于大街上做起这样的买卖深感诧异，因为在他眼中，这是道德堕落的表现。但他的思想并没有完全被这种惊愕所占据，而是竭力用客观理性的态度来看待这一问题。所以，当他看到观景箱周围排列等候的中国人时，又开始感叹中国人竟有如此之好的秩序性，而这在只强调权利意识、忽略了义务和责任的欧洲下层社会，是不可能看见的。

4. 中国社会问题：缠足与溺婴现象

埃及尔也注意到了中国的一些社会问题。其中，缠足与溺婴一直是西方人在观察中国时最常关注与论及的话题，这也常常成为西方论证中国人是野蛮民族的论据。那么，埃及尔对此又表达了怎样的印象和看法呢？

20世纪以前，西方对中国女性形象的最初建构充满幻想：她们是《中国热》② 里"吟唱垂柳和桃花"的浪漫伴侣，是《茶杯的幻想》③ 中有着"几乎看不到的小脚"的东方美人。在那时的西方人眼中，中国女性是那样的神秘而富有吸引力。在19世纪西方化的想象世界里，中国女性被理想化：温柔、忠诚、无私奉献。

---

① Jules Itier, *Journal d'un voyage en Chine en 1843，1844，1845，1846*，Vol. 1，pp. 320–321.
② Muriel Détrie, *L'image de la femme chinoise dans la littérature française au XIXe siècle*，《法国研究》2008年12月。
③ Mimi Chan, *Through Western Eyes：Images of Chinese Women in Anglo - American Literature*（Hong Kong：Joint Pub. Co.，1989），p. 205.

然而，她们也成了古怪中国的代名词，中国妇女的缠足问题常常是外国人议论中国的焦点。

埃及尔对中国女性之美也有着由衷的赞叹，此次中国之行中，一位中国女性给他留下了极为深刻的印象："我哑口无言了，这是中国最迷人的女子，'您就是撤离到这个隔绝的地方也只是徒劳地在躲避那些冒失无礼的眼光！请宽恕我们这些卑微的外国人凝视您一会儿吧，欣赏这些布满鲜花的黑发，这对杏仁一样的大眼睛，那挂着微笑像珊瑚一样的红唇，这小巧的手和这让我们所有人惭愧的优雅的姿态吧'！"① 在埃及尔眼中，中国女性是如此的美丽，无论是"宽大的丝质短裤遮掩着优美腿部"② 的疍家女，还是具有"中国式激情"③ 的中国新娘，抑或是"衣装干净，乌发梳理得非常完美"④ 的平民妇女，再或者是"皮肤白皙，红唇黑发搭配得恰到好处，就像一个未完成的艺术品"⑤ 的富家小姐。中国女孩时而热情友好，如那些"年轻而又和蔼可亲"⑥ 的疍家少女，那些"在我们面前好像非常自在"⑦ 的乡间村妇，"她们是如此的笑容

---

① Jules Itier, *Journal d'un voyage en Chine en 1843，1844，1845，1846*，Vol. 2, pp. 42 - 43.

② Jules Itier, *Journal d'un voyage en Chine en 1843，1844，1845，1846*，Vol. 1, p. 244.

③ Jules Itier, *Journal d'un voyage en Chine en 1843，1844，1845，1846*，Vol. 1, p. 256.

④ Jules Itier, *Journal d'un voyage en Chine en 1843，1844，1845，1846*，Vol. 1, p. 264.

⑤ Jules Itier, *Journal d'un voyage en Chine en 1843，1844，1845，1846*，Vol. 1, p. 315.

⑥ Jules Itier, *Journal d'un voyage en Chine en 1843，1844，1845，1846*，Vol. 1, p. 244.

⑦ Jules Itier, *Journal d'un voyage en Chine en 1843，1844，1845，1846*，Vol. 1, p. 259.

满面、活泼喜悦，都争先恐后地和我们打招呼"，① 时而又娇羞腼腆，如见到西方人就"眼睛低看"② 的中国新娘，还有见到外国人就"像天使一样的人儿"③ 含羞散去的深宅闺秀，都令埃及尔心旌摇曳。

正因为如此，与许多西方人一样，让埃及尔所不能接受的是，这些如此美丽、善良、可爱的中国女性却忍受着非常残忍的身体暴力——缠足。埃及尔否认那些被"无情毁坏了的小脚"④ 是源于对美的过分追求，认为由于缠足是在女性孩童时进行，这样便可永远防止男女社会等级的混淆。⑤ 他的这种认识，与因缠足问题而一味抨击中华民族野蛮不同，埃及尔对于这一问题的观察理解进入了社会层面。

而对于溺婴问题，埃及尔则给予了中国更多的理解与包容："可以肯定的是，至少在欧洲，这种杀害婴儿的罪行与中国一样频繁。因为，贫穷的人们必须处理掉他们无力抚养的婴儿，比如将自己的婴儿卖给有钱人家，而有钱人买下这些穷人的孩子之后，再把他们培养成有钱人家里的佣人。在中国和欧洲，大人对孩子的爱其实都是一样的。"⑥

---

① Jules Itier, *Journal d'un voyage en Chine en 1843, 1844, 1845, 1846*, Vol. 1, p. 276.
② Jules Itier, *Journal d'un voyage en Chine en 1843, 1844, 1845, 1846*, Vol. 1, p. 256.
③ Jules Itier, *Journal d'un voyage en Chine en 1843, 1844, 1845, 1846*, Vol. 2, p. 41.
④ Jules Itier, *Journal d'un voyage en Chine en 1843, 1844, 1845, 1846*, Vol. 1, p. 256.
⑤ Jules Itier, *Journal d'un voyage en Chine en 1843, 1844, 1845, 1846*, Vol. 1, p. 257.
⑥ Jules Itier, *Journal d'un voyage en Chine en 1843, 1844, 1845, 1846*, Vol. 2, pp. 10 – 11.

5. 中国经济：无罪鸦片与无脑工业

埃及尔以财政贸易部代表兼海关首席监督的身份来到中国，他不仅关注中国政治、中国人和中国社会问题，并且对中国的经济尤其是中国对外贸易情况格外关注。短暂的停留期间，他重点考察了中国的鸦片贸易以及工业手工业情况。也正是在这些方面，带有殖民主义及欧洲中心主义色彩的思想在埃及尔身上暴露无遗。

中国鸦片贸易的兴盛带给埃及尔的是兴奋与喜悦，"今天，鸦片仓库在所有对欧洲人通商的沿海蔓延，在虎江上的 Cum - Sing - Moun 仓库为广东供货，浮动仓库就在 Amoy 港咫尺之遥，Tchusan 供应宁波，而在长江吴淞口的货船公开为上海和南京供应……这一爱好、时尚已经扩展至社会的各个阶级……在中国，鸦片贸易从来没有如此兴盛过"。① 当埃及尔目睹到鸦片供应在中国的"繁荣"局面时，他将鸦片臆想成是中国人的"爱好"和"时尚"。

紧接着，他又观察了鸦片的种类，"趁着参观，我查看了一下供给中国人的鸦片的质量。帕蒂那和贝纳雷斯是按 30 个烟球为单位进行出售，每个重约 2.5 斤（1.545 公斤）。每箱有 400 个烟球，重一担（62.5 公斤）。马尔瓦鸦片是小的不规则圆块，好像骆驼粪，装在箱子里后，要洒上罂粟籽来保证适宜的味道，每箱也是一担重。还有一种是土耳其鸦片，它的不足是因为富含黏性基料以及比印度鸦片更多的吗啡而非常容易变质，但若通过一些保存处理，相信有一天也会为人所爱"。②

为什么埃及尔希望看到更多的鸦片在中国"畅销"，希望中国的鸦片贸易更加"繁荣"？为什么他丝毫不在意鸦片给中国以及中国人所带来的伤害？除了其身份的特殊性以及成长中的殖民主义

---

① Jules Itier, *Journal d'un voyage en Chine en 1843, 1844, 1845, 1846*, Vol. 1, p. 268.

② Jules Itier, *Journal d'un voyage en Chine en 1843, 1844, 1845, 1846*, Vol. 1, p. 269.

思想之外，当时法国社会对鸦片贸易的整体态度也对埃及尔有所影响。虽然当时在西方也出现了大量反对鸦片贸易的声音，法国人从整体上来说也对中国抱有同情之心，但他们又对英国的政策给予了一定的理解和容忍。他们认为，英国人在中国沿海地区从事的走私贸易同他们在法国沿海一带的走私活动是完全相同的。法国人从来不敢以停泊在法国海港中的外国货船上有走私物品为理由，对他们控制之下的外国人进行拘捕和以死亡相威胁。①

正是在这样的社会集体认识的背景下，埃及尔如此描绘了一位他所观察到的中国吸鸦片者："他一口接一口，神态满足，就像酗酒者喝下一杯白兰地一样。三管鸦片过后，他获得了新的力量和精神，目光更加坚定，行动也更加敏捷，用他的话来说：他的生命更加轻盈。"② 埃及尔是这样理解鸦片的："鸦片如同白兰地，少量使用后会产生瞬间的力量，而鸦片让自愿使用的人产生习惯"；③ 对鸦片贸易，他认为，"按照人口比例，滥用鸦片者的数量应该远少于我们国内滥用酒精的人数。所以指责英国人毒害中国人是有些夸张的。英国人出售鸦片毒害中国人，就像其他欧洲商人通过出售白兰地、朗姆酒、甘蔗酒和刺柏子酒毒害加蓬人和印度人一样。就各种贸易对人类的损害而言，我们可以将其归为一类。中国政府将禁止鸦片进入中国放在首位，很可能是一项为防止稀有金属出口的政治经济措施"。④ 在其笔下，鸦片之于中国的危害仿佛只跟欧洲人喝杯白兰地类似，而且其所造成的伤害和其

---

① 马森：《西方的中华帝国观》，第 157–158 页。
② Jules Itier, *Journal d'un voyage en Chine en 1843, 1844, 1845, 1846*, Vol. 1, p. 277.
③ Jules Itier, *Journal d'un voyage en Chine en 1843, 1844, 1845, 1846*, Vol. 1, p. 278.
④ Jules Itier, *Journal d'un voyage en Chine en 1843, 1844, 1845, 1846*, Vol. 1, p. 279.

他地方比起来更是微不足道,中国反对鸦片贸易,最大的目的可能只是为了防止白银外流。

埃及尔还研究了当时中国的工业手工业等情况,他认定中国几乎所有行业都落后于欧洲。19世纪中期,西方产业革命的完成使资本主义生产方式获得了与自身相适应的物质技术基础。机器大生产使劳动生产率飞速增长,从根本上改变了资本主义的经济结构。埃及尔自然用现代经济的眼光来考察中国的经济状况,他认为,在中国,"无论什么样的工厂,规模都很小且分散,其分工从来都不会延伸得很远,常规的工艺在传统的狭窄空间里挣扎,通常需要积累数个世纪才会有所改进。这就是今天的中国制造业。工人们达到了最高水平的手工操作,但就在复杂的工具、机械工艺、功率、化学、物理、科学元素在近代极大地推动了欧洲工业的协作之时,中国却完全付之阙如:中国工业是一个没有头没有脑子的生物"。①

埃及尔注意到,在玻璃制造业,"30多年以前,广州就引进了玻璃的制作工艺。在广州,目前有100多家玻璃器皿制造的工厂(作坊)。实际上,中国人还是习惯于他们自己的传统手工艺,即精雕细作。而在我们国家,早已经采取大规模生产了……一般来说,这些厂最多也就雇佣4至10名工人……我们给中国人看我们(即法国人)自己出产的玻璃制品。如果我们国家的玻璃厂有兴趣打开中国市场,将也可以生产出适合中国人的玻璃制品,在中国,这将是一个可以赚钱发财的好行当"。② 此外,埃及尔在游记中几乎每到一处,都会记述大量有关当地的矿物资源及地质构造的情况,一方面是出于其身为一名地质爱好者的兴趣,但更主要的原

---

① Jules Itier, *Journal d'un voyage en Chine en 1843, 1844, 1845, 1846*, Vol. 2, p. 91.

② Jules Itier, *Journal d'un voyage en Chine en 1843, 1844, 1845, 1846*, Vol. 2, pp. 62 – 63.

因则是为了向本国介绍并推进由于受到中国政府种种限制，当时西方在中国并未真正发展起来的矿产开采业。埃及尔就是这样一边注视着落后的中国经济，一边以一个财政贸易部代表的敏锐嗅觉在中国处处寻找着经济渗透的机会。

6. 中国宗教：基督圣光难及之地

同样，身为一名虔诚的信教者，怀揣对传教实行弛禁政策的希望的埃及尔，对中国的宗教情况也尤为看重。此时的澳门作为欧洲与东方文化碰撞交融的一个交汇点，在宗教信仰方面，已经是多种宗教并存，既有传统的佛教与道教，也有随西方人传入的天主教[①]和基督教，[②] 还有一些当地的民间信仰，如土地、财神、灶神、福神、太岁、黄大仙、三婆神、洪圣爷、水上仙姑、悦城龙母、华光大帝等。埃及尔对中国信教情况的观察涉及各个层面，既包括对中国传统宗教的印象，也包括对基督教及其传播情况的看法。

对于中国人信奉的神，埃及尔不乏讽刺地描述道："一个中国人正忙着为其出行吉日求签。为此，他将两块竹板拼在一起，高举过头顶，在圣母供桌前跪拜数次后，松手让其落在地上，并小心地查看着两个木块相互的位置。不过看起来好像签象出了些麻烦，因为他又重复了若干次，最终，他获得了一个相对合适的签象。然后，他把一个圆柱形筒放在供桌上，里面放入63支一端写有数字的小棍儿，他使劲地摇晃着，一支小棍儿掉在了地上，然后他仔细地记下上面的字，依次又有四支小棍儿掉出了圆筒；随后，他进入到圣器室，一个和尚通过一张板上书写的命符为他释卦，以获得神的宽恕。很快，那个人给了和尚一把铜钱，然后将

[①] 天主教在澳门的传教历史，是从1555年开始的，即葡萄牙侵占澳门的第三年。1568年，澳门有了第一位天主教的主教。1576年1月23日，天主教澳门教区成立，是远东地区最早的传教中心。

[②] 基督教是1807年由英国伦敦会马礼逊教士传入澳门的。

一大本金银色的纸在圣母供桌前点燃,让包含着的祈求随烟升天。与此同时,另外几个虔诚的人忙着把几大块猪肉以及鸡肉和水果摆放在观音圣母像前,做供奉之用,供桌上燃烧着香和许多大蜡烛。这个仪式在锣声、鼓声和嘈杂的鞭炮声中进行。仪式结束时,要将一大堆金银纸钱点燃,所谓金银纸其实就是,铜即为金色,锡即为银色,也就是假钱,而中国诸神相信:他们的伟大需要呼吸金子的灵气。"①

而对于西方基督教,他则在与中国的对比中大加赞扬,"对于弃儿,就像对残疾人一样,中华文明只确立了公众怜悯的原则,神早已将怜悯之心放在所有人心底,但只有基督教取得了丰硕的成果"。②

为了了解当时基督教在中国的传播情况,他与美国传教士伯驾医生交往甚密。当他看见其娴熟地为中国人做完十几例白内障切除手术后,记录如下:"人们自发地为这些奇迹喝彩,这是对的;正是伯驾医生的白内障外科手术创造了奇迹,况且,这种外科手术也未颠覆传统的自然法则。但是,对于中国人,他们很难理解这种慈善精神的灵魂,因为,这种慈善精神只有基督教徒才能理解,这是出于对上帝的爱才产生出的人文主义精神。"③

也正因如此,埃及尔对基督教在中国的传播情况并不乐观,他认为,"尽管新教传教士们怀着福音传道的虔诚,但我仍然怀疑他们是否能在中国人当中成功传播新教教义。外科手术只是使中

---

① Jules Itier, *Journal d'un voyage en Chine en 1843, 1844, 1845, 1846*, Vol. 1, p. 247.
② Jules Itier, *Journal d'un voyage en Chine en 1843, 1844, 1845, 1846*, Vol. 2, p. 35.
③ Jules Itier, *Journal d'un voyage en Chine en 1843, 1844, 1845, 1846*, Vol. 2, p. 72.

国病人的肉体痛苦减轻了,虽然这也使得中国病人感到惊讶和钦佩,但是,要真正进入中国人的内心世界并改变他们的宗教信仰,还有很长的距离"。①

7. 中国艺术:表现与再现之争

除了对政治、经济、社会、宗教等问题的考察,埃及尔对中国文化尤其是中国的绘画和戏剧艺术也是着墨颇多。受西方传统审美观念的影响,当时中西艺术的主要矛盾集中于"表现"与"再现"之争。

(1)中国绘画:"真"与"道"的碰撞

意大利耶稣会传教士利玛窦常被认为是把西方美术传入中国的第一人,其"文化传教"的政策正是欲借助西方的文化、科学、艺术引起中国上层社会的文人士大夫对天主教的关注,从而达到"自上而下"的传教目的。由于利玛窦曾在耶稣会罗马学院接受过四年严格而系统的科学文化教育,在哲学、数学、天文、地理等诸多方面都有很深的造诣,还曾有意大利学者指出,利玛窦也精通绘画。他对中国绘画有着这样的评论:"中国人尽管对绘画都深怀好感,但他们赶不上我们的艺术家……他们不懂油画,也不会画阴影,结果是他们的所有绘画都死气沉沉,毫无生气。"②

埃及尔通过走访各种画肆以及与一些中国画家的往来,对中国绘画也形成了类似的印象:"他们选择和混调颜色、变化色调的能力令人钦佩,也可以完美地复制风景,但在其画笔下,风景失去了赋予生气的动感和生命力;如果是画人物,其作品更是缺乏

---

① Jules Itier, *Journal d'un voyage en Chine en 1843,1844,1845,1846*, Vol.2, p.73.
② 利玛窦著《天主教传入中国史》(*Della entrata della Campagnia di Gesu e Christianita nella Cina*)第1卷第4章,转引自文铮《偏见与宽容——利玛窦与中西美术的相遇》,《美术观察》2008年第8期。

表现力，他们会把一个活生生的模特画成一个呆板而毫无生气的人物"，① 而这种"失真"很大程度上归结于"我们可以发现在他们的绘画中缺少透视关系"。②

西方传统绘画与中国传统绘画所形成的两种截然不同的艺术观，与二者长期以来受到不同文化权力体系的影响密切相关。欧洲文艺复兴时期，人们秉承了古希腊与基督教一脉相传的普遍二元对立的哲学思想，用绘画来模仿和再现自然，以绘画作为探求知识和真理的工具。在 15-16 世纪的欧洲，诞生在意大利的透视法已被应用于绘画，使画家可以精确地模仿和再现自然。而在中国，文人们始终遵守着孔子"志于道，据于德，依于仁，游于艺"的修身原则，以道为本，以艺为末，把绘画视为愉悦精神和舒张个性的手段，借助绘画达到天人合一的心灵境界。西方人追求的"真"与中国人遵循的"道"在绘画这一平台上相遇，继而发生了文化碰撞。

这也是为何埃及尔在结交了一些中国画家之后，只对中国画家啉呱印象最佳。啉呱即关乔昌，是19世纪在广州和澳门寓居的英国著名画家钱纳利的唯一中国学生，其作品采用西方绘画素材，学习西画技巧，显示出精湛的油画艺术水平。埃及尔认为，"在所有的广州画家中，啉呱是对英式画法教育理解得最透彻的，在他的肖像油画里，他将英式绘画复制得相当不错；他可能未臻艺术家的境界，但是，他已经不再是一名画工了"。③ 像当时很多的西方人一样，埃及尔也以西方艺术原则为标准来衡量中国人的艺术

---

① Jules Itier, *Journal d'un voyage en Chine en 1843，1844，1845，1846*，Vol. 2，p. 17.

② Jules Itier, *Journal d'un voyage en Chine en 1843，1844，1845，1846*，Vol. 2，p. 96.

③ Jules Itier, *Journal d'un voyage en Chine en 1843，1844，1845，1846*，Vol. 2，p. 18.

作品，并把符合这一标准的作品称为好作品。当时大多数西方人似乎认为，广州人的艺术作品比这个帝国其他地方的艺术品位都要高，就是因为这些作品或多或少地受到了外国画家们的影响。①

（2）中国戏曲：怪诞的程式化表演

在戏剧方面，"表现"与"再现"之争的主要矛盾集中于中国戏曲的程式化表演上，这种差异受到了东西方不同的历史传统的影响。

自 18 世纪起，中国戏曲史上的代表作家和代表作品就不断被介绍到海外。法国耶稣会教士杜赫德于 1736 年出版的《中华帝国及鞑靼人的描述》中最先提及中国戏曲，其中有波摩神父翻译的元杂剧《赵氏孤儿》。其歌唱与对白并列的连场式戏剧结构，使欧洲人大为惊讶。启蒙领袖伏尔泰当时赞叹道："《赵氏孤儿》是一篇宝贵的大作，他使人了解中国精神，有甚于人民对这个庞大帝国所曾作和所将作的一切陈述。"②《赵氏孤儿》还被伏尔泰改编成《中国孤儿》，搬上了法国舞台。美中不足的是，中国戏曲中的程式化表演③根本无法译介，并且这些程式与当时西方盛行的写实技巧相悖，致使曾深入研究中国文化的德国大文豪歌德虽然也曾一度尝试写中国戏剧，但终因感到东西方戏剧没有融合的可能而最终放弃。

直至 19 世纪末，中国戏曲的程式和程式化表演仍未对西方产生任何影响。"就在欧洲剧场传统正在发展之际，一个迥然相异的传统也在远东出现，但是直到 19 世纪末期以前，这两个传统并无

---

① 德庇时：《中国：中华帝国及其居民概述》（新订本，伦敦，1857）第 2 卷，第 216 页，转引自〔美〕M. G. 马森《西方的中华帝国观》，第 195 页。
② 中国比较文学学会编《中国比较文学》，浙江文艺出版社，1987 年第 4 期。
③ 中国戏曲在表演上的程式化，是指它的程式性，如关门、上马、坐船等，都有一套固定的程式，可以用形象的动作来弥补舞台场景布置的限制，而西方在戏剧表演上则强调追求真实感，常常用极其宏大的舞台布置作背景。

重要的接触；即使在现在，两者间固然相互影响，但是发展的路线上仍是南辕北辙。"①

埃及尔在澳门和广州各观看了一次中国戏曲，对中国戏曲的程式化表演也表示很难理解，"他假装跨上一匹马并不停地鞭打马匹。在他的整个旅程当中，他必须要穿过一片广阔的森林，但是因为在中国，人们不懂得更换装饰背景，这片森林只能借助舞台上种在地上的一棵树枝来表示"，②"古怪的蹦跳，让人惊奇的跟头代替了戳刺、防戳刺和翻滚"。③与绘画类似，西方的写实主义与再现性艺术传统造就了埃及尔在戏剧方面根深蒂固的审美观，以至于其很难客观理性地理解或评判中国戏曲。

此外，埃及尔也注意到了观看戏曲时中国观众的反应。"在剧场正厅后排观众们的叫好声中，第一幕表演结束了，喝彩几乎盖过了喇叭和锣的吹打声"，④"就在此时，人群中传出了一串长长的笑声，这无疑是我们欧洲人难以接受的表达方式。大厅中好几处传来'好，好，真好'的喊声，我必须要认同一点，这一场景是整场的高潮，那位饰演僧人的演员的演技赢得了全场的热烈掌声"。⑤ 中国戏曲观众采用的是俯视角，西方戏剧观众采用的是仰视角。也就是说，中国戏曲观众处在一种心态上的高位置去俯视演出；而西方戏剧观众处在一种心态上的低位置去仰视演出。这

---

① 布罗凯特：《世界戏剧艺术欣赏——世界戏剧史》，胡耀恒译，中国戏剧出版社，1987，第279页。
② Jules Itier, *Journal d'un voyage en Chine en 1843，1844，1845，1846*, Vol. 1, p. 317.
③ Jules Itier, *Journal d'un voyage en Chine en 1843，1844，1845，1846*, Vol. 1, p. 316.
④ Jules Itier, *Journal d'un voyage en Chine en 1843，1844，1845，1846*, Vol. 1, p. 316.
⑤ Jules Itier, *Journal d'un voyage en Chine en 1843，1844，1845，1846*, Vol. 1, p. 317.

种心态上的差别与中西戏剧不同的起源与形成过程有莫大关系。

西方戏剧产生于祭祀，是宗教仪式的一个组成部分，始终带有宗教色彩。宗教仪式是庄严肃穆的，参加宗教仪式的人们怀着崇敬的心情赞颂神的伟大。这时，戏剧演出处在一种精神上的高位置，观众处在一种精神上的低位置。后来的戏剧虽然脱离了祭祀的宗教气氛，但这种仰视的心态视角却带着祭祀仪式的痕迹保留了下来。而中国戏曲的形成过程是多种娱乐样式的综合，相对于西方戏剧的宗教性渊源来说，它本质上是一种娱乐手段。这种形成渊源上的差异，除影响观众心态之外，也导致了中西方戏剧演员社会地位的不同以及戏剧在正统文化中地位的差异。

埃及尔既不理解中国戏曲程式化的表演和中国观众的心态，也不理解为何有如此之多像"体操训练一样的动作"以及那些"让人产生幻觉"的扮演女性角色的年轻男子，所以"怪诞"成了埃及尔对中国戏曲最笼统的印象。他在游记中如是说："我等它结束已经等得不耐烦了……这一善意的忠告让我决定离开现场，而另一幕怪诞毫不逊色于刚才表演的事件在等着我。"[1]

8. 中国饮食：当之无愧的美食王国

中华民族的美食传统源远流长，埃及尔由于参加了数次外交盛宴，对中国美食可谓印象极深。他几乎对每一次宴请都会做详尽记录，从而将中国构建成了一个美食的王国。

在中方第一次宴请法方之后，埃及尔如是记下："喝罢茶后，耆英起身，我们跟随他来到了餐厅，在这里已经布置了一张大桌子，点缀着花朵的糕点和甜品摆满了整桌……第一轮甜品之后继之而来的是成堆的装满中国美食的餐盘、带盖的大汤碗和碟子。首先上来的是两道燕窝汤，一个是甲鱼高汤，另一个是鸡汤。我

---

[1] Jules Itier, *Journal d'un voyage en Chine en 1843, 1844, 1845, 1846*, Vol. 1, p. 318.

不敢对哪道汤略胜一筹这一问题表态,我最终宣称这两道汤都非常棒。接下来我品尝了一道菜叫做茄汁海参,我同样敢于向我的同事们推荐这道菜。我认为,我的同事也表示说,这道荤杂烩值得品尝,味道绝美,更胜羊蹄,且易于消化……酱油在中国是肉类必备的佐餐调味品,我们称其为香味分子提取物,它是烧烤汤汁中最美味可口的成分。盛有这种调味品的小碟子完全占据了桌子的四周,最大限度地方便宾客们拿取调料。我已经有机会欣赏到这一极富学问的调配的最高成就,中国最具天分的烹饪天赋使其达到了一个空前的高度。"①

埃及尔对中国美食烹饪文化的崇拜达到了无以复加的程度。在法方回请中方时,由于基本都是法国菜,中国官员要么将菜放回盘中,要么干脆扔到了桌子下面,而耆英更是将法国大使用中国人的热情方式夹给他的一块山鹑肉吃入口中后又将其吐出扔到了桌子下面。埃及尔并未对中方代表的不敬行为加以批判,而是深表理解地说,他"已经乐观地预想到和全世界第一的中国美食相比,会发生这样一种情况"。② 又如在黄恩彤家做客时,"晚宴通知让我有了新的期待,我陶醉在对美食的遐想中。我一直在期望一顿中式晚宴,但黄恩彤却不凑巧地让他的厨师们为我们准备了一顿欧式宴席"。③

这种崇拜使得埃及尔几乎完全不在意中法双方在餐桌礼仪上的差异,他这样记述了第一次法方宴请:"这一场景渐渐变得活跃起来,四处传来杯子清脆的撞击声,大使和耆英更是做了榜样,

---

① Jules Itier, *Journal d'un voyage en Chine en 1843, 1844, 1845, 1846*, Vol.1, pp. 301 - 305.

② Jules Itier, *Journal d'un voyage en Chine en 1843, 1844, 1845, 1846*, Vol.1, p. 312.

③ Jules Itier, *Journal d'un voyage en Chine en 1843, 1844, 1845, 1846*, Vol.2, p. 79.

后者更是用尽了一切可能的形式以中国人的方式来祝福健康、致敬和干杯,然后再将杯子翻转示意说他已经喝干了最后一滴酒;或者将他装满的酒杯靠向大使的酒杯,将几滴酒洒进大使杯中——在中国,我们不能拒绝他们的好意,因为这是友好的举动。"① 他既不纠结于餐桌宾客位置究竟是以左为尊还是以右为尊,而是认为只要符合当地习惯即可;也不困扰于餐桌上究竟是该摆放中式餐具还是西式餐具,而是希望两种不同饮食的文化能尽可能地走向融合。美食王国的中国印象就此形成。

四 1844年埃及尔摄影机下的澳门和广州

时光似水,人类无法操纵光阴的流逝,也控制不了万事万物的变化,为了留住当下,长期以来,人们一直在寻求着一种能够忠实记录现实的方法。为此,历史学家欲通过精准客观的文字,画家欲通过手中灵巧的画笔,而摄影术的应用则逐渐让所有人都拥有了记录任何瞬间、留下永恒记忆的神奇能力。然而,摄影术的出现极其不易。

1822年,法国人涅普斯在感光材料上制出了世界上第一张照片,但成像不太清晰,而且需要8个小时的曝光;1839年,法国的达盖尔制成了第一台实用的银版照相机,它由两个木箱组成,拍摄时把一个木箱插入另一个木箱中进行调焦,用镜头盖作为快门,来控制长达30分钟的曝光时间。

1839年8月19日,法国政府买下了达盖尔的这一发明并将其

---

① Jules Itier, *Journal d'un voyage en Chine en 1843, 1844, 1845, 1846*, Vol. 1, p. 294.

公之于世，这一天被多数人公认为是摄影术诞生的日子。自此，摄影术在西方迅速风靡。"摄影技术！它以彗星爆炸式的威力，突然涌现于一向平静而又自满的维多利亚时代的欧洲。路易·达盖尔在1839年发表了他的摄影制作法，几个月内，欧洲就出现了一种新的行业、新的技术、新的艺术形式及新的流行玩意儿。无论是巴黎还是伦敦，两地的光学商店（人们在那里购买到镜头）以及药房（那里出售冲洗药品）都突然挤满了摄影爱好者，急于购买自己的摄影机和感光板"，于勒·埃及尔便是这项新技术狂热追捧者中的一员。

1844年，为了用另一种方式来记录并向欧洲传达"真实的中国"，埃及尔带着这一略显笨重的最新发明来到了"中国这片神奇的土地"，[①] 并在澳广两地留下了近40张照片记录，其中有30来张照片现存于法国摄影博物馆（见附录），让我们来看看埃及尔是如何用摄影术记录下这个东方古国的。

埃及尔来到中国的第一站便是澳门，初到此地，满怀既好奇又兴奋的心情，首先映入其眼帘的便是澳门港湾的繁华及其周边矗立的大量欧洲工厂，他赶紧用镜头记录下了这一宝贵瞬间。

图1 澳门海湾

---

① Jules Itier, *Journal d'un voyage en Chine en 1843, 1844, 1845, 1846*, Vol.1, p. 243.

第三篇
不再神奇的中国

图 2　澳门海湾及其周边的外国工厂

由于宗教的多元化，澳门境内建有大大小小的庙宇，其中尤属妈祖庙最为西方人所熟知，这也是澳门之所以被西方人称为"Macao"的原因。对中国人信教情况颇为关心的埃及尔自然也不会错过这些地方。

随着中法双方在澳门谈判的进行，至1844年10月24日，"中国和法国终于要前去缔结百年盛大条约"。签约仪式完成后，埃及尔为众人照相，"耆英组织了一个团体，包括大使、海军司令、大使馆秘书和翻译；我还分别为耆英和黄恩彤单独拍了照片，本想自己保留，但我却愚蠢地给他们看了照片，然后便无法抗拒他们迫切想要照片的请求。总督耆英看见自己的照片得意地笑了，一边看着我一边比画着表示：多谢，多谢"。①

图 3　澳门妈祖庙

图 4　耆英黑白正身人头像

---

① Jules Itier, *Journal d'un voyage en Chine en 1843, 1844, 1845, 1846*, Vol. 1, p. 325.

图 5　法国特使兼全权公使拉萼尼（一排左）等人和
中国两广总督耆英（一排右）的合影

10月31日，埃及尔终于到达了广州这座西方人心中标志性的中国城市，他的商业嗅觉和贸易代表身份使其将更多精力投入到了在华欧洲工厂的拍摄中。

图 6　坐落在广州的外国工厂

埃及尔对中国对外贸易的重视也使得其与当时广州十三行的代表潘仕成来往甚密，屡次赴潘家做客并为潘家老小拍照合影。埃及尔记述道："我去潘仕成家做了一天客，我带去的照

第三篇
不再神奇的中国

相机使他们全家兴奋不已,潘母抢在众人之前拍了第一张照片。主人的太太婉言谢绝了,我便为主人的姐姐拍照。我还为他的两个大儿子及保姆拍照,就连穿裤衩儿的孩子也在我面前摆好了姿势,个个都照得很有型。艰苦的作业持续了三个小时。"①

图7 中国富商潘仕成家人

当然,埃及尔的拍照经历也并非每一次都是如此愉快,在他有一天累得精疲力竭地为广州五位高级官员拍照完毕后,"起身告辞,心想应该与在场每位给予我如此自由的人握手告别。我面带微笑地走向驻防司令,但他并没有接受我的这一礼仪之举,而是一边把手撤回,一边威严地后退几步。他的这一举动让我大为震惊并感到匪夷所思。我便骄傲地挺直身子,挑衅地从头到脚打量了他一番,转身走出了站着一堆仆人的客厅门"。②

---

① Jules Itier, *Journal d'un voyage en Chine en 1843*, *1844*, *1845*, *1846*, Vol. 2, p. 114.

② Jules Itier, *Journal d'un voyage en Chine en 1843*, *1844*, *1845*, *1846*, Vol. 2, p. 115.

图 8 三位广东官员，从左至右依次为：
广东巡抚程采、广州将军奕湘、广州知府刘开域

此外，由于中国地方当局的限制，当时的西方人还很难进入广州"内城"活动，埃及尔便花了大量时间拍摄了一整套广州城鸟瞰图。

图 9 广州鸟瞰图

事实上，以当时的达盖尔银版摄影技术来说，拍摄一张照片并非如我们想象般简单。首先，其工序繁芜，耗时较长，需先用镀银金属版（铜版）碘化表面，使之有感光性，摄影后以汞蒸汽显影，曝光部分生成汞，反光强烈，未曝光部分用氯化钠溶液溶去，形成正像，这种摄影方法最初的曝光时间需要 10－15 分钟；其次，拍摄过程深受天气条件的限制，需要在阳光充足的环境下拍摄，否则很难进行曝光；最后，拍摄本身更是一项极费体力之事，达盖尔摄影器材包括照相机、显影箱、化学药品、磨制金属版的工具等，共达几十公斤重，需要扛着如此之重的器材东奔西跑，可见埃及尔当时为什么会常常累得"精疲力竭"。

图 10　埃及尔所用的达盖尔银版照相机

正是由于当时拍摄每一张照片都需要耗费许多时间及人力，所以埃及尔在选择拍摄对象时便不会草率而行，而是会认真挑选其认为最重要或是最有意义的对象进行拍摄。因此，埃及尔拍摄的内容便鲜明反映了其当时在中国所关注的焦点。通过观察以上及其他留存于法国摄影博物馆的照片（见论文附录部分）不难发现，中国的高级官员、外贸经济、宗教信仰及城市概貌是埃及尔最为感兴趣的内容，同其在中国留下的文字记录侧重点一样，这与其多重身份密不可分。同时，这些照片也正是埃及尔擅长从多角度观察中国的一个佐证。

此外，对照片内容的选择也会体现出拍摄者本人一定的动机及情感倾向。犹太籍女摄影师黛娜·阿波斯（Diane Arbus）曾指出："照片是关于秘密的秘密，照片告诉你越多，你知道的就越少。"照片是拍摄者内心世界的秘密，无论他有意或无意地将其秘密藏匿或显现于照片之中。透过埃及尔的照片可以看出，一方面，他拍摄了中国许多繁华的港湾和奢华的建筑，表现出其对这个异域古国仍有一定的向往之情；另一方面，他也拍摄了许多以在华欧洲工厂为对象的照片，透露出其在成长过程中的殖民主义眼光。也就是说，拍摄者并不是也无法单纯以"发现者"的态度记录目的地，而是在旅行过程中抽取他们所需要的元素进行拍摄，表达其真实的观点和认知。

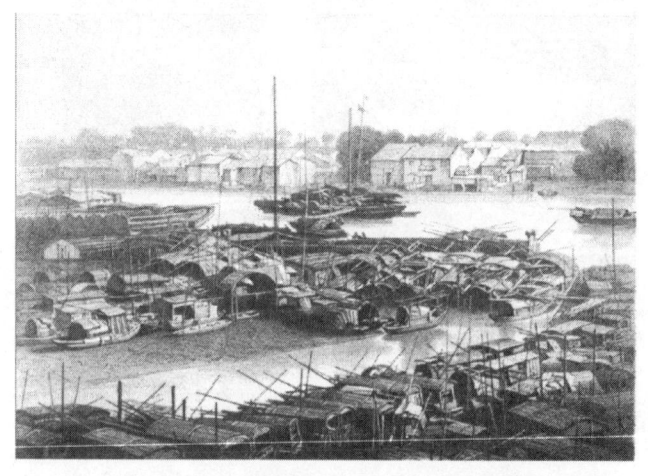

图 11　漂浮的水上城市——广州（附于《中国游记》）

这一点在埃及尔于 1848 年发表《中国游记》时对照片的选取上体现得更为明显。埃及尔游历了许多国家，在那里拍摄了许多照片，但在出版该游记时，他只精心挑选了 3 幅照片附于书前。在这 3 幅照片中，有两幅是其在中国所照，他对中国的重视程度可见一斑。不仅如此，仔细观察这两幅照片的内容之后不难发现，其中一幅拍摄的是水上城市广州的风情，而另一幅则为潘仕成的乡间别墅——海山仙馆的瑰丽。埃及尔之所以选择这两幅照片，一方面可能是由于这两张照片成像清晰、保存完好，另一方面则可能在于其对中国虽有蔑视之处，却仍不乏崇敬向往之情，如同他的文字记录一样，他仍愿意通过照片这个相对更加客观真实的方式向西方人描绘出一个不失美好的中国印象。

图 12　潘仕成的乡间别墅——海山仙馆（附于《中国游记》）

埃及尔在中国的摄影经历对于中西方历史都有着深刻的意义。在中国摄影史上，埃及尔被认为是"我们现在所知道的在中国进行拍摄的第一位摄影师",[1] 他"留下了中国历史最早的形象记录，具有重要的史料价值";[2] "这位杰出的世界上第一代摄影家、一个法国人，不远万里，来到中国，用现在看来最原始的、也是当时

---

[1]　陈申、徐希景：《中国摄影艺术史》，三联书店，2011，第 34 页。
[2]　陈申、徐希景：《中国摄影艺术史》，第 31 页。

最先进的摄影方法,第一次把中国的山川大地、园林建筑、风土人情凝固在照片上,并且用文字详细记录下来,保存至今,为我们了解我们自己的历史,留下了宝贵的、也是最早的形象资料。感谢伟大的摄影家埃及尔";①"虽然埃及尔在中国的摄影活动是短暂的,活动的范围也不大,但毕竟是第一个把摄影带到中国来的人",② 他"开启了中国的摄影历史,标志着摄影术在文明古国开始传播"。③

英国著名学者、摄影史作家泰瑞·贝内特在《中国摄影史:1842-1860》中这样评价埃及尔:"作为一名知识分子,他对科学有真正的天赋和热情,他的成就在科学界赢得了极大的尊重。但尽管如此,在身故后,让他留名青史的仍是摄影师的身份。他在澳门和广州拍摄的达盖尔银版照片是迄今得以保存下来的年代最早的中国摄影,他在中国摄影史上的地位不可撼动。"④ 出生于香港的英国著名摄影师约翰·伍德（John Wood）在他的《达盖尔银版风景照片》中这样写道:"埃及尔的大多数照片都是记录性而非艺术性的,鲜有例外。但是这些因素都不能抵消埃及尔的成就。他是在一片其他摄影师未曾涉足的处女地上独自工作,没有任何前人经验可以借鉴。他的作品奠定了早期中国摄影史的基础。⑤"

---

① 吴钢:《摄影史话》,中国摄影出版社,2006,第148页。
② 陈申、徐希景:《中国摄影艺术史》,第52页。
③ 宿志刚、林黎、刘宁、周静编《中国摄影史略》,中国文联出版社,2009,第1页。
④ 泰瑞·贝内特:《中国摄影史:1842-1860》,徐婷婷译,中国摄影出版社,2011,第6页。
⑤ John Wood, *The Scenic Daguerreotype: Romanticism and Early Photography* (University of Iowa Press, 1995), p. 42.

五　1862年埃及尔对中国的再思考

1844年对中国的造访,是埃及尔一生中的唯一一次。虽然此后再也没有来过中国,但他对中国的兴趣和思考却没有停止。10多年之后,随着第二次鸦片战争的结束及1859年达尔文《物种起源》的发表,中国不论是从现实还是科学理论上,都被当时西方很多人贴上"落后"或是"停滞"的标签。然而,退休后赋闲在家的埃及尔却于1862年出人意料地在马赛发表了《论中国文明及其未来》一文,该文约有4500字,从文章中可以发现,经过时间的沉淀,这一时期埃及尔的中国认识发生了很大改变,尤其体现在他对中国文明及科学的看法上。

1. 第二次鸦片战争后西方人对中国之认识

第一次鸦片战争后,西方通过与清政府订立的一系列不平等条约,取得了许多特权。至19世纪50年代初期,这些权利已经难以满足其扩大中国市场、在北京设立使馆以及鸦片贸易合法化等进一步需求。在他们提出的"修约"请求遭到清政府断然拒绝后,1856年,西方悍然发动了针对中国的第二次鸦片战争。这场战争前后绵延4年之久,最终以中国的惨败和一系列不平等条约的签订而收场。如果说第一次鸦片战争后,还有不少西方国家及西方人对中国的国家实力持观望态度,甚至于对中国抱有信心,那么,第二次鸦片战争中清政府的溃败则摧毁了他们的这一想法,西方人对中国的印象开始进一步下滑。

相较之下,19世纪60年代,英、法、美、德等主要资本主义国家仍处于经济高速发展期,科学技术也取得了长足进步,第二次工业革命已初见曙光,而中国科技的落后则使其在西方人眼中"停滞帝国"的形象愈加成形。1859年11月,达尔文经过20

多年研究而写成的科学巨著《物种起源》一经出版,立即在欧洲乃至整个世界引起轰动。在这部书里,达尔文提出了"进化论"的思想,说明物种在不断的变化之中,经历由低级到高级、由简单到复杂的演变过程。西方人经过比较,将中国人定义为劣等民族,而中国的落后则被视为源于其在先天心智上与西方的差距。

由于以上种种原因,这个曾被崇敬仰慕的国度越来越陷入被西方轻蔑的境地。它成为西方媒体侮辱的对象,1858年4月10日,英国的《笨拙》杂志上发表了一篇名为《一首为广州写的歌》的诗歌,诗中写道:"约翰·查纳曼简直是混蛋,他要把全世界来拖累,这些顽固残酷的中国佬长着小猪眼,拖着大猪尾。一日三餐吃的是令人作呕的老鼠、猫狗、蜗牛与蛆蜒。他们是撒谎者、滑头和胆小鬼。约翰牛来了机会就给约翰·查纳曼开开眼。"[1] 这份杂志在英国家喻户晓,影响力极大。此外,第二次鸦片战争中英国人远征中国,不少西方外交官、贵族乃至史学家都为其大唱赞歌。曾与埃及尔同时到达中国的外交官夏尔·拉沃莱赞叹道:"这是一次确实非凡的远征,本世纪无与伦比。"文学界也不例外,在美国,"时人、剧作家、散文家、小说家和短篇故事作者不断地就不同的东方进行写作,创作了一系列的文学作品,在这些作品中,美国这个民族被从各个方面表现为是一个充满活力的、积极的、雄健的和道德上正正直的帝国,与各种版本的衰朽的、消极的、阴柔的、行为不端的和注重精神的东方相对照"。[2]

然而,与当时西方社会越来越倾向于对中国进行负面报道不同,随着时间的沉淀,曾亲身到访过中国的埃及尔对中国尤其是

---

[1] 伍辉:《西方的中国形象变迁研究》,山东大学硕士学位论文,2008。
[2] 参见王立新《在龙的映衬下——对中国的想象与美国国家身份的建构》,《中国社会科学》2008年第3期。

对中国科学及中国文明的思考进一步深入。1862年，退休后的他在马赛发表了《论中国文明及其未来》一文，其观察、认识中国的态度和内容都发生了深刻变化。

2. 埃及尔再思考之内容

（1）中国文明并不落后

1844年亲历中国时，埃及尔对中国文明的看法是："我们很清楚地知道，很多受过教育的中国人和大批的智者绝不怀疑欧洲先进的文明及其优越性，尽管他们坚持向人民表明我们是蛮族……中国每一次对欧洲文明的借鉴都不得不让其承认自己明显的劣势，而这是中国政府所不愿意的。"① 字里行间不难看出，埃及尔此时也带有对于西方文明强烈的认同感及优越感。

到了1862年，埃及尔的这一观点发生了逆转，他认为，与其说是中国文明落后，不如说是因为这个国家"许多世纪以来都是以一种同样的步伐前进，这步伐是如此之慢，以至于在我们看起来像是静止不动的"，因此而被迫成为"欧洲文明快速发展的见证人"，② 中国的落后只不过是西方人借以表明自己阔步"进步"的参照。

此外，西方人界定文明的标准也过于单一，因为他们常常把战争和军事技术上的进步当做科学进步的一种表现，并以此作为判断文明是否进步的唯一或是最重要的标准，而这是极其狭隘的。埃及尔写到，虽然"中华民族仍然用箭、吹管来进行战斗"，但这并不能说明西方文明的进步，它只不过是证明我们"所有智者的努力都集中在了军事武力"之上，而这对中国来说是不公平的，"因为大的战争在我们当中是频繁发生的公共灾难，但对他们（指

---

① Jules Itier, *Journal d'un voyage en Chine en 1843, 1844, 1845, 1846*, Vol. 2, p. 112.

② Jules Itier, *De la civilisation en Chine et de son avenir*, Marseille, 1862.

中国人）来说却几乎是一无所知的，他们没必要去研究改进一些毫无作用也没有存在理由的东西"。①

由此可见，西方社会在20世纪两次世界大战后才开始的对西方现代性的大规模反思，埃及尔早在1862年就已对此有了自己的看法。他反对将科学视为现代文明进步的评判标准，更反对仅将军事武力的先进视为科学的进步。在肇始于启蒙运动的现代性进程中，科学技术既是其原因又是其结果。人们确信依靠科学以及建基其上的技术，人类就能够在征服与改造自然的胜利中摆脱束缚，获得自由并走向幸福。然而事实上，科学技术虽为人类带来了生产力的进步，却也引领人类走向了更为残酷的战争暴力。正如哈贝马斯所说："十八世纪为启蒙哲学家们所系统阐述过的现代性设计含有他们按内在逻辑发展科学、道德与法律以及自律艺术的努力"，而这项设计却至今远未完成，它"过分地奢想艺术与科学不仅会促进对自然力量的控制，而且亦会促进对世界、自我、道德、进步、机构的公正性甚至人类幸福的理解"。② 而埃及尔很早便意识到了问题的存在并对西方现代文明进行了反思。

（2）中国科学再认识

自18世纪末以来，几乎每一位来中国的西方人都会对中国的科技状况格外关注，埃及尔也不例外。一番游历下来，在他眼中，经过了漫长历史的中国，虽然"人类知识在各个科学分支里都积累众多；一部分，被收集到书籍里，传播至公共领域；其他部分，主要是医术和化学，则是父子薪火相传下来的遗产"，但是从来"不曾见有人对这些知识进行收集、整合、总结和解释，并最后成

---

① Jules Itier, *De la civilisation en Chine et de son avenir*, Marseille, 1862.
② 参见王岳川、尚水编《后现代主义文化与美学》，北京大学出版社，1992，第17页。

为科学理论的基础"。①

在埃及尔看来，中国人的化学尚"停留在 17 世纪欧洲炼丹术士的水平上"，"中国人完全懂得金属氧化物的制备，并应用在搪瓷和有色玻璃制造以及瓷器装饰上；但他们使用漫长而复杂的程序，使人感觉到科学原则完全缺位……中国人使用冷淬的工艺。几个世纪以来，他们仅了解铜锡合金会通过骤冷降温变得具有延展性……之前提到的细节，我还可以举出更多类似的例子。我想，这已经足够展示出化学这一学科还未在中国出现"。②

物理学的处境也是一样。"中国人了解的电学现象仅限于树脂和琥珀经过摩擦之后会产生具有吸引轻小物体的特性。除了由他们发明的磁针之外，中国人对磁学一无所知。中国人的管弦乐器的构成，尽管是符合基本声学规律的，但在很多情况下可以证明他们对于声学原理的无知。他们对于光学的认知，可以说是更为有限的，他们从来都不理解放大镜或者显微镜的构造原理"。③

数学也不例外，"对中国人来说，数学被缩小为算术和几何学的最基本元素。他们的计算是以十进位为基础的，正如他们的重量和其他计量方法也是十进位一样。他们既不知道代数，也不知何为解析几何"。④

在天文学方面，"阿拉伯人是首先掌握并使用天文学的人，然后是耶稣会士。然而他们并没有在北京培养出能够替代他们的学生。自欧洲人离开之后，钦天监就空置下来。人们相信，是因为

---

① Jules Itier, *Journal d'un voyage en Chine en 1843, 1844, 1845, 1846*, Vol. 2, p. 91.
② Jules Itier, *Journal d'un voyage en Chine en 1843, 1844, 1845, 1846*, Vol. 2, pp. 93 - 95.
③ Jules Itier, *Journal d'un voyage en Chine en 1843, 1844, 1845, 1846*, Vol. 2, p. 95.
④ Jules Itier, *Journal d'un voyage en Chine en 1843, 1844, 1845, 1846*, Vol. 2, p. 96.

孔子编写的《春秋》记载了 36 次日食的准确日期，因此中国人才知道它的计算方法。但通过德庇时的合理观察，这倒不如说是证明了孔子编写年鉴的准确性，而非中国人已经很好地掌握了天文学"。①

动力学也毫无发展的迹象，"他们仅能勉强制造最简单的静力应用装置，机械装置也非常原始……他们甚至不知道用齿轮进行垂直运动与水平运动之间的转换"。②

最后，埃及尔得出结论："中国人在研究事物特性上是极其肤浅表面的"，③ 中国科学已处于停滞状态，"导致中国工业长期以来没有起色"。④

以上是埃及尔在 1844 年对中国科学发展状况的描述和理解，其中既包含了一定的事实性成分，也出现了不少常识性的错误。例如在数学方面，唐朝著名数学家王孝通撰写的《缉古算经》，首次提出三次方程式正根的解法，对代数理论做出了卓越贡献。埃及尔在这些问题上表现出来的成见或是部分谬误，很大程度上源于西方人当时对中国科学发展状况的社会集体想象，他们将中国界定为是一个"科学落后的国家"，甚至是"科学从不曾出现的国家"。

如果说 1844 年的埃及尔在看待中国科学问题上和他眼中的中国科学一样，"是极其肤浅表面的"，那么到 1862 年，随着时光的流转和岁月的沉淀，埃及尔对中国科学的思考也开始逐渐深入。

---

① Jules Itier, *Journal d'un voyage en Chine en 1843, 1844, 1845, 1846*, Vol. 2, p. 96.
② Jules Itier, *Journal d'un voyage en Chine en 1843, 1844, 1845, 1846*, Vol. 2, p. 96.
③ Jules Itier, *Journal d'un voyage en Chine en 1843, 1844, 1845, 1846*, Vol. 2, p. 97.
④ Jules Itier, *Journal d'un voyage en Chine en 1843, 1844, 1845, 1846*, Vol. 2, p. 98.

第三篇
不再神奇的中国

在《论中国文明及其未来》一文中,埃及尔认为,西方科学所谓的领先只是相对的、新近的,就如同中国科学的落后一样。如果拿16世纪的欧洲与中国相比,中国的科学成就是如此夺目,"大量物理和化学的知识被收集应用了许多个世纪",有百余种西方人还不知情的"可用来纺织的植物"以及"养鱼术、养蚕、棉纺工业和最好的纺织品",还有那些西方长期向中国学习模仿的"染色术、染料、造纸、陶瓷艺术品、耀眼的珐琅釉"。而西方所谓的"领先"是"新近的",只有"大约两百年的时间","到两三个世纪以后,让我们再来看看中国的科技是否仍然会被轻视"。埃及尔否认了这种从"二元性的角度来进行对照"的思考,并认为这种"非此即彼"的思考"永远都是错误的"。①

可以说,早在17世纪,来到中国的传教士们就已经注意到中国科学的"落后问题",在利玛窦之后到达中国的法国传教士巴多明是早期认真提出"落后问题"的第一人,他认为虽然中国人致力于理论科学研究已有很长时间,但他们从未向前迈进一步。至18世纪末,启蒙思想家们的批判将这一落后形象进一步确立。及至19世纪上半期,哲学家黑格尔及"社会达尔文主义之父"斯宾塞建立起来的进步学说使得当时的西方人站在科学进步的制高点上来俯视中国。埃及尔在当时选择以平视的态度为中国科学落后做出解释及辩护,虽然声音相对微弱,却反映出了19世纪西方中国印象转折时期的过渡性及多元化特点。

此外,埃及尔也思考了中国科学为什么在领先数千年之后却于当时处于相对停滞状态的原因,他的这一思考比20世纪30年代出现的"李约瑟"难题早了半个多世纪。他在分析这一问题时没有把中国科技落后归结于中国的专制政治、地理环境及公共道德堕落等,认为更主要的原因是教育的不普及,而教育不普及的关

---

① Jules Itier, *De la civilisation en Chine et de son avenir*, Marseille, 1862.

键则在于中国文字体系的局限性。他非常确定地表示，"这才是使中国科学处于落后状态的唯一原因"，并列出了如下解释。

首先，中国文字数量庞大，难于掌握，占用了中国学者的大量时间。中国人"使用象形文字来表达事实、思想和语句……在表达了简单有限的主题之后，就要去满足表达复杂思想的需要。就这样，在六千年时间里，中国人的象形文字丰富至——也许我应该说是拥挤至五六万字"，使得要掌握它非常困难，以至于中国所有学者都毕生专心于此。

其次，在构字上，中国文字部首并没有促成理性的自然分类，不利于科学的发展。"部首，从某种意义上来说可以叫做中文的字母，只有214个……这214个部首对于汉字的记忆有很大帮助，起到坐标点的作用……通过为众多同一类型的事物添加相同的部首，再各自添加一个独特的符号，我们就可以做到详细地说明每一种事物了……但非常奇怪的是，中国人错误地把猴子和狗归为同一类。外部有着相似之处的事物被分为同一类，但有可能彼此在本质上有着巨大的不同……这样肤浅的分类造成的语言错误，一旦被记录在语言之中，将会永久流传。"

再次，中国文字学习的难度造成了公众教育的不普及。中国文字"在政治秩序方面也产生了不遑多让的影响，这种语言似乎是量身定制出来，用于衡量每个阶层的眼睛可以承受多少知识……这样的教育，远离了我们赋予教育的宗旨。有些人认识的字不超过100个，主要与他们的职业相关……有些人受到了更好的教育，认识200到500个单字，这是他们最通常的状态"。[①]

的确，教育的不普及是阻碍中国文明发展的一个重要因素，但将中国科学和文明的落后完全归结于中国文字本身则显然是不合理的。埃及尔这个观点的产生，一方面，也许是其根据自身在

---

① Jules Itier, *De la civilisation en Chine et de son avenir*, Marseille, 1862.

学习和了解汉字的过程中遇到的困难所得出的结论；另一方面，他的想法极有可能也受到了之前其他人士的影响。1748年，安森就曾在《环球航海记》中就对中国汉字极尽贬低之能事："尽管几个朝代以来，中国周边的国家都在使用字母，中国人对字母也已很熟悉，但他们迄今为止却仍然不使用字母，而是继续用那种粗俗、笨拙和武断的标记来表达词汇；他们的文字数量太多了，超出了人类的记忆范畴，他们就采用一种方法，使文字的书写变成一种艺术，需要大量的练习，所有人都是粗通一二。"[1] 德庇时爵士也指出了汉语明显的不足之处，如它的语法极其有限，没有规则，字形变化无常，或者说胶着现象较多；在一个句子中，字与字之间的联系是由它们在句子中的位置确定的。[2]

六　结语

伴随着17、18世纪西方传教士和商人的大批来华，中西文化交流达到了一个新的高潮。作为文化交流的使者，西方传教士既将近代西方的科学技术和基督教传入了中国，又把中国的思想和文化传向了西方，并在西方掀起了一次著名的"中国热"。当时，大多数西方学者、思想家对中国的典章制度和传统文化赞美有加，如伏尔泰、魁奈和莱布尼茨等。然而进入19世纪，尤其是19世纪中期以后，批评中国的声音愈显强劲，致使不少学者将18世纪末的马嘎尔尼使华事件，抑或是19世纪中期的鸦片战争作为西方中国印象彻底转变的标志。实际上，西方人的中国印象的转变并非一蹴而就，由于西

---

[1] Richard Walter, George Anson, *A Voyage around the World in the year 1740 to 1744* (London, 1748), pp. 345–346.
[2] 德庇时：《中国：中华帝国及其居民概述》（新订本，伦敦，1857）第2卷，第110页，转引自马森《西方的中华帝国观》，第256页。

方殖民体系的建构尚未完成，殖民主义的有色眼镜也正在形成之中，更重要的是，在西方社会内部，对自身文明的反思也开始初现端倪，这使得西方人的中国印象在这一时段呈现出明显的过渡性及多元化的特点，研究者不应该一概而论。笔者以为，将19世纪上半叶看作调整期抑或平衡逐渐被打破的时期也许更为合理，而埃及尔便是这一时期这一特点的有效佐证。

通过分析埃及尔在1844年通过澳门和广州对中国进行的观察可知，这一时期，埃及尔一面对中国进行了许多意识形态化的批判，但另一面也仍在一些方面对中国充满好感，竭力选择保持客观理性的态度去认识并理解中国。至1862年，随着埃及尔思考的深入，他对中国及中国文明的看法也开始更加明显地发生变化。埃及尔以及与其同时代的一些西方人缘何在这一时期有如此复杂的中国印象，笔者以为有以下几点可资参鉴。

首先，这与18、19世纪逐渐盛行于西方社会的"进化论学说"确立起来的"权力－话语"体系有关。如前所述，西方的"进化论学说"在18、19世纪得到了发展，并于19世纪中期建立起了理论化模式，在哲学、生物学、社会学、历史学等领域被广泛应用。"社会达尔文主义之父"斯宾塞在达尔文《物种起源》发表之前7年就提出了社会进化的思想，他在早期著作中指出社会进化是直线的、不间断的，生物界生存竞争的原则在人类社会中也起着支配作用。人类有优等种族和劣等种族、优秀个人和低能个人之分，劣等的、低能的种族与个体应当在竞争中被淘汰。而恰巧此时的中国自18世纪末起，与西方在科技、经济及军事方面的差距进一步拉大，"进化论学说"的发展使得西方将东方视为西方文明的对立面，东方理应被征服的殖民主义思想逐渐成长，而"进步、自由的西方"与"停滞、专制的中国"这套话语体系则越来越深入人心，甚至中国的许多新知识群体也完全内化接受了这一点。

诚如米歇尔·福柯所说，权力是一种深入一切的、内在的现象，它不能被简化为高压政治和惩罚，它还包括一系列足以说服和操纵从属者的文化、科学和社会的技术。这些文化技术手段集中体现在某一话语上，据支配地位的话语产生了叙事、符号和重现，就能够影响对事实的普遍认识和公众理解。① 这也是为什么无论埃及尔主观上如何努力去保持客观的态度来认识中国，但事实上，却仍然难免不受这一套权力话语体系的影响，从而也会时常站在一个文明制高点的位置上来"俯视"中国及中国文明，这在其1844年对中国科学、宗教及鸦片战争的认识上体现得尤为明显。

然而，许多学者常常倾向于忽略福柯晚年所强调的权力话语的不稳定性，即"话语既可以是权力的工具和结果，又可以是一种妨碍，一块绊脚石，一种抵抗方式和一种反抗策略的起点。话语传达、制造并加强权力，但也损害和暴露权力，它使权力脆弱并使反对权力也成为可能"。② 至19世纪60年代，随着中国在第二次鸦片战争中的再次溃败，关于"停滞的、落后的中国"的话语权进一步巩固。越来越多的媒体、传教士、商人、外交官及作家对于这一套话语体系大肆宣传，西方欲借此建立殖民主义合理化的这一权力体系也由此愈加暴露和清晰化，这才引起了埃及尔1862年对西方所谓现代文明的反思及对中国文明的再思考。由此可见，话语体系的逐渐巩固既是一个加强权力的过程，同时也可能成为一个削弱及出现反对权力的过程，这也显现出西方尚在成长过程中的殖民主义所具有的不稳定性及过渡特点。

其次，这与这一时期中国外交体制及西方人外交心态的变化有关。与18世纪末马噶尔尼使华时不同，19世纪上半期，西方强国的枪炮声打碎了清帝国"天朝上国"的迷梦，中国外交被迫走上近代

---

① 在福柯的《规训与惩罚》（米歇尔·福柯：《规训与惩罚》，刘北成、杨远婴译，三联书店，2007）一书中，权力理论已经得到了概括性论述，另参见其《性经验史》（增订版），佘碧平译，上海人民出版社，2005。

② 米歇尔·福柯：《性经验史》（增订版），第395页。

化之路，在外交体制及外交理念上都发生了深刻变化。从外交体制来看，中国与周边国家的传统朝贡体系受到严重冲击，在与西方交往的过程中，逐步转变为条约体制下强国和弱国的关系。从外交理念来看，那种完全以自我为中心、认为世界是"中国的世界""天下共主"的大国心态也在西方列强的军事武力面前倒塌。

虽然这一时期的中国外交近代化仍处于蒙昧时期，在很大程度上还是沿袭了早期的天朝体制，同时在面临某些冲击时，也只是适当地对原有体制进行临时性的调整，但中国人尤其是那些较早接触西方人的中国外交官员，如耆英、黄恩彤等，对西方人的态度已经发生了潜移默化的改变。体现于外交往来中，可以明显发现，与之前纯粹的轻视乃至蔑视不同，这时他们的外交态度虽仍然秉着"怀柔远人"的目的，却已在西方人的坚船利炮面前多了一分畏惧甚至仰视。不论是奢华的外交盛宴，抑或是频繁的私下来往，他们努力利用各种手段来讨好且小心防范着这群惹不起的外来"番鬼"，寄希望于利用个人交情的加深来获取外交谈判的利益，最后却往往因不懂外交规则而被逼得步步退让，几乎完全达成西方人所希望的协议。这种转变，一方面令埃及尔不会再用18世纪末以前西方人惯用的"仰视"眼光来看待中国人，而直接是用"审视"甚至"审判"的眼光来看待中国的外交代表；另一方面中国外交官员相对"友好"的态度也令其在"审判"时往往不会过于苛责，例如不会去指责耆英将自己杯中的酒倒入大使杯中这一在西方不受欢迎的举动，也不会去对一顿西方人最为忌讳的中国"鼠宴"极尽贬低之能事。

但是，这并不意味着埃及尔对所有中国官员都抱有理解的态度。受传统"夷夏之防"观念的影响，当时的大部分清朝官员对于外国人仍是极为排斥的，他们大都不会甚至是鄙视与洋人交往，埃及尔对与这些官员发生的礼仪上的冲突则带有强烈的批判态度。例如，埃及尔在澳门时曾欲拜访当地一位中国官员，却因未曾提前一天通知到访之事而被拒之门外，这令埃及尔极为不悦；① 又如，当他欲与一位中国将军握手却遭到拒绝之后，埃及尔深感震惊和愤怒，甚至事后还为此好好戏弄了那名将军一番以示报复。② 可以看出，埃及尔在此时对中国官员的感情和态度是极其复杂的，这一方面与埃及尔在此时略显"俯视"之"审判"的外交心态有关，另一方面也与这一时期中国在外交近代化上还处于成长阶段相关，传统的文化心态仍在起作用，新的外交理念刚刚萌芽却尚未成型，新旧交错的特点表现明显。

再次，身处 19 世纪中期，埃及尔的中国印象一直受到西方历史文化传统塑造出来的两种"中国形象原型"的影响。关于西方文化观念中的"中国形象原型"，即为西方在表述中国时的一整套话语体系。在此之前，已有一大批西方人对中国进行描述和研究，分属不同领域的传教士、军人、政客、商人、文人，通过不同的文本——游记、新闻报道、文学作品、学术著作，建立起一整套言说中国的词汇、意象、观念，提供给人们想象、思考中国的框架。"任何个别表述都受制于这个整体，这是所谓的话语的非主体化力量，任何一个人哪怕再有想象力、个性与独特的思考，都无法摆脱这种话语的控制，只能作为一个侧面重新安排已有素材，参与既定话语的生产。"③

在西方各种文本的表述中，"中国形象原型"被划分为两种类型：一种为政治昌明、道德健全、历史悠久、文明领先的正面形象；另一种为政治专制、科学停滞、道德堕落、文明落后的负面形象。每种类型又都有一些广泛使用的"套话"，即"传播了一个基本的、

---

① Jules Itier, *Journal d'un voyage en Chine en 1843，1844，1845，1846*, Vol. 1, pp. 264 – 265.

② Jules Itier, *Journal d'un voyage en Chine en 1843，1844，1845，1846*, Vol. 2, pp. 115 – 116.

③ 萨义德：《东方学》，第 349 页。

第一的和最后的、原始的形象"，① 例如埃及尔会使用到启蒙时期形容中国时常用的"文明古国""开明君主""崇尚和平"，也同时会使用到之后人们所关注的"缠足""溺婴""人心狡诈"以及"科学停滞"等。这也是为什么我们常常能发现西方人在描述中国时所具有的那种惊人的相似性的原因。

伊萨克斯在研究美国人的中国形象时指出，"美国人心目中的中国形象始终在相反的两个极端间摇摆。在不同时代，人们对中国的印象可能完全相反，在同一时代，也可能存在着两种不同的中国形象。只是一种处于显势状态，另一种则处于潜在状态"。② 这也可以用来解释为什么埃及尔眼中的中国印象既在 1844 年有多元化的特点，又在 1862 年有了某种程度上相逆的转变。

复次，中西方之间客观存在的巨大文化差异是埃及尔欲全面理性认识中国却最终落空的重要原因。早在 1844 年，埃及尔就认识到西方人当时把中国人看得过于奇怪，对此，他还给出了一个他所认为的原因，这一切是因为中华民族长期以来负有如此之多的盛名，西方已经迷恋中国长达数百年之久，几乎耗尽了所有的词汇来赞美中国，当西方人发现中国并不像想象中那么美好时，曾经的努力与追求似乎顷刻变成了泡沫，这种心理上的难以承受使得其对中国的厌恶就越发变得深刻。③ 法国当代著名汉学家艾田蒲也做出了一个类似的具有心理学色彩的解释，认为对某一事物的过分迷恋终将会导致对这一事物的快速厌倦，18 世纪末欧洲对中国文化在经历了近两个世纪的仰慕后，迅速走向了排斥。④

埃及尔欲摆脱这一心理障碍来认识中国，却无法战胜巨大的

---

① 孟华编《比较文学形象学》，北京大学出版社，2001，第 159 页。
② 参见哈罗德·伊萨克斯《美国的中国形象》，第 85 页。
③ Jules Itier, *Journal d'un voyage en Chine en 1843, 1844, 1845, 1846*, Vol. 1, pp. 248–249.
④ 艾田蒲：《中国之欧洲》（下），第 352 页。

文化差异的影响,这一点在其对中国文化尤其是艺术的理解上尤为突出。不论在戏曲还是绘画方面,中西方长期以来形成的审美文化传统都完全相左:中国人传统的艺术审美观崇尚多融入人的感情和表现欲,所以在绘画上不追求完美的再现,在戏曲上欣赏程式化的表演;西方人则把科学、实证的精神渗透到了艺术品位之中,他们更强调再现真实,所以在绘画上追求透视法等一系列科学方法的运用,在戏剧上更欣赏规模宏大、真实生动的舞台背景。凡此种种文化差异,令埃及尔很难丝毫不受传统模式及当时情绪的影响,而对中国做出一个相对客观理性的判断。

最后,埃及尔个人身份的多重性也决定了其思想的复杂性。一方面,埃及尔身为外交官及知识分子,在书写中国的过程中,他不由自主地选择了同为外交官、同样接受过良好教育的英国驻华公使德庇时爵士作为自己的主要信息源。他在文中多次提及德庇时论述中国时的资料,而其客观理性的精神也在一定程度上影响了埃及尔对中国的观察态度。

另一方面,埃及尔财政贸易部代表兼海关首席监督的重要身份又使其常常站在商人的角度思考问题。例如他对鸦片及鸦片战争的评价就与当时同至中国、纯粹传教士身份的古伯察完全不同。他认为中国人吸食鸦片的危害无异于欧洲人酗酒,鸦片战争的责任主要在于清政府为了防止白银外流而实施的不合理的闭关锁国政策。古伯察则对此说道:"在广州、澳门和向欧洲人开放的通商口岸,我们听到有人企图为鸦片贸易辩护,他们断言:鸦片的副作用并没有我们想象的那样坏,只有同烧酒和其他的许多东西一起用,大烟对人才会有伤害。据说,适度抽大烟对虚弱、委顿的中国人有益。不过,那些说这番话的人通常是大烟贩子,很容易想象,他们做所有这些可能的辩护是为了减轻他们受到的良心谴责,这正好说明他们在干坏勾当。但是贸易的精神和赚钱的渴望彻底弄瞎了这些人的眼睛。"[①] 古伯察的观点很大程度上是出于传教事业的考虑，由于鸦片的盛行、鸦片战争的发生以及战争所带来的高额赔款，使中国人对西方人的厌恶感和排斥感加深，严重阻碍了传教士传教活动的进行。

正是由于受到个人多重身份因素的影响，使得埃及尔的中国认识有了很强的主观性，也避免不了时代的影响，从而时而对中国评论比较客观，时而又带有一定意识形态色彩。

埃及尔思想的复杂性也许还有很多原因值得深入探讨，无论如何，他为我们提供了一份19世纪澳门和广州的纪实，也还原了19世纪上半期西方中国印象过渡时期的记录，为我们了解西方中国印象一直以来都存在的多样性提供了一个研究案例。

科林·马科拉斯说，"几个世纪以来，西方中国形象在正面和负面之间形成有规律的钟摆，尽管没有哪一种形象摆动得更经常和平稳"，"和前几个世纪一样，19世纪西方世界产生了很多对中国的看法，其积极正面形象和消极负面形象的平衡是逐步被打破并随之倾向于后者的"。[②] 探究这种复杂性的原因，对于正处于全球化过程中的中国如何认识其他国家以及如何树立自身国家形象有着深刻的现实意义。我们要认识到，在观察中，"重要的是随时注意他者的利益，倾听他者的声音，并随时意识到自己的偏见与局限"[③]；而在树立形象的过程中，中国不能再像以往那样做一名被封住了嘴的"哑巴被告"，任人宣判、裁决，也不能像只"沉默的羔羊"，任人宰割，而必须要有自己独立的声音和言说自我的能力。

[①] 古伯察：《中华帝国纪行——在大清国最富传奇色彩的历险》（上），张子清等译，南京出版社，2006，第17页。
[②] Colin Mackerras, *Western Images of China*, pp.39, 176.
[③] 张隆溪：《中西文化研究十论》，复旦大学出版社，2005，第38页。

【附录一】　埃及尔在澳门和广州拍摄的照片

图 1　广州普通百姓

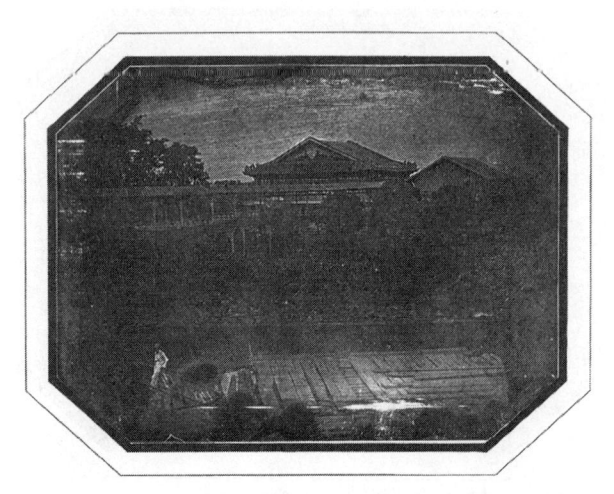

图 2　广州荔湾海山仙馆，为清代广州富商潘仕成的
别墅，建于清道光年间

图 3　坐落在广州河畔的外国工厂

图 4　广州的外国工厂外景

第三篇
不再神奇的中国

图 5 澳门妈祖庙

图 6 澳门海湾

图 7 广州景致（一）

图 8 广州景致（二）

第三篇
不再神奇的中国

图9 广州景致（三）

图10 广州景致（四）

澳门纪事：18、19世纪三个法国人的中国观察

图 11 广州景致（五）

图 12 广州景致（六）

【附录二】

论中国文明及其未来

于勒·埃及尔（Jules Itier）

人口众多的亚洲各国拥有各自不同的社会制度，在所有与之相关的观察中，中华文明的景象给人们留下了最为深刻的印象。这一文明诞生于世界的早期，就在它成长的这片土地上，它曾与其他民族同时向前发展着，却没有与别的文明混合，甚至也没有与这些民族有过多一丁点的接触。它没有一丝一毫的借鉴，完全依靠自己发明一切，自给自足。总之，至今它已获得5000多年的进步。但是在这个文明的形成过程中，相较于西方文明，它的不足相当明显，尤其是从物质角度来看。

或许不像西方主导了远东世界那样合乎逻辑，或许是在上天为中国铺开的发展道路上，充满了西方文明前进过程中没有遇到过的阻碍，因为，更为年轻的欧洲文明已经把曾经领先于它好几个世纪的中华文明远远地抛在了后面。

但是能够使这个民族发展滞后的障碍究竟是什么呢？我们也许会毫不犹豫地首先认为这是一种有缺陷的政府形式所导致的。可是，如果世间真的存在着一种有利于人民的政府原则的话，那么这个以家长制的权威为基础的原则正在统治着中国。被授权的皇帝是行政等级制度中所有官吏的代表，这项原则的定义是：权力为利益而行使，并且是为了人民最大的福祉而行使。我并不知道谁为君主的行为制定了准则,因为只要有关于公正和非正义的最简单的概念,而这些概念不会让良心犯下错误,这就足以让后世效仿了。

这是否意味着中华帝国从未有过一位成为上帝之鞭的暴君?当然有过。但是中国的君主不能像别国的君主那样,对自己的使命存有幻想,写下"朕即国家"这样的话。他(指别的君主)受到了自利之心的蛊惑,他有意违背他登基时所遵循的原则,完全违背了自己的良心。对臣民最有力的保障是所有的国家和所有的时代的最终追求。毫无疑问,由于这种保障,中国历代帝王摒弃了除人民的幸福以外的其他追求和爱好,中国的俗话中把他们称为民之父母。

因此,必须在政府形式之外去寻找其他导致中国人思想发展滞后的原因。

是不是这片土地的自然结构的问题?但中国是土质最好、最肥沃,也是最为精耕细作的国家,在这片土地上人口最为密集;在其历史上的任何一个时期,都没有发生过会导致一个国家的生产力明显崩溃的气候变化,比如,长期的极度干旱毁灭了大夏和亚述古国一度沃野千里的河谷,也毁灭了曾孕育了尼尼微和巴比伦的富饶平原。由于上天的责难,曾经存在过的一种高等文明的壮丽景象就这样消失在其进程中。

那么,是不是公共道德呢,由于道德的堕落腐化在源头上压制了中国人的智慧?但是,仅仅通过非常表面的观察,就可以发觉,中国人的道德受到了严重污蔑。乡村中和城市里的下层阶级人们性格和道德上的谦和给人留下了深刻的印象。在这里,所有的美德都得到了尊重。家族中的父辈几乎拥有无限的权威,他们维系着一种社会等级制,其中责任感总是在权利之上。同样,劳动人民非常节省,农夫期待着他的工作,用耐心来面对生活中的艰辛考验;他每天早晚都会感激一切事物的创造者——正如刚才我有机会提到的那个词——"天",感激它在分配这世界的恩惠时,给他留了一份,即便是微不足道的一份恩惠。他把这个美好的时刻传给了他的孩子,将所有收获归功于神恩的介入,他会在家中的祭台上恳求神恩的降临。

上层的文人,在生活中通常都遵循孔子道德准则,这位至圣先贤通过表述把这套原则传递给这些失去了基督教光辉照耀的人们。

看起来,只有在沿海地区的下层阶级以及一部分城市的小资产阶级当中,道德堕落的现象比较集中。一些肤浅的观察家们也因此形成了他们总结出来的错误看法。的确,在这些人群中,人们拥有他们动物性的所有缺点,他们很少会有虎的能力,却拥有狼和狐狸的本性,而且总是带有猪一样的本能。文明中不协调的色彩抹杀了上帝放置在人们心中的美好习性,而没有用理性的活力来取代它。这就是那些稍微受过教育的人和一些小文人,错误的东西引导了他们,并使得他们堕落到一个比野蛮无知的人们还不如的社会阶层中。

无论如何,对中国人的道德污蔑是极端不公正的,因为仅代表中国1%人口阶层的人的完全堕落,不能给整个民族打上了耻辱的印记。我们满怀信任和诚恳地说:中国的道德与欧洲的道德完全不同,但从整体来看,他们的道德与我们的一样有效地保障了社会。所以,我们不应该在这里搜寻我们要找的谜底。

有些人没有什么哲学理性,不仅不承认人类种族的多样性,而且否认种族的深刻的多样性,以及人类自然天赋的无限性,他们竟至于在中国人身上否定了无限的可完善性的原则。这些人犯了两个错误:一个是逻辑的错误,用问题来解答问题;另一个是哲学上的错误,他们给人类的精神设定了一个边界,这就是在他们思考或者衡量的物质世界里提出的那种边界。但是,智慧的神圣光芒不能用物质的方式来衡量。

此外，这种观点还暴露了我们对中国的财富上的优越感的错觉。我们的这种优越感是最近获得的，并且是巨大的；这花费了我们近两百年的时间，而在这段时期中，精确学科[①]在一些由实际观察所得的理论的帮助下产生了巨大的飞跃，我们将会发现各种未来的广袤领域，使我们现在有可能去开发由人类进步所带来的广阔空间。多亏这些理论，我们以一种几何增长的速度在奔跑。而此时，中国人以几个世纪以来相同的步调在前进，这种步伐是如此之慢，以至于在我们看来几乎是静止的。而我们的思想的变化与电能赋予车辆的速度一样快。但是让我们在两三个世纪之后，再来看看这个在现在是如此被人轻视的文明在那个时候是否比我们的文明更进步；我们将不会进入到这场辩论中，以我们那时的奇怪想法，我们松散的道德观，我们那时难以置信的偏见。——这需要兴趣，且需要用几卷书的篇幅来进行这种通常被二元论观点所扭曲的对比。——但是既然我们对我们现代社会的巨大发展感到骄傲，同时我们也把用来满足人类需要的应用技术当作最高级的物质形态，那我们就应该以一种公正的姿态，将16世纪初欧洲和中国的技术做一对比……但，不，我们不这样比较……与那个时代中国农业的巨大发展相比，我们能够说什么呢？那些长达几个世纪的对化学和物理学的收集和应用；以及他们在自然历史上的实践知识，他们的鱼类养殖、蚕桑业和棉纺织业，他们那些精美的织物，数百种我们仍然不知道的草本类的纺织产品；他们无可比拟的染色技术，他们的色彩、造纸术、制陶技术，还有他们那些耀眼的珐琅，相比这些，我们还能够说什么呢？

那些思维扭曲的人们从来没有对这古老而伟大的景象做出过公正的评价，我们在论述中国的无能这一问题上已经达到了高超的智力水平。

---

① Sciences exactes，精确学科，指化学、物理学等。

在某些头脑简单的人们的眼中，中国人的战争技术也显得十分低下。蔑视他们的主要理由是这些人还停留在使用箭镞和吹管作战的水平上，而且火绳枪对他们来说也是一种全新的发明。如果说进步是社会需求的表现，那么欧洲军事技术的巨大发展证明了什么？……这证明了我们的国际关系，让所有的智慧都集中在一种让武力占上风的技术上。这里最需要技术，是因为我们的道德，我们的本能不停地让我们诉诸暴力，因为激烈的战争在我们之中是频繁发生的公共灾难，而他们却对此一无所知，他们不需要去追求完善一项他们根本不需要的技术，用一句话概括，对他们来说，军事技术没有存在的理由。

在16世纪，在让生活舒适的手段以及在人的普遍生存的条件下，中国要比欧洲先进得多。现代科学的到来在一瞬间改变了事物的面貌，于是就像一个小土丘注定用来标明一个路堑那样，中国停留在原地，成为欧洲文明依靠科学飞速发展的旁观者，这是中华文明明显落后的一大原因。

一个其名字和人类最伟大的发现（比如指南针、火药、印刷术）相连的民族，科学怎么可能长期处于这样一种明显低迷的状态呢？几千年来，中国人拓展了人类精神领域的视野，为何却在起航的紧要关头，没有将这些发现流传下来。而欧洲却获得了最丰硕的成果，实现了令人赞叹的应用实践，之后，又通过电报之类的技术，完成了在整个人类范围内对土地的大量攫取。

我们郑重地认为，这些伟大的发明应归功于延续不断的时间，在此期间，相同的自然事物会时不时地提供给人类，最后在偶然的情况下有人注意到它，观察了它，并让它为人类所利用。反过来说，科学是文明在秋天收获的果实，我们不断地增加这种成果，而增长的速度和规模则取决于研究它的学者的数量。因为一种科学的快速发展的首要条件，是要在其中引起大众的竞争。这是某些还停留在为拉丁语不再是科学的语言而遗憾的人们还未体会到的好处之一。的确，这种语言从欧洲的这一端到那一头，被伯努利①、伽利略、洛比达②、维维安尼③、欧拉、布莱尼茨、笛卡尔和帕斯卡等用来相互交流，在那个现代语言不能为人与人之间的交流提供帮助的时代里，拉丁语构成了第一个公共资源，对科学的进步产生巨大影响。但时代的进步是如此之大，在当代，正是由于现代语言，通俗的科学知识才能在大众中得到普及，唤醒那些过去被我们忽视的能力，我们准备迎接即将喷薄而出的不计其数的发现，这些发现每天都在放射出让我们炫目的光芒。

如果中国人和我们一样承认全世界的智力竞争的必要性，那么，为了获得竞争的机会，语言作为思想的导线，就必须使得大众可以相互交流。然而，中国却并不如此，因为在整个中华帝国18个行省里，口语都是不一样的，还因为只有一小部分文人才能掌握文字的书写体系。我毫不犹豫地说，这就是中国科学落后的主要原因，这种落后导致了其文明发展的停滞。

我们知道，中国人没有字母，正如我在别处观察到的那样，他们使用象形的文字来表达事物、想法和语句。就像埃及人和墨西哥人在他们的神庙的墙上镌刻的象形文字一样，当它第一次意识到必须要把转瞬即逝的口语持续地保存下来的时候，这种书写体系看起来首先应该表达的是人类的精神。它所采用的符号首先是一些实在的物体的代表，它需要用这些符号来表达——因为最初这个世界是完全原始的；然后，它在文明的进步中逐步发展，应对所有各种需求；计数的符号逐渐增加，之后再表达一些简单和有限的主题，然后，它应该要满足一些必要的复杂概念的表达。在6000年的漫长岁月里，中国人的象形文字体系就这样日渐丰富

---

① 瑞士数学家。
② 法国数学家。
③ 意大利数学家，伽利略的弟子。

起来，或者我可以说，这个系统里就这样挤满了 5 万到 6 万个汉字，直至今天，这些数量庞大的汉字使得任何人都不可能完全掌握它们，尽管帝国内所有的文人穷其一生都在研究它们。

的确，有些人说，中文书写的难度极大，考虑到在官话和流行语体系中的不同更加如此。他们认为，由于这种语言存在数量惊人的同音字，并极度缺乏必要的语法规范，必然造成它的模糊性。人们也许会指出，官话（Kuoan-hoa）以它合成的词汇，它对身份的表达规则，还有不计其数的含义各异的词缀，能够使人们稍稍感觉亲近一点，直到他体会到需要应用其他语言那样的语法体系。也有人会说，不是这样的，（如果这样的话）怎么能想象得出欧洲的传教士们能用这样一种难以表达思想的语言工具，去写那些有关科学和天主教神学的著作呢？但是人们忘记补充说，这些由传教士们撰写的科学和神学的作品在他们离开之后就被秘密保存起来了，由耶稣会士们创建的钦天监（le Tribunal des Mathématiques）的大门都锁得好好的，没有实践者去了解他们留下的文字。

最后，据说如果不考虑 10000 个异体字，即现已不适用的古代汉字，康熙字典中仍保留了 42000 个汉字，其中包括一些专有名词和技术类的名词。在中国，为了科举或者学位考试的学生们，只需深入学习"四书"和一本由他们自己选择的"正经"就可以了。但是，《四书》中仅含有 2400 个不同的汉字。此外，还要补充一点，汉字的部首（即它的要素）在某种意义上可以被称为中文的字母，只有 214 个，被分门别类作为字典里的检索，检索在其之上添加了其他笔画的汉字。

的确，这 214 个部首为整个汉字的记忆体系提供了定位的标记。但是为了让人们尽可能多地记住多达 12000-15000 个由部首组成的汉字，这些部首被大量地增加并且随意变化。天朝之中只有大约 20 位学者能够完全掌握这些汉字，虽然人们并不需要掌握如此多的汉字才能阅读大量书籍，可是他们却总是努力记住那些他们很少用到的汉字。当这种努力与科学的抽象相遇的时候，它分散了用在科学上的智慧，使学者们在科学研究中软弱无力，没有足够的精力去研究基础科学。

中国的科学研究到了这样一种极度的贫瘠状态，即中文再不能表达很多新的思想了。可以说，中文不能再被列入语言这一类别了，因为这一工具的使用已经到了如此费劲的地步，谈不上什么使用上的便捷了。

如今，为了表达因几个世纪以来不断积累而得到的科学真理和新思想，为了赋予这些思想以合理的秩序，总之，为了符合现代科学的要求，人们需要某些新的词汇，即某些新的汉字。中国人把普及这些新词汇看成和他们在官话中遇到的合成词一样困难。

中文不可逾越的障碍阻碍了中国科学的进步，同时也导致了全国的知识分子耗费其他地方的人们用来研究自然现象的时间来学习、阅读特别是书写一部分汉字。书法有一种极为精确的规范，是为了避免在分辨汉字时因难以令人察觉的区别造成的混淆。同样的，书法家的头衔在中国被视为一种极大的荣誉。

中国的文人与科学的研究者之间完全没有任何相似点，他们垄断了造字的权利，因为只有掌握了全部汉字才能创造新字。而这些文人完全不能认识到创造这些新字的必要性。此外，我认为，中国人在接触我们的科学理论的时候所需要的那些新字，只为很少一部分学者所理解。我想，这已经说明了情况非常严重。在这样的条件下，科学是不会进步的；我可以说得更远一点，在这样的条件下，中国只能存在着一些有关实际经验的混乱的文集，因为没有学者把自己的智慧投在上面，而且人们会仅仅满足于把这些实际经验应用于生活中。

"在中国，所有的人都会读和写。"根据我们在上文中提到的情况，我觉得这个关于中国人教育程度的叙述，与我们的实际感受相差甚远。大部分人认识的字不会超过那几个常用的字，而且他们都只满足于掌握与自己从事的职业相关的字。关于这个话题，我想起了当我和我的中国仆人在广东街头时，我惊奇地发现他不能为我翻译修鞋匠的标志，因为他没有学过鞋匠这一行。

我们认为，每一份公共出版物的影响范围都会因它的主题而变得相当狭小：这一主题越是高深，受众就越是少。而中文的文字体系又将人口中每个阶级的人们的目光局限在他们能够理解的那部分思想的光亮上。这必然不会激起任何新的进步的思想，这必然会造成一个思想不再更新的社会，一个静止的社会。

我们的语言文字也许会遭遇同样的命运，要不是在某个特定的时刻——一个对西方文明的命运来说最好的时刻——腓尼基人，闪米特诸民族中最优秀的一支，受到他们天生的才华的启发，意识到了象形文字的危险，永远地为我们免除了要改进这种文字的后顾之忧，通过字母的发明，开辟出了通向人类无尽进步的全新道路。这是令人赞叹的发明，它证明了那些认为人的精神无所不能的分析，这是希腊人留给我们最光辉的馈赠之一，根据他们隽永的寓言记载，希腊人让卡德摩斯①的一支军队留了下来。大约在4000年前，佩拉斯吉人②已经开始使用最原始的字母。

在我们看来，替代是让中华文明这驾马车再度奔驰的唯一方法，但是谁敢认真地提出这样一种解决办法呢？也许将来有一天会有人理解中华文明急切地需要一种字母文字，尤其是为那些正在与欧洲人接触的中国人所理解，他们之中已经有些人为了进一步了解我们的科学而学习英语，而且他们已经能够正确读写了。但是，他们将会面对来自于中国传统文人的强烈抵制。事实上，

---

① 在希腊神话中，卡德摩斯是腓尼基的王子，曾杀死巨龙，埋其齿，结果长出一批武士，相互残杀，最后剩下 5 人，与他一起建立了底比斯城，并引进了字母。

② 佩拉斯吉人，前希腊时期（公元前 12 世纪多利安人入侵希腊以前）的居民。

这些上层的中国知识的掌控者，在已经完全献身于他们极度枯燥的研究以及为中国最有权势的等级服务的工作之后，怎么会承认他们需要获得一种他们已完全遗忘的无价值的所谓科学呢？这是一种不值得任何人去冒险的牺牲。而且底层的知识分子也会反对，考虑到这与中国文字有关，他们会认为这改变会造成中国社会的礼崩乐坏。

我们也可以在我们欧洲的大学里听到这样的话，那里在过去一度流行希腊语与拉丁语，为了促进精神上的流动与现代文明的深化扩展，人们提议让现代语言的研究取代古典语言，他们同时谦恭地要求把希腊语和拉丁语放在学校教育的次要地位。人们通过对现代语言的研究，为一种世界通用语的到来做准备，这曾是我们父辈的梦想，也是哲学的梦想。但是，在欧洲不同民族的人们已经通过铁路和电话相互接近之后，我们的时代看起来会有一天出现这种可能的结果吗？类似的提法已经被断然否决，遭到所有院系的共同抵制，他们以文学、历史、逻辑，还有哲学、道德等，总之所有文明的名义，声明这是一个非常不合时宜并且耸人听闻的提议。那么，那些沉浸在对自己博大精深的研究的幻想里的中国文人，会用相同的观点捍卫他们的文字体系，认为是公正无私的时间将中国文字和那些古老过去的碎片带进了历史进程中。

欧洲受它思想扩张力的驱使，尽管是通过火药和大举进军的手段，注定成为世界文明的引路人。中国人将长期接触我们伟大的科学发展，尤其是大量的已经发明的应用以及由它们所带来的舒适，不再重复过去的不便利。对欧洲语言的学习必将会给中国带来一场革命，因为共同的语言是共同进步的首要条件。中国还没有像欧洲那些国家那样有强烈的动机，后者正在向着一场即将发生的变革前进，极大地推动了精确科学和现代语言的双重学习，而这些学习能够在未来，通过我们实践科学的工程师和各种工人，打开中国的大门。

中国确实紧锣密鼓地发生着这些变革。如果这些变革被法国巧妙地利用，就能够促进欧洲传播科学时刻的到来，这种科学的传播可以改变中华文明的面貌，并渗透到工业和技术中去。因为科学，这个他们缺少的元素，正是由于它的缺席，中国的工业和技术才会在那停滞的时代里止步不前。

英国人即将得到他们要的结果，这是他们通过野蛮地拖延最终谈判而得来的。但下一次他们可能会失败，因为尽管他们轻易占领了白河（Pei-Ho）口，但是中国政府仍然对他们力量薄弱的防御手段抱有幻想。而法国军队的远征则更让人有信心，在扫除了鞑靼军队和堆积在进入北京城的河流上的自然的或是人为的障碍之后，远征军抵达天津（Tien-Tisn），这是一个东临大海又处于帝国大运河上的战略要地，天朝的首都正是通过这条运河获得所有的必需品。

无论欧洲的最后通牒是什么内容，中国无疑都将会接受。但是法国，它的使命是要启蒙这个世界，而不是让它被驯服。那些授意中国接受的条件，是一个健全而高贵的政府有可能执行的条件。法国政府不需要为了展现自己的伟大和慷慨而让战败者去面对帝国政体的崩塌——满族王朝的灭亡，继而出现一种无政府的可怕局面——这反而不利于欧洲诸国之间的关系。当然，它也不希望发出"成王败寇"的喝彩，它不希望中国人认为这样做是正当的：像叫英国人一样称法国人为蕃寇（Fan-Koi），这种蛮族的称呼。因为法国打算为中国人民带来我们现代文明的光辉成就，以及天主的神圣教义。

法国的善良宽厚，将会在胜利之后，扩展由大炮所打开的突破口，并为中欧文明的融合而做好准备，因为尽管暴力能够控制人们，它却不能训练和说服别人。这是为了温和处理各种事务，为了公平合理的条约，为了对上帝的爱，总而言之，这是为了心灵上的顺从。

在这重要的场合里,上帝已经为法国保留了一个重要的角色。法国人要关心的不是自己的物质利益,而是在与众多中国人接触之后,努力让中国人的需要和爱好,在快速研制的并令人满意的法国产品里得到实现。

于是,法国将用一个开放了的中国为自己的旗帜涂上骄傲的一笔,并将它悬挂在荣耀的殿堂里,这场和平的胜利将会永放光芒。

参考文献

中文

莫东寅:《汉学发达史》,上海书店,1989。

阿兰·佩雷菲特:《停滞的帝国——两个世界的撞击》,王国卿等译,三联书店,1993。

黑格尔:《历史哲学》,王造时译,三联书店,1987。

周宁:《永远的乌托邦——西方的中国形象》,湖北教育出版社,2001。

哈罗德·伊萨克斯:《美国的中国形象》,于殿利等译,时事出版社,1999。

约·罗伯茨:《十九世纪西方人眼中的中国》,蒋重跃、刘林海译,中华书局,2006。

周宁:《鸦片帝国》,学苑出版社,2004。

周宁:《天朝遥远:西方的中国形象研究》,北京大学出版社,2006。

忻剑飞:《世界的中国观:近二千年来世界对中国的认识史纲》,学林出版社,1991。

M. G. 马森:《西方的中华帝国观》,杨德山等译,时事出版社,1999。

史景迁：《文化类同与文化利用——世界文化总体对话中的中国形象》，廖世奇、彭小樵译，北京大学出版社，1990。

艾田蒲：《中国之欧洲》，许钧、钱林森译，广西师范大学出版社，2008。

罗溥洛编《美国学者论中国文化》，包伟民、陈晓燕译，中国广播电视出版社，1994。

吴孟雪：《明清时期——欧洲人眼中的中国》，中华书局，2000。

柯文：《在中国发现历史——中国中心观在美国的兴起》，林同奇译，中华书局，2002。

爱德华·W. 萨义德：《东方学》，王宇根译，三联书店，1999。

张志彪：《比较文学形象学理论与实践：以中国文学中的日本形象为例》，民族出版社，2007。

卡尔·曼海姆：《意识形态与乌托邦》，黎鸣、李书崇译，商务印书馆，1994。

詹姆斯·希尔顿：《消失的地平线》，胡蕊、张颖译，云南人民出版社，2006。

王尔敏：《论耆英的外交》，《中国近代现代史论集》，台北：文海出版社，1976。

布罗凯特：《世界戏剧艺术欣赏——世界戏剧史》，胡耀恒译，中国戏剧出版社，1987。

吴钢：《摄影史话》，中国摄影出版社，2006。

陈申、徐希景：《中国摄影艺术史》，三联书店，2011。

宿志刚、林黎、刘宁、周静编《中国摄影史略》，中国文联出版社，2009。

泰瑞·贝内特：《中国摄影史：1842-1860》，徐婷婷译，中国摄影出版社，2011。

王岳川、尚水编《后现代主义文化与美学》，北京大学出版社，1992。

米歇尔·福柯：《规训与惩罚》，刘北成、杨远婴译，三联书店，2007。

米歇尔·福柯：《性经验史》（增订版），佘碧平译，上海人民出版社，2005。

孟华编《比较文学形象学》，北京大学出版社，2001。

古伯察：《中华帝国纪行——在大清国最富传奇色彩的历险》（上），张子清等译，南京出版社，2006。

张隆溪：《中西文化研究十论》，复旦大学出版社，2005。

中文论文

吴志良：《十六世纪葡萄牙的中国观》，《世界汉学》1998年第1期。

叶隽：《多维视阈下的西方中国形象研究》，《中国图书商报》2008年3月25日。

王立新：《在龙的映衬下——对中国的想象与美国国家身份的建构》，《中国社会科学》2008年第3期。

崔丽芳：《19世纪中叶之前美国文学中的中国形象》，《南开学报》2010年第3期。

崔丽芳：《被俯视的异邦：十九世纪美国传教士著作中的中国形象研究》，南开大学博士学位论文，2005。

夏伯嘉：《从天儒合一到东西分歧——欧洲中国观的演变》，《新史学》2001年第9期。

姚斌：《鸦片战争后美国来华传教士与中国形象之分析》，《辽宁大学学报》2008年第1期。

白阳：《西方殖民主义视野下的中国形象及影响》，《陕西教育学院学报》2009年第3期。

陆文雪：《阅读和理解：17世纪－19世纪中期欧洲的中国

观》，香港中文大学哲学博士学位论文，2006。

张西平：《基歇尔笔下的中国形象——兼论形象学对欧洲早期汉学研究的方法论意义》，《中国文化研究》2003 年第 3 期。

季羡林：《澳门文化的三棱镜》，《羊城晚报》1999 年 12 月 14 日。

澳门文化司编《文化杂志》，1993。

孟华：《形象学研究要注重总体性与综合性》，《中国比较文学》2000 年第 4 期。

李书源：《真盛意使华与鸦片战争期间的中法关系》，《史学集刊》2003 年第 4 期。

葛夫平：《法国与鸦片战争》，《世界历史》2000 年第 5 期。

郭卫东：《近代中西交冲初期的另类——以黄恩彤在"弛禁"中的行状为分析个案》，《历史档案》2006 年第 3 期。

文铮：《偏见与宽容——利玛窦与中西美术的相遇》，《美术观察》2008 年第 8 期。

中国比较文学学会编《中国比较文学》，浙江文艺出版社，1987。

伍辉：《西方的中国形象变迁研究》，山东大学硕士学位论文，2008。

西文

Jules Itier, *Journal d'un voyage en Chine en 1843, 1844, 1845, 1846*, Paris: chez dauvin et fontaine, 1848.

Jules Itier, *De la civilisation en Chine et de son avenir*, Marseille, 1862.

Richard Walter, George Anson, *A Voyage around the World in the year 1740 to 1744*, London, 1748.

David Martin Jones, *The Image of China in Western Social and Political Thought*, N. Y. Palgrave, 2001.

D. F. Lach, *China in the Eyes of Europe*, University of Chicago Press, 1968.

Colin Mackerras, *Western Images of China*, Oxford, Oxford University Press, 1999.

Jeffrey N. Dupée, *British Travel Writers in China—writing Home to a British Public, 1890 - 1914*, E. Mellen Press, 2004.

Nicholas Clifford, *A Truthful impression of the country: British and American Travel Writing in China*, University of Michigan Press, 2001.

Paul Ricoeur, *Lectures on Ideology and Utopia*, New York: Columbia University Press, 1986.

John Wood, *The Scenic Daguerreotype: Romanticism and Early Photography*, University of Iowa Press, 1995.

James M. McCutcheon, *The American and British Missionary Concept of Chinese Civilization in 19th Century*, Ph. D. Dossier, University of Wisconsin, 1959.

Muriel Détrie, *L'image de la Femme Chinoise dans la Littérature Française au XIXe Siècle*,《法国研究》2008 年 12 月。

Mimi Chan, *Through Western Eyes: Images of Chinese Women in Anglo - American Literature*, Hong Kong: Joint Pub. Co., 1989.

结　语
欧洲精神与中国认识

本书论及的三位法国人在 18 世纪下半叶至 19 世纪中叶相继来到中国。虽然他们的中国观察都是亲眼所见，基于当时澳门、广州及周边地区的历史事实，但是他们的中国认识，却与 18 世纪下半叶至 19 世纪中叶这 100 来年欧洲历史的变化、欧洲精神的变化、世界情势的变化有着直接的关系。

18 世纪末发生的法国大革命震撼了整个欧洲。革命的铁蹄扫荡欧洲的封建制度，新时代的萌芽在拿破仑战争后的废墟上生长。在这一时期，欧洲所发生的一系列政治和经济变革、工业革命和物质进步以及由此而来的巨大的社会变化，使得欧洲比世界其他地方提早一步走上了现代的道路，加快了历史发展的进程。1793 年，见多识广的英国马噶尔尼勋爵从英国出发的时候，满怀着强烈的对中国的向往和憧憬，因为在他的眼中，中国是一个繁荣富强令人仰慕的国家。当时中国是世界上最大的帝国和经济体，国民生产总值居世界第一。但此后半个世纪间，欧洲和中国经济力量对比发生历史性的变化。国民生产值占世界总生产的比例迅速下滑，由原来的 30% 强降落到 20% 以下，到 1850 年只有 15% 左右。而欧洲所占比例由 23% 增加到 50%。[1] 在欧洲

---

[1] Robert B. Marks, *The Origins of the Modern World* (Oxford, Rowman & Littlefield Publisher, 2002), Chapter 5, "The gap"。转引自周宁《天朝遥远》上卷，北京大学出版社，2006，第 321 页。

崛起的时候，东方在衰落。这几十年间欧洲着着实实地走在了历史的前头，开始执世界经济之牛耳。

与这种有形的变化相伴随的是欧洲人历史观念和东方认识的变化。启蒙运动开启的自由、平等、趋向未来、崇尚现代的价值观念，经过法国革命的洗礼，锻造成关于人类历史进步的神话。在欧洲，如果说启蒙时期一切都要放在理性的天平上进行检验的话，那么法国革命后，历史进步的观念就成为欧洲人用来审视一切文明的判断准绳。在欧洲的文明定位中，欧洲代表着历史的进步，而东方和中国代表着历史的停滞。支撑这一定位的最关键因素，是欧洲实打实地开始了它具有现时代意义的历史进步。欧洲的优越感伴随着它自身历史进步的步履油然而生！欧洲开始指点江山，挥斥方遒，用自己的价值尺度和利益筹码来度量其他文明，规划整个世界了。

构建以欧洲为主导的世界秩序，需要关于世界秩序的新理念。欧洲的世界秩序理念不仅建立在欧洲的现实历史之上，而且建筑在启蒙运动确立的历史进步观念之上。将启蒙运动所提出的历史进步观念延展到世界范围，就有了对其他文明的新的认识和判断。于是，不仅历史有了过去与现在、传统与现代的隔断，世界也有了进步与停滞、文明与野蛮之分野。欧洲以外的其他文明都被欧洲在进步与停滞、文明与野蛮的框架中定位了。

从本质上讲，欧洲的世界秩序观念是一种意识形态，其中包含着价值层面的高低、认识范畴的等级和权力范围的秩序。如周宁先生在《天朝遥远》一书中所说："以欧洲为中心，以进步、自由、文明为价值尺度的东西方二元对立的世界观念秩序，是一种知识秩序，每一个民族都被归入东方或西方、停滞或进步、专制或自由、野蛮或文明的对立范畴；也是一种价值等级秩序，每一种文明都根据其在世界与历史中的地位，确定其优胜劣汰的等级，生活在东方、停滞在过去、沉沦在专制中的民族，是野蛮或半野蛮的、劣等的民族；它还是一种权力秩序，为西方资本主义的经济政治扩张准备了意识形态基础，野蛮入侵与掠夺成为自由、进步、文明的'正义'工具。"① 可见，欧洲的世界秩序理念是历史的产物，也是欧洲自我认识观念的体现和延伸。它包含了欧洲殖民主义和帝国主义的文化霸权，服务于欧洲正在努力建立的对整个世界的统治。

一个值得关注的现象是，19世纪的欧洲知识界人士与18世纪启蒙运动的哲人不同，他们在构筑历史进步的神话的时候，多以中华帝国的停滞作为陪衬。如法国数学家、哲学家兼社会改革家孔多塞，在血雨腥风的革命风暴中，为了躲避雅各宾派的搜捕，隐居巴黎。在断头台的恐怖笼罩下，他写下了洋溢着乐观主义激情的《人类精神进步的历史概观》(Esquisse d'un Tableau Historique des Progrès de L'esprit Humain)。在这本书里，孔多塞继承了启蒙时代的线性历史进步观，强调历史的进程可能出现缓慢或停止，甚至暂时倒退，但历史发展的总趋势"永远不会向后进行"。他认为，历史进步来源于理性与科学的进步，而阻碍理性精神进步的是暴政、专制、偏见和愚昧。他认为，在东方就充斥着这些阻碍进步的东西。他把世界历史分为依次递进的10个时代，人类精神和科学进步以后的7个时代都属于欧洲，而在此之前属于东方。而中国是"停滞在历史过去或正在堕入野蛮状态"的国家，因为在那里，引导历史进步的自由精神被暴政窒息了。他说道："如果我们想知道这类体制——即使是不乞灵于迷信的恐怖——能够把它们那摧毁人类的能力推向到什么地步，那么我们就必须把目光转到中国，转到那个民族，他们在科学、艺术方面曾经领先于其他

---

① 周宁：《天朝遥远》，第341页。

民族，然而又眼看着自己被别的民族超过。"① 在孔多塞看来，在自由和理性精神照耀下的欧洲与中国相反，从自由的希腊战胜波斯暴君及至被启蒙精神光照的自由法国，是一片生机勃勃，一直"迈着坚定的步伐在真理、德行和幸福的大道上前进"。他满怀乐观主义激情地预言，文明和进步最终将征服野蛮，人类最终将拥有一个普世的乐园。可见，在孔多塞的历史进步观念中，有强烈的欧洲中心倾向。他不仅把欧洲的理性、自由和进步看做是将影响整个世界的普世价值，而且把在自由和理性照耀下的欧洲最终征服充斥暴政与愚昧的东方，建立"普世的乐园"看做是整个历史运动的终极目的。1793年法国大革命高潮时孔多塞写的《人类精神进步的历史概观》，被认为是18世纪留给19世纪的政治遗嘱。

19世纪上半叶，德国唯心主义的大师黑格尔进一步发展了孔多塞的观点。他系统地总结了启蒙运动线性的、目的性的历史进步观，把中国定为世界历史"永远的起点"。在他看来，所谓进步，只能是自由精神的进步，而自由精神从未在中国出现，而没有自由精神的中国的历史就是停滞的。他还认为，纹丝不动陷于停滞的中国，由于没有进步、没有变化而处于全部世界历史进程之外，也处于历史时间之外。他把世界历史的发展进程描绘成一个形而上学的直线上升过程：它开始于没有"任何自由""专制政体"的东方，更确切地说是中国；随后是一系列的由东到西不断西移的历史进步，爱琴海文明、希腊罗马、西欧，最终到达历史进步的顶点——日耳曼世界。在他典型的一线式历史进步框架中，中国是绝对的起点，日耳曼国家是历史进步的终点，以此来确定欧洲文明在现代世界历史中先进的、中心的，甚至是终端的位置。

---

① 孔多塞：《人类精神进步史表纲要》，何兆武、何冰译，三联书店，1998，第178页。

结　语
欧洲精神与中国认识

在这里，这位辩证法大师显示出了他思维的狭隘与局限。无独有偶的是，当时欧洲思想界的精英，如康德、谢林等也多以同样的眼光看待中国，这说明，这种狭隘与局限，不是个别思想家的问题，而是时代的拘泥与局限。19 世纪上半叶是欧洲蓄势待发走向世界的时代，也是"欧洲中心论"形成的时代。黑格尔的中国认识和对世界历史进程的解释产生于那个时代。黑格尔是欧洲中心论的代表，是那个时代的精神代言人。

值得深思的是，在启蒙时代，借助对中国乌托邦式的赞美来实现欧洲自我救赎的启蒙思想家们——如伏尔泰——从没有来过中国，他们对中国的赞美或批评建基于传教士的著述。当时传教士对中国的描述中负面的记载，被一些思想家们忽略不计了。孟德斯鸠和卢梭等对中国的批判，不是当时欧洲人中国认识的主流。仅仅几十年以后，18 世纪末至 19 世纪欧洲思想界的巨擘，如刚才提到的孔多塞和黑格尔却不约而同地把中国置于世界历史停滞的起点，来说明欧洲的进步。奇怪的是，他们和启蒙时代的思想者一样也没有来过中国。那么，决定这些思想家观点的主要依据是什么呢？启蒙前期和法国大革命以后欧洲对于中国的认识大相径庭，其变化的主要原因是什么呢？显然不是或者不全部是当时中国清王朝几乎停滞不变的历史现实。欧洲的变化、欧洲精神的变化、欧洲价值观念的变化在这里发挥了重要作用。欧洲确立了现代观念，建立起自己的价值标准之后，启迪了欧洲启蒙运动的中国，就被启蒙运动所建立起来的关于历史进步的观念推到了欧洲进步的对立面。[①] 曾经参与启蒙现代性神话建设的欧洲人的中国认识，这一次参与的是"欧洲中心论"的制造。所不同的是，启蒙

---

① 关于历史进步的观念是在启蒙运动后期形成的，集中体现在杜尔哥 1750 年在索邦神学院所做的《人类精神持续进步的哲学概论》演讲中。他认为，过早地建立了理性统治秩序，就会像中国一样一切僵固不变。详见周宁《天朝遥远》下卷，第 436－437 页。

运动前期中国是被当做理想的标杆和批判的武器来实现欧洲的自我救赎的，而这一次，中国被当做历史的起点和批判的对象来衬托欧洲的进步和欧洲的世界中心地位。可见，在历史转变的当口，中国一直在按照欧洲的愿望被认识、被表述。欧洲人的中国认识从来就是欧洲人自己的表意实践。

思想观念的欧洲与现实历史的欧洲同步而行。被现代学界时髦地称为"东方主义"的"欧洲中心论"，用进步与文明这样普世的价值来表述异域，解释东方，定位中国，从本质上说，是西方殖民主义的文化霸权和话语霸权的表现。它把欧洲置于世界之上，把世界置于欧洲之下，为欧洲的世界性扩张准备了意识形态的辩护。我们看到，当思想的欧洲制造历史进步的神话和"欧洲中心论"的时候，现实的欧洲正在虎视眈眈于整个世界，欧洲的殖民主义扩张在19世纪进入一个新的阶段。19世纪后期，在西方，当生物意义上的达尔文的"适者生存"的进化观念演变成社会层面的达尔文主义，"优胜劣汰""适者生存"成为时代的箴言的时候，欧洲对东方、对全世界的殖民扩张被合理化了。两次鸦片战争打开了"封闭"的中国的大门，八国联军的铁蹄践踏"停滞"的中华帝国，欧洲的殖民主义扩张登峰造极，努力实现欧洲统领全球的世界秩序。19世纪欧洲对中国认识的变化，说明欧洲人对中国形象构筑的文本，不仅基于他们虚构的中国现实，还基于欧洲自身的历史现实。"决定中国形象的，往往不是知识，而是想象与价值。"[1] 更准确地说，是历史的价值，是中国历史被欧洲历史利用的价值。

在这种情况下，这部澳门纪事就显得格外有意义了。三位记述人都来自启蒙运动和法国革命的故乡——法国，又是在18世纪中叶到19世纪中叶欧洲殖民主义的思想形成发展时期，在欧洲人

---

[1] 周宁：《天朝遥远》上卷，第336页。

结　语
欧洲精神与中国认识

的中国认识急遽转变的时期相继来到中国的。他们在澳门和广州所做的中国观察，不可避免地带有欧洲精神的影响和欧洲的价值判断。从书中贡斯当对中国专制制度的强烈批判、博尔热对中国贫困落后的细致描写以及埃及尔对中国历史发展停滞原因的孜孜追寻中，我们不难看到欧洲意识的痕迹。但是，他们毕竟是亲临中国的商人、画家、商团秘书兼摄影师，与欧洲知识界纯粹意识形态的想象不同，在这片曾经被欧洲人仰慕追寻，继而被欧洲人贬低批判的国土上，他们亲历亲为，在具体的商务活动中，在与澳门普通民众朝夕相处、了解中国社会和中国文明的日子里，在为中国人绘画、拍照的过程中，他们用心来观察、思考、批判，及至为中国辩护。他们留下的澳门纪事与当时欧洲知识界的中国认识相比，更为具体、更为真实、更为丰满，也更为多面，不仅反映真实的中国，也代表真实的欧洲。因而，就更具历史认识价值和研究意义。

　　阅读全书，可以看到，这三位法国人的中国认识不仅各有侧重，对中国的褒贬也有所不同。

　　三个人中最早于18世纪中下叶来到澳广两地的夏尔勒·贡斯当，大概是受启蒙时代的批判意识、思维风格和家庭遗风的影响，比较注重从政治的层面来理解中国，批判中国。比如，他从被启蒙哲人曾经称赞过的中国社会严格的礼仪规矩和行为规范中，看到了中国封建专制制度的严酷。"只需看看中国官大人出门的那架势，前面开道之人手拿鞭子、镣铐、棍棒，以及各种五花八门的刑具，就知道中国官府是专制主义的。"[1] 而臣民在君王面前，下级在上级面前噤若寒蝉的表现，让他感到"在一个专制官府的国

---

[1] Marie-Sybille de Vienne, *La Chine au Déclin des Lumières: L'expérience de Charles de Constant, Négociant des Loges de Canton* (Paris: Honoré Champion Éditeur, 2004), p. 151.

度里，统治者与被统治者具有截然不同的礼仪举止：前者冷酷倨傲甚至不可一世，后者则卑微惶惑进而低贱可鄙"。①"没有什么比这一切能更生动准确地表明统治中国的暴虐专制了。"② 通过观察，他得出这样的结论："对君主绝对权威的维持是官府所有政策的努力目标，寻求一种更为有效，更为简便也更为可靠的手段来维持官府对一切的垄断。而这与民众个人的福祉无关，与真正国力和民族的昌盛也绝不相关。"③ 除了政治层面的批判之外，信奉英国式的自由贸易理念的夏尔勒，还对与他的经商活动直接关联的中国对外贸易的官行制度及由此造成的腐败做了很多记录和批判。从本质上说，他的这些批判，是当时欧洲现代的政治理念和经济准则与中国的政治传统和经济行为之间的差异和冲突。

在夏尔勒之后，19世纪30年代在澳门待了近10个月的博尔热是一位画家，他接触的多是中国的民间社会和普通民众。天性善良淳朴又满脑子法国革命后社会平等意识的博尔热，把更多的观察目光投向了社会底层。他不仅把满腔的同情投给了贫穷的中国人，而且留下了很多关于澳门疍民、妇女、街头投骰子的社会底层小人物的绘画描述。他的记述和绘画，给欧洲提供了一幅珍贵的关于中国平民生活状况和社会风俗的画卷。在博尔热的眼中，社会底层的中国人善良互助，远比富人更加令他看重。"施舍的多少是与财富的多少相反的，穷人总是随时把他的生活必需品与人分享，而富人却从来都没有多余的东西。"④ 作为一名画家，少了很多意识形态的拘束和影响，多了不少对文化本身的理解和思考。博尔热的记述中，对中国建筑和装饰的称赞有加，认为澳门的妈

---

① Marie – Sybille de Vienne, *La Chine au Déclin des Lumières*, p. 339.
② Marie – Sybille de Vienne, *La Chine au Déclin des Lumières*, p. 362.
③ Marie – Sybille de Vienne, *La Chine au Déclin des Lumières*, p. 343.
④ 博尔热：《奥古斯特·博尔热的广州散记》，上海书店出版社，2006，第80 – 82页。

结　语
欧洲精神与中国认识

阁庙为"我在这个国家看到的最美丽的奇观"。他对中国下层民众的善良淳朴的褒扬和对底层社会生活民俗的细致描写，都是对19世纪上半叶欧洲的中国认识的一个很好的补充和矫正。正如他的好友、现实主义作家巴尔扎克评论他的《中国和中国人》一书时所说，"如果说哪本书有点现实意义的话，这本书不就是吗？……他是个艺术家！一个真正的观察家！"

19世纪40年代来到澳门的于勒·埃及尔，身兼中法《黄埔条约》的法方谈判代表、财政贸易部代表兼海关首席监督和摄影师多重角色，他留下的珍贵历史照片和《中国游记》多侧面地观察和记录了中国，上至达官贵人，下达平民百姓，政治经济、宗教戏剧无所不包，他的评判也是褒贬不一。难能可贵的是，在离开中国10多年后，他发表了《论中国文明及其未来》一文，参与到欧洲关于中国文明及其未来的讨论。在文章中，他认为，所谓中国的落后和欧洲的进步是相对的，只是新近的事情。在早二三百年的时候，中国的科学成就非常夺目，是欧洲效仿的榜样。在这里，他很有点"三十年河东，三十年河西"的历史眼光。现在中国落后于欧洲了。中国之所以落后，他认为是中国"许多世纪以来都是以一种同样的步伐前进，这步伐是如此之慢，以至于在我们看起来像是静止不动的"，成为"欧洲文明快速发展的见证"。[①]在文章中，埃及尔把中国的落后原因归结为中国象形文字繁杂难学，耗时耗力，导致中国教育难以普及。应该说，类似的观点在当时的欧洲绝不是仅此一家。我们暂且不去辩证他们的看法是否得当，但有一点是明白无误的，即在19世纪中叶，中国文明停滞落后的看法已经成为欧洲人中国认识的主流，因为欧洲热衷的讨论题目已经不是中国是否落后，而是探寻中国落后的原因。

需要指出的是，即使是在欧洲否定中国的东方认识形成的时

---

① Jules Itier, *De la civilisation en Chine et de son avenir*, Marseille, 1862.

候,欧洲人的中国认识也不能一概而论。18、19世纪之交,德国浪漫主义的狂飙突进运动作为理性的矫正力量、时代的进步力量兴起。在这一过程中,中国和东方的镜像认识再次反映欧洲思想的变化。德国诗人歌德从最初批判洛可可式的"中国园林"转向欣赏中国文化,即对中国从物质的排斥转向精神的汲取。1798年他把从魏玛图书馆借的一本《外国历史、艺术和风俗新鉴》推荐给席勒:"您随后会收到我寄去的副本。这是一位中国学者与耶稣会士的古老对话,一方是典型的理想主义者,一方则是完全的莱茵霍尔德派。这一发现对我来说实在非常有吸引力,并对我关于中国人智慧的认知以很好的启发。"席勒在回信中这样写道:"中国人的理性之后隐藏的究竟是智慧还是平庸?您究竟从哪里发现这些美丽的片段?如果能将它们和我们最新的哲学加以细微的联系后再印出来,将会非常有趣。"① 在浪漫主义兴起的时候,东方的另一"最古老最智慧的土地"印度,成为德国浪漫主义哲学和文学向往的圣地。康德的学生、德国著名思想家、民族主义者赫尔德称印度为"神圣的土地,音乐与心灵的家园"。叔本华认为印度是"欧洲文化的发源地,在许多方面对欧洲都有决定性的影响。"第二次世界大战期间,当欧洲战事正酣,欧洲的中心位置面临威胁,欧洲的骄傲与自信遭遇挑战之际,有德国学者发出这样的呼吁:"今日奄奄一息的西方,重新面向涌现神灵的阳光之处,人类和人所有的关于上帝和神灵宏伟梦想的真正诞生地——东方。"②

由此可见,认识的本质是对话——不仅是欧洲精神与中国文

---

① Seidel, Siegfried (Hrsg.), *Der Briefwechsel zwischen Schiller und Goethe* (《席勒歌德通信集》), 2 Band (München Verlag C. H. Beck, 1984), S. 8 – 9. 转引自叶隽《从"希腊理想"到"中国镜像"——歌德、席勒的"古典图镜观"及其中国资源》,载《人文国际》第2辑,厦门大学出版社,第70 – 72页。

② 利奇温:《十八世纪中国与欧洲文化的接触》,第3页。

化之间的对话，欧洲历史与中国历史之间的对话，也是欧洲不同时期不同精神和认识之间的对话。中世纪晚期，当欧洲需要批判教会的禁锢和世俗封建制度，确立新的历史标杆的时候，遥远而又形象模糊的中国就有了认识上的价值。那时的中国是欧洲批判精神向往和期待中的乌托邦。中国，更确切地说是启蒙之前或启蒙前期欧洲的中国认识，帮助欧洲完成了自我批判和历史的跨越。而当欧洲完成启蒙运动、实现历史的跨越、需要自我肯定的时候，中国就被欧洲推到了历史的对立面，这一次，中国成为欧洲殖民主义扩张的目标，是欧洲进步与文明的陪衬。可见，欧洲的中国认识是被欧洲塑造出来的。只有在世界历史的发展进程中，在欧洲的历史语境和文化传统中，才能对它的形成变化做出准确的解释。

当代美国著名学者史景迁说："我们面临更重要的问题是，我们怎样超越东方主义的思维模式，怎样能够使得异质文化间的相互'凝视'走向更为建设性的方向。"[①] 这本《澳门纪事》为历史转变时期异质文化的解读提供了一个文本。在全球化的今天，为越来越多的文化碰撞和文化交融提供一点有益的历史借鉴，是我们研究全球化的早期在澳广两地发生的东西方认知转变的现实意义。

[①] 参见 J. Spence（史景迁）北大演讲录，廖世奇、彭晓樵译，《文化类同与文化利用——世界文化总体对话中的中国形象》，北京大学比较文学研究丛书，北京大学出版社，1990年2月，电子书。

后 记

　　本书是澳门科技大学和澳门基金会合作项目——"澳门在全球化进程中独特的历史作用"的子课题——"全球化进程中的法国人与澳门"的阶段性结果。如果没参加这一课题，我们这些学法国史的人可能不会注意到 18、19 世纪三位法国人留下的澳门纪事，也不会涉足东西方之间历史认知的研究。全新的课题蕴涵着挑战。所幸我们在浩如烟海的史料中找到了这三个法国人留下的关于澳门的珍贵历史记录，随后补充理论，扩展学术视野，尝试研究范式的转变，终于写就这本书。

　　这本书是我们师生合作完成的。许平和陆意策划了全书的最初主旨，许平撰写本书的绪论、第一篇和结语，陆意完成第二篇，第三篇是在欧伶同学硕士论文的基础上，由许平修改并定稿。第三篇附录中的《论中国文明及其未来》一文由郭纯翻译，许平校对。徐翀翻译了原在巴黎东方语言学院、现在巴黎第九大学国际部的玛丽-瑟比耶·德·维耶娜教授整理的《启蒙式微时代的中国：广州十三行法国商馆商人夏尔勒·德·贡斯当的中国经历》（Marie-Sybille de Vienne, *La Chine au Déclin des Lumières*: *L'expérience de Charles de Constant, Négociant des Loges de Canton*, Honoré Champion Editeur, 2004）全书，准备找机会出版，为进一步研究提供珍贵的一手资料。

　　衷心希望这本《澳门纪事》为当今世界越来越多的文明碰撞和文化交融提供有益的历史借鉴。

许　平

2012 年 11 月于澳门

图书在版编目(CIP)数据

澳门纪事:18、19世纪三个法国人的中国观察/许平,陆意等著.—北京:社会科学文献出版社,2013.3
(澳门研究丛书·"全球史与澳门"系列)
ISBN 978-7-5097-4275-4

Ⅰ.①澳… Ⅱ.①许… ②陆… Ⅲ.①澳门-地方史-18世纪~19世纪 Ⅳ.①K296.59

中国版本图书馆 CIP 数据核字 (2013) 第 022939 号

澳门研究丛书·"全球史与澳门"系列
澳门纪事:18、19世纪三个法国人的中国观察

著　　者 / 许　平　陆　意　等

出　版　人 / 谢寿光
出　版　者 / 社会科学文献出版社
地　　　址 / 北京市西城区北三环中路甲29号院3号楼华龙大厦
邮政编码 / 100029

责任部门 / 近代史编辑室 (010) 59367256　　责任编辑 / 赵　薇
电子信箱 / jxd@ssap.cn　　　　　　　　　　责任校对 / 李有江
项目统筹 / 徐思彦　　　　　　　　　　　　责任印制 / 岳　阳
经　　销 / 社会科学文献出版社市场营销中心 (010) 59367081　59367089
读者服务 / 读者服务中心 (010) 59367028

印　　装 / 北京鹏润伟业印刷有限公司
开　　本 / 787mm×1092mm　1/20　　印　张 / 15.2
版　　次 / 2013年3月第1版　　　　　字　数 / 245千字
印　　次 / 2013年3月第1次印刷
书　　号 / ISBN 978-7-5097-4275-4
定　　价 / 49.00元

本书如有破损、缺页、装订错误,请与本社读者服务中心联系更换
△ 版权所有　翻印必究